COURS
DE
LITTÉRATURE CELTIQUE

PAR

H. D'ARBOIS DE JUBAINVILLE
MEMBRE DE L'INSTITUT

ET PAR

J. LOTH
DOYEN DE LA FACULTÉ DES LETTRES DE L'UNIVERSITÉ DE RENNES
CORRESPONDANT DE L'INSTITUT

TOME IX

LA MÉTRIQUE GALLOISE
Par J. LOTH

TOME I

PARIS
ANCIENNE LIBRAIRIE THORIN ET FILS
ALBERT FONTEMOING, Éditeur
LIBRAIRE DES ÉCOLES FRANÇAISES D'ATHÈNES ET DE ROME
DU COLLÈGE DE FRANCE, DE L'ÉCOLE NORMALE SUPÉRIEURE
ET DE LA SOCIÉTÉ DES ÉTUDES HISTORIQUES
4, Rue Le Goff, 4

Ancienne librairie Thorin et fils. — A. FONTEMOING, Éditeur.
4, Rue Le Goff, à PARIS.

OUVRAGE ENTIÈREMENT TERMINÉ

HISTOIRE
DE LA
LITTÉRATURE GRECQUE

PAR

Alfred CROISET	**Maurice CROISET**
Membre de l'Institut, Doyen de la Faculté des Lettres de Paris.	Professeur de Littérature Grecque au Collège de France.

5 forts volumes in-8º. . . . . 44 fr.

Chaque volume se vend séparément.

Le **tome premier** (1887 — 2ᵉ éd. 1896) contient, avec une introduction générale, l'histoire des origines et de la période qu'on peut appeler épique.   8 fr.

Le **tome second** (1890 — 2ᵉ éd. 1898) retrace l'histoire de l'âge lyrique et les origines de la prose jusqu'à Hérodote inclusivement.   8 fr.

Le **tome troisième** (1891 — 2ᵉ éd. 1898) commence la période attique : on y étudie principalement la naissance, le progrès et la décadence de la tragédie et de la comédie du VIᵉ au IVᵉ siècle avant notre ère.   8 fr.

Le **tome quatrième** (1895 — 2ᵉ éd. 1899) a pour objet l'histoire de la prose pendant cette même période attique, sous la triple forme de l'éloquence, de l'histoire et de la philosophie.   8 fr.

Le **tome cinquième** (1899) est consacré à la période alexandrine et à la période de l'empire.   12 fr.

DES MÊMES AUTEURS

Manuel d'Histoire de la Littérature grecque à l'usage des lycées et collèges. Un vol. in-18, relié toile anglaise, d'environ 800 pages.

OUVRAGES DE M. H. D'ARBOIS DE JUBAINVILLE

EN VENTE

À la librairie ALBERT FONTEMOING, 4, rue Le Goff, à Paris

COURS DE LITTÉRATURE CELTIQUE. Tome I-VIII. In-8°.
Chaque volume se vend séparément : 8 fr.
Tome I : Introduction à l'étude de la littérature celtique. 1883. 1 vol.
— II : Le cycle mythologique irlandais et la mythologie celtique. 1884. 1 vol.
— III, IV : Les Mabinogion (contes gallois), traduits en entier, pour la première fois, en français, avec un commentaire explicatif et des notes critiques, par J. Loth, professeur à la Faculté des lettres de Rennes. 1889. 2 vol.
    Ouvrage couronné par l'Académie française (prix Langlois).
— V : L'Epopée celtique en Irlande, avec la collaboration de MM. Georges Dottin, maître de conférences à la Faculté des lettres de Dijon ; Maurice Grammont, agrégé de l'Université ; Louis Duvau, maître de conférences à l'Ecole des Hautes-Etudes ; Ferdinand Lot, ancien élève de l'Ecole des Chartes. 1892. T. Ier, 1 vol.
— VI : La civilisation des Celtes et celle de l'épopée homérique. 1 vol.
— VII, VIII : Etudes sur le droit celtique. 2 vol.

LES PREMIERS HABITANTS DE L'EUROPE, d'après les écrivains de l'antiquité et les travaux des linguistes. *Seconde édition*, corrigée et considérablement augmentée par l'auteur, avec la collaboration de M. G. Dottin, secrétaire de la rédaction de la *Revue celtique*. 2 vol. grand in-8° raisin.
Tome I : 1° Peuples étrangers à la race indo-européenne (habitants des cavernes, Ibères, Pélasges, Etrusques, Phéniciens) ; — 2° Indo-Européens. (Scythes, Thraces, Illyriens, Ligures.) 1889. 1 vol.   10 »
— II : Les Hellènes, les Italiotes, les Gaulois, les Germains. 1892. 1 vol.   12 »

ESSAI D'UN CATALOGUE DE LA LITTÉRATURE ÉPIQUE DE L'IRLANDE, précédé d'une étude sur les manuscrits en langue irlandaise conservés dans les îles britanniques et sur le continent. 1883. 1 vol. in-8°.   12 »

RECHERCHES SUR L'ORIGINE DE LA PROPRIÉTÉ FONCIÈRE et des noms de lieux habités en France (période celtique et période romaine). Avec la collaboration de M. G. Dottin. 1891. 1 fort. vol. gr. in-8° raisin, avec Tables.   16 »

HISTOIRE DES DUCS ET DES COMTES DE CHAMPAGNE, avec la collaboration de M. L. Pigeotte. 1859-1869. 6 tomes en 7 volumes in-8°. (*Epuisé.*) 70 »

CATALOGUE D'ACTES DES COMTES DE BRIENNE (950-1350). 1872. Gr. in-8°, 48 pages.   3 50

INVENTAIRE SOMMAIRE DES ARCHIVES COMMUNALES ANTÉRIEURES A 1790.
    VILLE DE BAR-SUR-SEINE. Grand in-4°.   5 »

La librairie FONTEMOING est en mesure de procurer à sa clientèle les ouvrages suivants de M. d'Arbois de Jubainville :

RÉPERTOIRE ARCHÉOLOGIQUE DU DÉPARTEMENT DE L'AUBE, publié par ordre du ministre de l'Instruction publique. 1861, in-4°, 146 pages.

L'ADMINISTRATION DES INTENDANTS, d'après les archives de l'Aube. 1880, in-8°, XVIII-231 pages.

ÉTUDES GRAMMATICALES SUR LES LANGUES CELTIQUES, par MM. d'Arbois de Jubainville et Émile Ernault. Deux volumes in-8°, dont le second, XXVIII-833 pages, 1895-1896, contient un glossaire du breton moyen, par M. E. Ernault.

LES NOMS GAULOIS CHEZ CÉSAR ET HIRTIUS, *De bello gallico* Première série : Les composés dont *rix* est le dernier terme, par M. d'Arbois de Jubainville, avec la collaboration de MM. E. Ernault et G. Dottin. 1891, in-12, XV-259 pages.

DEUX MANIÈRES D'ÉCRIRE L'HISTOIRE Critique de Bossuet, d'Augustin Thierry et de Fustel de Coulanges. 1896, in-12, XXVII-277 pages.

ÉTUDES SUR LA LANGUE DES FRANCS A L'ÉPOQUE MÉROVINGIENNE. 1900, in-8°, XI-232-110 pages.

INVENTAIRE SOMMAIRE DES ARCHIVES DÉPARTEMENTALES ANTÉRIEURES A 1790, AUBE, archives ecclésiastiques, série G. Deux volumes in-4°, l'un publié en 1873, LXVIII-489 pages, l'autre achevé par M. Francisque André en 1896, XXVIII-479 pages. Le volume des archives civiles, 1864, in-4°, 85-355-35 pages, est épuisé.

La **REVUE CELTIQUE**, fondée par M. Gaidoz et dirigée, à partir du tome VII, par M. d'Arbois de Jubainville, avec le concours de MM. J. Loth, E. Ernault, G. Dottin, L. Duvau, Whitley Stokes, etc., atteint en ce moment son tome XIX.

La même librairie fournira, après un délai suffisant pour la recherche, les ouvrages du même auteur qui ne se trouvent plus en librairie, savoir :

RECHERCHES SUR LA MINORITÉ EN DROIT FÉODAL FRANÇAIS, extrait de la *Bibliothèque de l'École des Chartes*. 1852, in-8°, 81 pages.

POUILLÉ DU DIOCÈSE DE TROYES. 1853, in-8°, 318 pages.

VOYAGE PALÉOGRAPHIQUE DANS LE DÉPARTEMENT DE L'AUBE. 1855, in-8°, 356 pages.

ÉTUDES SUR L'ÉTAT INTÉRIEUR DES ABBAYES CISTERCIENNES, ET PRINCIPALEMENT DE CLAIRVAUX AU XII° et au XIII° SIÈCLE, avec la collaboration de M. L. Pigeotte. 1858, in-8°, XVIII-489 pages.

HISTOIRE DE BAR-SUR-AUBE SOUS LES COMTES DE CHAMPAGNE, avec la collaboration de M. L. Pigeotte. 1859, in-8°, 164 pages.

LA DÉCLINAISON LATINE EN GAULE A L'ÉPOQUE MÉROVINGIENNE. 1872, in-8°, 162 pages.

COURS

DE

LITTÉRATURE CELTIQUE

IX

INTRODUCTION AU LIVRE NOIR DE CARMARTHEN
ET AUX VIEUX POÈMES GALLOIS

LA
MÉTRIQUE GALLOISE

DEPUIS

LES PLUS ANCIENS TEXTES JUSQU'A NOS JOURS

PAR

J. LOTH

DOYEN DE LA FACULTÉ DES LETTRES DE L'UNIVERSITÉ DE RENNES
CORRESPONDANT DE L'INSTITUT

TOME PREMIER
LA MÉTRIQUE GALLOISE DU XVe SIÈCLE JUSQU'A NOS JOURS

PARIS
ANCIENNE LIBRAIRIE THORIN ET FILS
ALBERT FONTEMOING, Editeur
LIBRAIRE DES ÉCOLES FRANÇAISES D'ATHÈNES ET DE ROME
DU COLLÈGE DE FRANCE, DE L'ÉCOLE NORMALE SUPÉRIEURE
ET DE LA SOCIÉTÉ DES ÉTUDES HISTORIQUES

4, Rue Le Goff, 4

1900

A Monsieur WHITLEY STOKES

HOMMAGE RESPECTUEUX

J. LOTH

PRÉFACE

Préparant une édition aujourd'hui à peu près terminée, avec traduction et vocabulaire du *Livre Noir de Carmarthen*, je ne pouvais négliger un élément de critique toujours important en pareille matière et qui pouvait être ici particulièrement fécond : l'étude de la métrique des poèmes de ce recueil. Elle pouvait fournir de précieuses indications pour la critique du texte et aider peut-être, par une comparaison attentive avec les poèmes datés du temps où la collection a été formée, c'est-à-dire à la fin du douzième ou au commencement du treizième siècle, à déterminer approximativement l'époque de la composition de ceux de ces poèmes pour lesquels il n'existe pas d'éléments de chronologie. Il y a, dans le *Livre Noir*, des poèmes datés par leur contenu. La *Myvyrian Archaeology* nous en a conservé, avec une orthographe plus ou moins rajeunie, bon nombre d'authentiques du douzième aux quatorzième-quinzième siècles. La connaissance exacte de la métrique galloise et de son histoire pouvait rendre encore peut-être plus de services pour les poèmes plus ou moins historiques attribués à Aneurin, Taliesin, Llywarch Hen. C'était, il est vrai, un travail ardu et entièrement neuf à entreprendre. Les considérations sur ce sujet de la *Grammatica Celtica*, quelque judicieuses qu'elles soient, sont trop générales pour être ici de quelque utilité. Quant à celles que l'on peut trouver çà et là chez les écrivains gallois, elles sont, pour la période en question, particulièrement peu précises, parfois même en contradiction avec les faits, en somme insignifiantes.

Je suis allé du connu à l'inconnu. La métrique galloise a été codifiée au quinzième-seizième siècle; elle nous est exposée dans les plus grands détails dans les traités du seizième. Nous pouvons contrôler les règles des grammaires par l'étude des œuvres poétiques de ces deux siècles qui les ont inspirées. Faire l'exposé de cette métrique, c'est, du même coup, faire connaître celle du seizième siècle à nos jours, fondée à peu près entièrement sur elle. Au contraire, la métrique du onzième au quatorzième-quinzième siècle est mal connue; elle paraît en pleine évolution. L'orthographe, très variable, est une source de continuelles difficultés ; souvent les élisions ou synizèzes ne sont pas indiquées. Le nombre des syllabes d'un bon nombre de mots est à déterminer. L'étude des mots douteux, soit en ce qui concerne l'élision, soit au point de vue du nombre des syllabes en dehors de l'élision, dans les vers corrects et d'une quantité sûre, m'a permis d'arriver à des résultats certains et de fixer les habitudes des poètes. A ce point de vue, la métrique du seizième siècle qui, malgré de profondes différences, a des liens nombreux et évidents avec celle de ces époques, pouvait m'être d'un grand secours. A tout point de vue elle s'imposait comme la base solide d'une histoire de la métrique.

Ce travail se divise ainsi naturellement en deux parties principales. La première est consacrée à l'exposé de la métrique des quinzième-seizième siècles d'après les grammairiens du seizième siècle, et en contrôlant leurs lois par l'étude même des auteurs de cette époque. J'y joins un tableau rapide de l'histoire de la métrique à partir de cette époque jusqu'à nos jours. Dans la deuxième partie, j'expose les lois et l'évolution de la métrique du onzième au quinzième siècle. Je consacre une étude particulière au *Livre Noir*, sans négliger le *Livre de Taliesin*, les parties du *Livre Rouge* publiées par Skene, le *Gododin*. Pour le *Gododin*, particulièrement, on est obligé à beaucoup de circonspection, car il n'existe aucune édition critique de ce curieux poème valant la peine d'être citée. Par cette étude, j'atteins le neuvième siècle. Je compare cette métrique à celle du seizième siècle, en en faisant ressortir les ressemblances et les différences principales. Je termine par une comparaison sommaire avec les métriques du cornique et du breton d'un côté, celle de l'irlandais de l'autre, et par quelques considérations sur l'origine du système poétique des Celtes tel que les textes nous le montrent. Dans le premier volume, je m'abstiens de toute hypothèse ou comparaison. Ce premier volume n'est qu'une introduction au second.

Une remarque préliminaire importante à faire, c'est que les grammairiens gallois ne se sont préoccupés que de ce qu'ils appellent les *mesurau caethion* (*mesures esclaves, asservies*), genres de vers ou de strophes de formes et de longueurs déterminées, enchaînées à des lois rigoureuses de rimes finales et internes et d'allitérations à des endroits déterminés. Les autres genres de vers qu'ils appellent *rhyddion* (*libres*), pour eux, au moins jusqu'au dix-neuvième siècle, ne regardent point l'art poétique. C'est une poésie appropriée à certains genres populaires. Ces *mesures libres* qui, comme nous le verrons, ont existé à toutes les époques, n'ont acquis d'importance réelle qu'avec l'*hymnologie protestante*. Le talent éclatant de certains poètes profanes, les excès des métriciens y ont aussi contribué. Dans notre siècle, les poètes les plus en renom s'en sont servis, si bien qu'elles sont enfin admises sur un pied d'égalité avec les autres. Je leur consacre un appendice à la fin de ce volume. Cette poésie libre ne différait guère d'abord de la poésie française ou anglaise rimée. Certaines strophes cependant sont simplement une copie des mesures bardiques, avec l'allitération en moins. Nous verrons qu'elle tend à se rapprocher de l'autre.

L'école dite de Glamorgan, aux seizième-dix-septième siècles, a paru vouloir prendre position entre les partisans trop intransigeants des *mesurau caethion* et ceux de la poésie *libre*. Elle paraît n'avoir exercé aucune influence sérieuse. Son système, d'ailleurs, que je résumerai, ne diffère pas essentiellement de celui dit de Carmarthen, suivi partout ailleurs qu'en Glamorgan ; il ne s'en distingue guère que par une plus grande liberté dans le nombre des syllabes pour chaque vers, et dans le nombre de vers pour chaque strophe.

PRINCIPALES SOURCES ET ABRÉVIATIONS

Myv. Arch. (Myvyrian archaeology of Wales, 2ᵉ édition).

Gorch. (*Gorchestion Beirdd Cymru*, neu flodau Godidowgrwydd awen, o gasgliad Rhys Jones. Amwythig, 1773).

Ceinion Llen. (*Ceinion Llenyddiaeth Gymreig*, dan olygiad y Parch. Owen Jones, Blackie, Llundain, Glasgow ac Edinburgh, 1876. 2 vol. en 4 fascicules.).

Flores (*Flores poetarum Britannicorum*, sef *Blodeuog waith y prydyddion Brytannaidd*, o gasgliad J. D. s. s. Th. D., Ymwythig, T. Jones, 1710; je cite l'édition de Londres, 1864. Ce recueil est précédé du traité de métrique du capitaine William Middleton).

Gr. Roberts (*A Welsh Grammar and other Tracts*, by Griffith Roberts, Milan, 1567. A fac-simile reprint published as a supplement to the *Revue celtique*, 1870-1883, Paris, Vieweg).

J.-D. Rhys (Cambrobrytannicae cymraeccaeve linguae institutiones et rudimenta accuratè et (quantum fieri potuit) succinctè et compendiosè conscripta a Joanne Davide Rhaeso Monensi Lanvaethlaeo cambrobrytanno, medico Senensi ... Londini, excudebat Thomas Orwinus, 1592).

Dosp. Ed. (*Dosparth Edeyrn Davod aur*, or the ancient Welsh grammar, which was compiled by royal command in the thirteenth century by Edeyrn the Golden tongued, to which is added **y pum Llyfr Kerddwriaeth**, or the rule of Welsh Poetry, originally compiled by Davydd Ddu Athraw, in the fourteenth and subsequently enlarged by Simwnt Vychan, in the sixteenth century, with English translation and notes, by the rev. John Williams ab Ithel. Llandovery, 1856).

Cyfrin. Beirdd (*Cyfrinach beirdd ynys Prydain, a argraffwyd dan olygiad y Diweddar Iolo Morganwg*; Humphreys. Caernarvon (sans date; 1re édition en 1829).

Daf. ab Gwil. (*Barddoniaeth Dafydd ab Gwilym*, tan olygiad Cynddelw, Liverpool, 1873. Ce poète florissait dans la seconde moitié du quatorzième siècle, et a dû mourir vers 1400).

Iolo Goch (*Gweithiau Iolo Goch;* gan Charles Ashton, 1893. Iolo Goch est mort dans les premières années du quinzième siècle).

Lew. Gl. Cothi (The poetical works of Lewis Glyn Cothi, Oxford, 1837. Ce poète est mort peu après 1486).

Prys, Han. (*Hanes Llenyddiaeth Gymreig o'r flwyddyn 1300 hyd y flwyddyn 1650*. 1884, Foulkes. Liverpool).

Ashton, Han. (*Hanes Llenyddiaeth Gymreig o 1651 hyd 1850*. Foulkes. Liverpool).

Goronwy Ow. (The poetical works of the Rev. Goronwy Owen (Goronwy Ddu o Fon), with his life and correspondence, edited by the Rev. Robert Jones. 2 vol. London, Longmans, 1876).

Eben Fardd (*Gweithiau barddonol;* cyhoeddwyd gan Howell Roberts a William Jones, Bangor, Douglas, 1866. Ce poète est mort en 1863).

Dewi Wyn (*Blodau Arfon*, sef Gwaith yr anfarwol fardd Dewi Wyn, Caernarvon. 1865. Ce poète est mort en 1841).

Liste des autres poètes cités avec l'époque à laquelle ils florissaient.

Dafydd ab Edmwnt (*Daf ab Edm.*), vers 1450.
Ieuan Gethin (*Ieuan Geth.*), vers 1450.
Ieuan Deulwyn (*Ieuan Deul.*), vers 1460.

Dafydd Nanmor (Daf. Nanm.), vers 1460 (1).
Gwilym ab Ieuan Hen (Gwil. ab Ieuan), vers 1460.
Ieuan Du'r Bilwg (Ieuan Du), vers 1470.
Howel ap Rheinallt (How. ap Rhein.), vers 1480.
Guttyn Owain (Gutt. Ow.), vers 1480.
Deio ab Ieuan Du (Deio), vers 1480.
Tudur Aled (Tud. Aled), vers 1490.
Sion Tudur (Sion Tud.), vers 1580.
Owain Gwynedd (Ow. Gwyn.), vers 1560.
William Llyn (Wil. Llyn), vers 1560.

Plusieurs de ces dates ne sont qu'approximatives. Je les donne d'après les *Gorchestion* et l'*Index poematum wallicorum* de *Moses Williams* (*Mosis Gulielmi* Repertorium poeticum sive poematum wallicorum, quotquot hactenus videre contigit, *Index alphabeticus*, Londini, Roberts, 1726). Les œuvres de ces poètes sont dans les *Gorchestion* ou les *Ceinion*; l'indication de l'ouvrage est donnée après leur nom.

(1) Prys, **Hanes Llen.**, le rejette au quatorzième siècle; mais plusieurs des pièces qui lui sont attribuées n'ont pu être composées qu'au quinzième siècle, et assez tard.

LA MÉTRIQUE GALLOISE

DEPUIS

LES ORIGINES JUSQU'A NOS JOURS

LIVRE PREMIER.

LA MÉTRIQUE GALLOISE DES XVe-XVIe SIÈCLES D'APRÈS LES GRAMMAIRIENS.

CHAPITRE PREMIER.

LES MÉTRICIENS GALLOIS ; LEURS SOURCES.

§ 1er. — *Les métriciens.*

Les deux principaux traités de métrique de cette époque, ceux qui ont fait oublier ou rendu inutiles les autres, sont ceux de Griffith Roberts et de John David Rhys, tous les deux originaires du nord du pays de Galles.

La métrique de Griffith Roberts va de la page 203 du fac-similé (1) à la page 386. Dans l'édition originale, le traité est divisé en trois parties paginées séparément : la première pose les principes de la métrique (*tonyddiaeth*) ; la seconde est l'exposition des différents genres de vers et de strophes ; la troisième est une application des règles et une illustration des différents genres par des extraits de poètes du seizième siècle et un poème de l'auteur sur le symbole des apôtres (2).

La métrique de J.-D. Rhys s'étend de la page 129 à la page 304, c'est-à-dire jusqu'à la fin, en y rattachant quelques pages consacrées à la musique.

Ces deux auteurs sont des hommes d'esprit cultivé, pénétrés de l'étude de l'antiquité, et tous les deux d'une réelle valeur. Griffith Roberts, prêtre catholique, était en grande faveur auprès de saint Charles Borromée, archevêque de Milan, dont il était le confesseur. Sa grammaire témoigne d'un esprit original, pénétrant, subtil et très observateur. John David Rhys (3) avait étudié à Sienne comme Roberts, et y avait pris le grade de docteur

---

(1) Une préface en anglais de M. Gaidoz nous apprend qu'il n'est responsable du *fac-similé* que pour les quatre-vingt douze premières pages, et que le reste a été revu par Silvan Evans.

(2) Sur la bibliographie du sujet, voir William Rowlands, *Llyfryddiaeth y Cymry*, revu par Silv. Evans, p. 22-23; cf. Prys, *Hanes*, p. 34. Voir aussi *Bye-Gones* pour 1878-79; *Academy*, 1879 et 1880.

(3) Sur J.-D. Rhys, voir *Llyfrydd.*, p. 65; cf. Prys, *Hanes*, p. 326 et suiv.

en médecine. Avant son retour dans sa patrie, il avait fait paraître, en italien, des règles pour l'intelligence de la langue latine, et un traité, en latin : *De italicae linguae pronuntiatione*. La partie la plus remarquable de sa grammaire concerne la phonologie. Il nous a donné une description véritablement scientifique de la prononciation de bon nombre de sons gallois fondamentaux, fixant avec beaucoup de netteté leur lieu d'articulation, sans négliger la forme de l'expression.

Leur métrique est fondée sur les mêmes principes et dérive des mêmes sources. Elle ne diffère que sur des points peu importants. Celle de Roberts, beaucoup plus courte, est mieux digérée. Celle de J.-D. Rhys, beaucoup plus détaillée, constitue une sorte d'encyclopédie de la science des poètes de son temps.

§ 2. — *Leurs sources.*

J.-D. Rhys parle avec éloge, dans sa préface en gallois, de l'œuvre *grammaticale* de son devancier, Griffith Roberts, mais ne dit pas un mot de sa métrique. On pourrait croire qu'il n'a pas eu cette partie entre les mains et que l'œuvre de Roberts a paru réellement par fragments, à des époques différentes (1). Cela, à la vérité, paraît assez étrange, car Roberts avait dédié son œuvre

---

(1) Cf. *Bye-Gones*, 1879, 6 août, p. 253-54.

à son protecteur, William Herbert, comte de Pembroke, père d'Edward Herbert, ami personnel de J.-D. Rhys. De plus, *presque toutes les citations de poètes données par G. Roberts se retrouvent chez Rhys*. Pour comprendre son silence, en supposant qu'il ait connu l'œuvre de Roberts, il faut savoir comment et dans quelles circonstances il a composé son œuvre. Il nous apprend lui-même, dans sa préface galloise, que les plans, les dessins, toute la partie *matérielle* de la métrique est de lui, mais que la doctrine il l'a puisée chez les poètes de son temps : s'il y a à reprendre dans son œuvre, ils ne peuvent s'en prendre qu'à eux-mêmes. Comme Roberts, il nous apprend que les *bardes* de son temps, poètes et professeurs, conservaient jalousement les secrets de leur art, leurs recueils poétiques, et ne les communiquaient qu'à quelques disciples favoris, le plus souvent contre argent, ou à des seigneurs dont ils dépendaient plus ou moins complètement. Tous les deux paraissent les avoir, en général, en médiocre estime. Ils nous les représentent comme adonnés aux sept péchés capitaux, notamment à l'ivrognerie. Griffith Roberts ne prise ni leur moralité, ni leur science. Comme il se moquait de l'emphase avec laquelle ils parlaient d'un tas de *vieux bardes* qu'ils croyaient supérieurs à tous les poètes grecs et latins, son disciple, qui faisait les fonctions d'interlocuteur, l'ayant arrêté et lui demandant s'il n'avait pas peur d'être l'objet de leurs satires, il répond qu'un *pot de bière* et un sou d'aumône *leur cloront le bec* (1). Quelques lignes plus bas, au sujet *des dix-neuf* fautes possibles contre la *cynghanedd*, G. Roberts déclare qu'il ne les comprend pas, pas plus d'ailleurs que les poètes qui en ont plein la bouche.

Il est incontestable que le seizième siècle est un siècle de pleine décadence pour les bardes. Le bardisme, comme institution d'État, était tombé avec l'indépendance galloise. L'esprit guerrier qui animait les poètes, leur exaltation patriotique étaient tombés avec les dernières espérances définitivement anéanties par la mort de Llywelyn ab Gruffydd, en 1282. Les prophéties annonçant la résurrection d'Arthur, le triomphe définitif des Bretons, étaient convaincues de mensonge. Les plus vaillants, d'ailleurs, avaient péri dans ces luttes mémorables, durant depuis plusieurs siècles, contre l'étranger et entre Gallois. Il est difficile d'imaginer un abattement plus profond que celui qui saisit le pays tout entier lors de cette dernière catastrophe. Le ton, les sujets des poèmes changent complètement ; les poètes se tournent vers la religion, la nature, l'amour. Les accents belliqueux retentiront encore lors de la révolte d'Owen Glyndwr et pendant la guerre des Deux-Roses, mais n'auront pas d'écho.

Malgré tout, la poésie reste en honneur. Sans

---

(1) *Welsh Gr.*, p. 272-273.

occuper le rang de leurs devanciers, hommes de guerre, toujours nobles, souvent de haute naissance, parfois de sang royal, les poètes du quinzième siècle sont l'objet de l'admiration du peuple et de la faveur des grandes familles du pays, d'origine française ou galloise, toutes *bretonnisées* et très éprises de musique et de littérature galloise. C'est, d'ailleurs une époque de grande prospérité. Du nord au sud, le pays de Galles est couvert de manoirs, habités par des seigneurs puissants, riches et amoureux des choses de l'esprit : à Glyn Nedd, c'est Rhys ab Sion; à Abermalais, Nicholas; à Maelienydd, Vychan; à Rhayader, Bedo Coch; à Elvael, Ieuan Goch; à Glanbran, Gwynn. Lewis Glyn Cothi a reproduit, en somme, fidèlement, dans ses œuvres, en dépit de l'hyperbole poétique, la physionomie curieuse du pays vers l'époque de la guerre des Deux-Roses (1).

La guerre des Deux-Roses, où le sang gallois coula à flots, couvrit le pays de ruines et de deuils. L'avènement de la famille galloise des Tudors, qui promettait aux Gallois une ère de prospérité, fut sur le point d'entraîner la destruction de la langue galloise, en amenant l'union complète avec l'Angleterre. L'aristocratie ne tarda pas à être complètement anglicisée et à fermer

---

(1) Wilkins, *The history of the literature of Wales*, p. 113-115, a tiré bon parti des œuvres de ce poète.

ses portes aux poètes. On n'entretient plus de *barde*, ni de musicien de famille. Quant aux ménestrels errants, la reine Elisabeth les recommande à la sévérité de ses officiers (v. livre III, ch. I, *La Métrique au dix-septième siècle*). Les bardes du seizième siècle sont donc souvent de pauvres diables, sans autorité et sans dignité. Pour faire valoir leur science et leur système, ils se donnaient comme détenteurs des secrets bardiques de poètes au nom sonore et respecté, depuis longtemps disparus : de là des titres comme ceux de *Dosparth Edeyrn Davod Aur* ou *Système d'Edeyrn à la langue d'or*, dont l'auteur prétendu aurait vécu au treizième siècle, tandis que le traité a été réellement composé au seizième.

Les exemples poétiques circulaient, le plus souvent, sans nom d'auteurs : c'était une sorte de monnaie courante passant de main en main. Il est certain que bien souvent on eût été fort empêché d'en dire l'origine. D'ailleurs, bon nombre des vingt-quatre mesures ou strophes étaient fort peu usitées. Quelques-unes n'étaient que de véritables tours de force métrique destinés à éblouir les naïfs. C'est ainsi que Griffith Roberts nous avoue qu'il n'a pu se procurer qu'un seul exemple du type connu sous le nom de *Gorchest y Beirdd*. Il donne lui-même la plupart de ses citations sans en indiquer, sans pouvoir en indiquer l'auteur. Rhys, en toute sûreté de sa conscience, a donc pu se servir des mêmes exemples, sans se croire obligé d'en indiquer la source : ils étaient du domaine public (1).

Parmi ses aides, Rhys ne cite que son ami, le capitaine Middleton, vaillant soldat et chaud patriote gallois, qui publia, un an après l'apparition de la grande grammaire, une sorte de résumé gallois de la métrique qu'elle contient (2).

Une source beaucoup plus importante de l'œuvre de J.-D. Rhys paraît avoir été une grammaire métrique manuscrite compilée par Simwnt Vychan et reproduite à peu près textuellement dans la publication de William ab Ithel, intitulée *Dosparth Edeyrn Davod aur*. Le traité porte, dans cette publication, le titre de *Pum Llyfr Kerddwriaeth*. Prys (*Hanes*, p. 311) nous apprend qu'il a en sa possession une transcription de cet ouvrage, faite en 1772, par Hugh Roberts, sur un manuscrit appartenant à M. Vychan, lequel était intitulé *Grammadeg Simwnt Vychan o'r ty Brith yn Llanfair Dyffryn Clwyd yn flwydd oed ein Harglwydd 1565*. M. Vychan est Robert Vaughan, de Hengwrt, né en 1592, mort en 1666, propriétaire gallois aussi distingué par la science que par la naissance. En effet, le compilateur du *Cyfrinach*

---

(1) Ce qui le confirme, c'est que les différences que l'on constate dans les mêmes citations chez Gr. Roberts et J.-D. Rhys paraissent bien provenir de la tradition orale.

(2) *Bardhoniaeth neu brydydhiaeth; y lhyfr kyntaf, gan Capt.* William Middleton, 1593. Ce traité a été réédité en tête des *Flores poetarum britannicorum*.

Beirdd ynys Prydain, qui reproduit le même traité, nous apprend, à la page 95, que Robert Vychan, de Hengwrt, *dans sa transcription de la grammaire de Simwnt Vychan*, donne une *mesure* (type de strophe) nouvelle due à ce poète. Quant au manuscrit original, il paraît avoir disparu. L'original a été terminé vers 1606 (*Dosparth Ed.*, p. XIII). Le premier livre était achevé en 1578 (*Ibid.*, XLVII) : *yma y tervyna y Llyfr kyntaf or pum Llyfr Kerddwriaeth Kerdd Davod; ysgrivenwid gan R. I. o Scorlegan yn Llangynhafal, 1578*. Prys affirme que les reproductions de William ab Ithel et de Iolo Morganwg sont assez défectueuses.

J.-D. Rhys a incorporé en grande partie, dans son œuvre, la métrique de Simwnt Vychan. Il lui a pris tous ses exemples, et, de plus, dans la partie galloise, il a souvent inséré, en les amplifiant, les définitions des différents genres métriques : on serait tenté de regarder Simwnt Vychan comme un abréviateur de Rhys, si on n'avait pas, à l'encontre de cette supposition, d'incontestables autorités.

Quant à Simwnt Vychan, d'après une lettre de la reine Elisabeth, reproduite par Pennant (1), il fut gradé *Pencerdd Cerdd Dafod* (*Pencerdd* pour la poésie lyrique) avec trois autres poètes à l'*Eis-*

---

(1) *Pennant's Tours*, vol. II, p. 89, 90, 93-95 (d'après Prys, *Hanes*, p. 303-305).

teddfod de Caerwys, en 1568. Il est donné comme l'auteur d'un poème composé à cette occasion pour Pirs Mostyn et présentant un exemple de chacune des vingt-quatre *mesures*, poème reproduit par J.-D. Rhys. Il mourut vers 1606. Son système serait celui de Dafydd Ddu Athraw, qui florissait vers le milieu du quatorzième siècle (1) : assertion absolument dénuée de fondement comme le prouvent, sans parler de la langue, les citations :

P. lxvi : l'exemple du type *gwawdodyn hir* est emprunté à Dafydd ab Edmwnt (*Gorchestion*, p. 109), qui florissait vers 1451 et mourut vers 1480.

P. lxvi : l'exemple de *cywydd llosgyrniawg* est du même poète (*Gorchestion*, p. 35).

P. lxviii : l'exemple d'*englyn unawdl cyrch* est donné sous le nom même de Tudur Aled, neveu de Dafydd ab Edmwnt, qui fut *Pencerdd* à la première *Eisteddfod* de Caerwys, en 1524.

P. lxvii : l'exemple est sous le nom de Simwnt Vychan, mais ne se retrouve pas chez Rhys.

L'œuvre dite de Simwnt Vychan repose donc sur la poésie du quinzième et du seizième siècle.

J.-D. Rhys a puisé à d'autres sources, mais de la même époque. Il cite William Egwad, qui florissait vers 1480 ; Sion Brwynog (vers 1550) ; Llewis Morganwg (1520-1541 (2). En appendice,

---

(1) Prys, *Hanes*, p. 156, 158.
(2) J.-D. Rhys, p. 164, 225 ; pour les dates, v. Moses Will., *Repertor.*, p. 75, 77, 78 ; cf. Prys, *Hanes*.

il nous donne pour chaque genre des poèmes d'époque différente. La période *la plus ancienne* est représentée par Gwilym Tew (1430-1460); la seconde, par Lewis Morganwg; la troisième, par Simwnt Vychan. J'ai pu retrouver, en outre, les auteurs de plusieurs morceaux anonymes. Un exemple de *cynghanedd* est tiré des œuvres de Iolo Goch (1). Le *gorchest y beirdd* est de Dafydd ab Edmwnt (2). Un des exemples de *tawddgyrch cadwynog* est de Guttyn Owaïn (deuxième moitié du quinzième siècle) (3). L'exemple de *hupunt byrr* mentionnant Sion Abad est sans doute emprunté au poème de Tudur Aled adressé à Sion, abbé de Caerlleon (4). Un poème de Iorwerth ap y Kyrriawg a fourni l'exemple de *hupunt hir*; ce poète florissait entre 1330 et 1360, ou à la fin du quatorzième siècle (5).

Du même coup, on peut assurer que les sources de Gr. Roberts ne remontent pas plus haut; celles qu'il cite sont, en général, de son temps. Il donne des extraits de Dafydd ab Gwilym, Sion Cent, Gruffydd Hiraethog, Sion Tudur, Simwnt Vychan. Les deux plus anciens, Dafydd ab Gwilym

---

(1) J.-D. Rhys, p. 256; cf. Iolo Goch, p. 198.
(2) Cf. Richards, *Welsh Dict.*, p. 76.
(3) Cf. *Gorch.*, p. 191.
(4) Je n'ai qu'une partie du texte donné par Prys, *Hanes*, p. 255.
(5) Prys, *Hanes*, p. 142-143; Moses Will., *Repert.*, p. 75, le fait vivre vers 1400.

et Sion Cent lui sont suspects ; ils se sont permis trop de licences en matière de *cynghanedd*.

J.-D. Rhys a encore incorporé dans son œuvre une autre métrique, publiée par Ab Ithel, sous le titre spécial de Dosparth Edeyrn Davod aur (elle va de la page xxv à la page xlı). Ce traité n'a pu être rédigé, sous sa forme actuelle, avant le commencement du seizième siècle : l'exemple de *cywydd deuair hirion* est de Tudur Aled (1). Mais la doctrine de ce traité est certainement, dans son ensemble, plus ancienne que celle dite de Simwnt Vychan. Il n'y est pas question des vingt-quatre mesures. Le type absurde *gorchest y beirdd*, dont l'invention est peut-être à tort attribuée à Dafydd ab Edmwnt, n'y paraît pas. Il n'y a qu'un genre de *gwawdodyn*, un genre de *hupunt* au lieu de deux. Enfin, en général, les exemples paraissent plus archaïques :

P. xxxi : l'exemple de *clogyrnach* est tiré d'un poème de Cynddelw (douzième siècle) (2).

P. xxxii : l'exemple de *tawddgyrch cadwynog* est extrait d'un poème adressé à Rhys ab Gruffudd et serait de la fin du douzième siècle, s'il s'adresse au roi qui mourut en 1196.

P. xxx : *byrr a thoddaid*. Un des exemples est pris à un poème adressé à Tomas vab Rotpert, qui m'est inconnu ; mais l'orthographe ($t = dd$) indique

---

(1) V. S. Evan Evans, *Welsh Dict.* à Archgrwn.
(2) *Myv. Arch.*, p. 162, col. I.

une composition qui ne peut être postérieure au milieu du treizième siècle (le poème se trouve dans la *Myv. Arch.*, p. 282, col. I, sans nom d'auteur).

Le second exemple est de Gruffydd ap yr Ynach Coch, qui vivait entre 1260 et 1300 (1).

P. xxx : le type *hupunt* est fourni par Casnodyn qui, vraisemblablement, florissait au quatorzième siècle.

L'exemple de *cyhydedd hir* est du même poète et du même poème (2).

P. xxix : le *toddaid* est de Gwilym Ddu o Arfon (vers 1322) (3).

P. xxviii : l'exemple de *lleddf-broest gadwynawg* est tiré d'un poème en l'honneur de Leucu Llwyd que nous savons avoir été chantée par Llywelyn Goch ; elle mourut en 1402 (4).

J.-D. Rhys ne s'y est, d'ailleurs, pas trompé ; il a pris à peu près tous les exemples de ce traité, mais ils figurent dans son œuvre sous la rubrique *exempla veterum*.

On peut conclure avec certitude que le noyau de cette métrique est antérieur au quinzième siè-

___

(1) *Myv. Arch.*, p. 271, col. I.
(2) *Myv. Arch.*, p. 288, col. I ; sur Casnodyn, v. Prys, *Hanes*, p. 143-144. Moses Williams le fait vivre vers 1380.
(3) *Myv. Arch.*, p. 276, col. II ; Prys, *Hanes*, p. 157. L'ode en question est datée par son contenu ; elle est adressée à Gruffudd Llwyd o Dregarnedd.
(4) Prys, *Hanes*, p. 180.

cle, quoique sa rédaction définitive ne puisse être antérieure au seizième.

L'*additional ms.* 14875 du British Musæum renferme un court traité de métrique que le catalogue donne comme du seizième siècle. Autant que j'en puis juger d'après la copie fort imparfaite et incomplète que j'en ai, ce traité est très voisin de l'œuvre de Simwnt Vychan. Il suit l'ordre de J.-D. Rhys; tous les exemples du traité se retrouvent chez Rhys : si on ne savait comment a été compilée la métrique de Rhys, on pourrait conclure que le traité manuscrit n'en est qu'un résumé.

En dehors de ces traités, J.-D. Rhys a réuni un bon nombre d'exemples d'origine diverse, dont quelques-uns se retrouvent dans le Livre de Taliesin et le Livre Rouge, mais comme échantillons d'une métrique démodée. Sa doctrine repose uniquement, comme celle de Griffith Roberts, sur l'enseignement et les exemples des poètes de son temps, c'est-à-dire en exceptant la petite école de Glamorgan, dont je résumerai les prétentions et les principes, des disciples, suivant l'opinion courante au seizième siècle, de Dafydd ab Edmwnt.

Pour en finir avec les emprunts de J.-D. Rhys, mentionnons qu'il circulait, à la fin du seizième siècle, deux autres recueils connus sous le titre de *Pum llyfr Cerddwriaeth*. D'après deux lettres fort aigres et fort amusantes, échangées, en 1580, entre deux *bardes*, Sion Mawddwy et Meuryg

Dafydd, le premier possédait un traité portant ce titre. Le second, qui se piquait de suivre la doctrine de Glamorgan que l'autre avait abandonnée, semble en faire peu de cas, ce qui prouverait que le traité était fondé sur les principes de l'école de Dafydd ab Edmwnt (1).

Etait-ce l'œuvre de Simwnt Vychan ? A ma connaissance, il n'en reste plus trace, à moins que ce ne soit le traité manuscrit que j'ai mentionné plus haut.

L'autre traité a été compilé par Llywelyn Sion (1520-1601) à l'intention de Meuryg Dafydd. Dans une lettre sans date, Llywelyn Sion l'avertit qu'il a terminé les cinq livres en les tirant des meilleures *Dosparthau* (systèmes); il engage Meuryg à en demander au moins *punt* (une livre), en l'avertissant qu'il y a un *gwr bonheddig* (gentilhomme) qui désire avoir ces livres *parce qu'il a l'intention de composer une métrique en gallois et en latin* (2). Il est très vraisemblable qu'il s'agit ici de J.-D. Rhys. Mais s'il a eu la compilation de Llywelyn Sion entre les mains, il est sûr, en revanche, qu'il n'en a tiré aucun parti. Llywelyn Sion est, en effet, avec Meuryg Dafydd, le principal auteur du long et indigeste traité qui forme le fond, au point de vue métrique, du

---

(1) Prys, *Hanes*, p. 297-299.
(2) Myrddin Fardd, *Llythyrau lluaws o brif enwogion Cymru*. Pen y Groes, 1883, p. 1.

Cyfrinach Beirdd ynys Prydain et qui a reçu sa forme dernière de leur disciple Edward Dafydd, mort en 1690. Ce traité n'a aucun rapport avec l'œuvre de J.-D. Rhys. Edward Llwyd le déplore : il se lamente de ce que l'illustre et glorieux savant n'ait pas préféré le système de Meuryg Dafydd, son contemporain, à celui de Gwilym Canoldrev (Capt. Middleton) (1).

La grammaire anglaise avec métrique qui suit le texte de la soi-disant *Dosparth Edeyrn Dafod aur* est une compilation indigeste, reposant principalement sur l'œuvre de J.-D. Rhys.

(1) *Cyfrinach*, p. 7.

CHAPITRE II.

LEUR DOCTRINE EN CE QUI CONCERNE LES VOYELLES ET LES CONSONNES.

§ 1er. — *Voyelles*.

La métrique galloise, en outre d'un nombre déterminé de syllabes dans le vers et de vers dans la strophe, de l'agencement des vers et des strophes, a pour caractère essentiel et particulier l'emploi de la *cynghanedd* reposant sur l'allitération et la rime, finales et internes, tantôt unies, tantôt employées indépendamment l'une de l'autre, que nous définirons plus bas. Elles exigent une connaissance exacte de la valeur des voyelles et des consonnes. Aussi les grammairiens gallois ont-ils poussé fort loin l'analyse des sons de leur langue.

Les voyelles (*lleferyddion* ou *bogeiliaid*) simples sont *a, e, i, o, u, w, y*. J.-D. Rhys décrit minutieusement leur prononciation. Le seul point important à relever, au point de vue métrique, est la distinction très nette que les métriciens établissent entre les deux sons principaux représentés par *y* : Rhys les distingue même dans l'écriture.

Aujourd'hui, et au quinzième-seizième siècle il en est à peu près de même, comme nous le verrons, *y* se prononce comme *ü*, en gallois :

a) Dans les monosyllabes : s*y*dd, est; d*y*n, créature humaine ; en exceptant des proclitiques : *y*, *y*r, *y*dd ; *y*s ; f*y* (*mon*, *ma*, *mes*), d*y* (*ton*, *ta*, *tes*), m*y*n (*par* dans les affirmations);

b) Dans la syllabe finale d'un mot de plus d'une syllabe : sef*y*ll, être debout; perth*y*n, appartenir, toucher à ;

c) Dans la pénultième, devant une voyelle : h*y*awdl, à la parole facile ;

d) Dans la pénultième ou l'antépénultième de bon nombre de mots, quand *y* est précédé par *w* : gw*y*neb, visage ; gw*y*ddau, oies (mais non dans gw*y*dd); gw*y*ntoedd, vents (1).

De plus, *y* est arrivé au son *i* dans les mots suivants : 1° mots ayant *y* en syllabe finale : disg*y*bl, disg*y*n, diw*y*g, dil*y*n, gil*y*dd, meg*y*s, din*y*str, disgw*y*l, medd*y*g, teb*y*g, cerr*y*g, llew*y*g, llew*y*s, plisg*y*n, dych*y*m*y*g, llin*y*n, efeng*y*l, men*y*g, didd*y*m ; 2° mots où *y* est suivi de *w* : amr*y*w, rh*y*wun, c*y*w, *y*w, *y*d*y*w, dr*y*w, cyfr*y*w, ystr*y*w, distr*y*w, hedd*y*w, ben*y*w, rhel*y*w; 3° gw*y*lio,

---

(1) Cf. Anwyl, *Welsh Grammar*, p. 3-4.

veiller ; 4° g*y*da, avec ; 5° diw*y*gio, diw*y*gw*y*r. Cette prononciation pour diw*y*gio, diw*y*gw*y*r est manifestement due à diw*y*g : c'est une influence de sens; pour *gyda*, il a été influencé par *ygyd* ; le sens y est aussi pour quelque chose. La prononciation *i* pour *y* devant *w* est fort ancienne, comme nous le verrons. L'autre son de *y*, totalement différent des sons *ü* et *i*, répond assez exactement à celui de *e* féminin français dans petit.

Le son *y* (tendant à *ü*), aujourd'hui confondu avec *ü*, en était distinct encore à l'époque de Rhys dans les voyelles accentuées (p. 34) : *y* « apertiore et clariore sono promitur quam *v* (*ü*) labiis nimirum reductioribus et ore paulo magis recluso, linguæ tamen gestu spiritusque tenore et nisu manentibus fere iisdem. » Il ne faut pas oublier cependant que J.-D. Rhys est, comme G. Roberts, du Nord-Galles.

Ces deux sons (*y* = *œ* et *y* = *ü* ou *i*) ne peuvent naturellement rimer entre eux. Pour Griffith Roberts *y* (*ü*) est une voyelle fermée, et *y* (*œ*) une voyelle ouverte, par la raison, dit-il, que pour prononcer le premier, il faut fermer davantage les lèvres, tandis que pour l'expression de l'autre, on les ouvre davantage (p. 23).

Au point de vue de la quantité, Rhys ajoute une division de peu d'importance, d'ailleurs : il divise les voyelles en *liquides* (*toddedig*) et *non liquides* (*anhoddedig*). Les liquides sont *w* et *y* parce qu'elles sont susceptibles de n'être pas comptées dans les vers : *carw* vaut une syllabe ; *mydyr*, une syllabe : dans *mydyr* = *mydr*, le deuxième *y* est irrationnel. Les autres voyelles sont *illiquescentes*.

§ 2. — *Diphtongues*.

Les divisions concernant les diphtongues sont beaucoup plus importantes et jouent un rôle assez intéressant dans la métrique théorique.

La division capitale est celle des diphtongues *propres* (*diphdong rowiog* (*rywiog*) ou *priodawl*) et diphtongues *impropres* (*diphdong afrowiog* (*afrywiog*) ou *anmhriodol*). Voici, d'après Griffith Roberts, les diphtongues propres :

six se terminant en *w* : *aw, ew, iw, ow, uw, yw*;
trois en *i* : *ai, ei, oi* ;
deux en *e* : *ae* (*aeth*), *oe* (*oedd*) ;
deux en *u* : *au, eu* ;
une en *y* : *rhwydd*.

Dans l'impropre, il ne peut y avoir comme première voyelle que *i* ou *w* ; *w* est toujours précédé de *ch-* ou de *g-* (par *i* et *w*, comprenez les spirantes *yod* et *w*).

Dans la diphtongue *propre*, les deux voyelles, l'antécédente (*blaenor*) et la suivante (*dilynawl*) ont part à l'accent ; dans l'*impropre*, l'accent est sur la voyelle, après *i* ou *w*. Il eût été plus exact de dire que, dans la diphtongue propre, l'accent est sur la première voyelle, et que dans l'impropre, *i* et *w* jouent le rôle de semi-consonnes. Le gallois actuel a parfaitement conservé la différence entre ces deux catégories de diphtongues (*gŵydd* = *geidā; gwŷdd* = *vidu-*), qui est aussi fort marquée en cornique; en grande partie oblitérée en breton, mais dialectalement retrouvable (1).

Au point de vue de la rime, la diphtongue propre ne peut rimer qu'avec elle-même, s'il n'y a pas de déplacement d'accent dans la syllabe, par dérivation : *gŵydd*, oie, ne peut rimer avec *gwŷdd*, arbre. La diphtongue impropre, au contraire, peut *symphoniser (cynghaneddu)*, avec une voyelle simple : *iar*, poule, peut rimer avec *dar*, chêne; *gwŷdd*, arbre, avec *crydd*, cordonnier (2).

Gw- (*w* vieux celtique), devant *l, n, r*, ne compte

---

(1) Si on est en présence d'une vraie diphtongue dans un mot commençant par *gw-* et suivi, par conséquent, anciennement d'une voyelle *e* représentant *ei, ai* celtiques ou *e* long latin, on a partout *gw-*; sinon, on a *gẅ-* en vannetais, cornouaillais et même en léonard; *gwez*, sauvage, vannet. corn. *gwe*, irl. *fiadh-* = *veido-*; trégorrois *gwe*, arbre, vannet. corn. *gẅe* = *vidu-*. En revanche, l'accent s'est reporté quelquefois irrégulièrement sur la première syllabe de la diphtongue impropre : gall. *chwaith*, trégorrois-léon. *c'hôas*.

(2) Griffith Roberts ajoute même qu'elle peut rimer avec une diphtongue impropre, ce qui est inexact, mais se comprend quand on sait qu'il range parmi les impropres les diphtongues *propres* précédées de *i* : ainsi, nous dit-il, *iawn* (*yawn*) rimera avec *llawn*. Il ajoute, d'ailleurs, que ce *yod* ne compte pas en métrique.

jamais en métrique : *gwnaeth*, fit, a la valeur d'une syllabe ; *gwlan*, laine, également.

Une autre division familière aux poètes, c'est la distinction des diphtongues en diphtongue *talgronn* et en diphtongue *lleddf* (chez J.-D. Rhys, *talgronnica* seu *rotundisona ; lleddfica* seu *sparsisona*).

La diphtongue dite *talgronn*, à front rond, est celle qui est terminée par *w* ou *u* (*ü*) : *aw, ew, iw, yw, uw* et *eu, au*. La diphtongue *lleddf*, oblique, est celle qui est terminée par une autre semi-voyelle que *w*, c'est-à-dire *yod* ou ses *équivalents : ai, ae, oi, oe, wy* (1). Sur la raison de cette distinction, voir plus bas § 4, *syllabes*.

§ 3. — *Consonnes* (*cysseinieid* ou *cytseinieid*).

Elles se divisent en semi-voyelles (*hannerllaferawg*) : *l, ll, m, mh, n, nh, rh, r, f(v), s,* et en muettes (*mudiaid*) (2).

---

(1) *Dosparth. Ed*.., p. XIX. G. Roberts, p. 27, confond, semble-t-il, la diphtongue et la syllabe.

(2) J.-D. Rhys, p. 5 : « Consonantes sunt literae quae tantum cum vocalibus sonum integrum possunt efficere, ut *ab, ba*. Semivocales consonae sunt quae sonum per se tanquam vocalis dimidium efficere possunt : *lh, l, m, mh, n, nh, rh, r*...

Semi-vocalis acuta quae dentibus primoribus inter se coeuntibus forti sibilo effertur, ut : *sa, se, si, so*-.

Consonae mutae sunt quae solae, id est, sine vocali, conatum quemdam duntaxat mutiunt, ut *p, ph, c, ch*. » D'après cette der-

Les consonnes se divisent en trois classes :

labiales (*gwefussawl*) : *p, b, f(v), ph, m, mh* ;
dentales (*deintiawl*) : *t, d, dd, th, n, nh* ;
palatales (1) (*taflodawl*) : *c, g, ch, ng, ngh*.

Certaines consonnes sont *spirantes* (*crychion*, crépues) ; d'autres, *non-spirantes* (*llyfnion*, polies, lisses).

Au point de vue de la force de l'articulation, la consonne est lourde (*tromm*), ou légère (*ysgafn*) ; *tromlefn* (lourde et non-spirante = explosive sourde) : *p, t, c* ;

ysgafnlefn (légère et non-spirante = explosive sonore) : *b, d, g* ;

tromgrech (lourde et spirante = spirante sourde) : *ff(ph), th, ch* ;

ysgafngrech (légère et spirante = spirante sonore) : *f(v), dd* ;

m, n, ng sont des *légères* (*ysgafn*) susceptibles de s'échanger avec *b, d, g* ;

mh, nh, ngh sont des *lourdes* (*tromm*) pouvant s'échanger avec *p, t, c* ;

ll et *rh* sont des *lourdes* ; *l, r* sont *légères* (2).

---

nière définition, J.-D. Rhys ne compterait réellement comme semi-voyelles que les spirantes sonores, ce qui ne s'accorde pas avec sa classification précédente (*lh, l*), *mh, m* ; *nh, n*.

(1) J.-D. Rhys avait parfaitement remarqué le caractère autant que possible guttural du c gallois, même devant les voyelles palatales.

(2) Cf. G. Roberts, p. 36-39, p. 36-39 ; cf. Rhys, *Tableau*, p. 4-5.

On ne peut faire allitérer la *lourde* et la *légère* (*sourde* et *sonore*) :

y mae'r ma*b* yn anha*p*us.	*b, p.*
Tynnu rha*ph*, heb ora*f*yn.	*ph, f.*

L'allitération dans ces deux vers est fautive.

De même, la spirante et la non-spirante ne peuvent allitérer :

Mae Sione*d* yn anwe*dd*us,   *d, dd.*

Remarque 1. — La sonore immédiatement suivie de la sourde correspondante est annihilée par elle, ou se fond avec elle au point de vue métrique :

y ma*b p*ennaf a'm *p*wnniodd	*p, p.*
Dy de*g c*orph dywaid y *c*af	*c, c.*
Coe*d t*rwy goed, cae *t*ri ag un	*t, t.*

Remarque 2. — La spirante sourde annihile ou s'assimile la spirante sonore immédiatement suivante.

dd a sai*th* esgus i*th dd*isgwyl	*th, th.*
f Ho*ph f*wynaidd i chor*ph* union	*ph, ph.*
f Oddiar y *ph*ordd, wir ho*ph, f*awr	*ph, ph.*

Dd, f, f ne comptent pas.

Dans ce vers :

wr*th dd*ysg wiw ur*dd*as y gwyr

il y a une faute contre l'allitération : la spirante

sonore *dd* ne peut donner son son à *th* (plus fort qu'elle).

Remarque 3. — L'aspiration peut influencer la sonore précédente et lui permettre d'allitérer avec une sourde :

Cau'r *t*y no rhag caria*d h*ir $t = d\ h$.

Remarque 4. — Deux consonnes sonores, l'une terminant un mot et l'autre commençant le mot suivant, valent la sourde correspondante.

Na*d d*y roi i na*tt*ur is $d\ d = t$.
Po*b b*ron y pa*pp*ur yw $b\ b = p$.

Cette équivalence n'est pas obligatoire ; tout dépend de la prononciation ; on peut séparer les deux consonnes, surtout, semble-t-il, quand le premier mot est monosyllabique et à voyelle longue. (V. *Tableau des équivalences*.)

Remarque 5. — *Rh*, après sonore, répond à *r*.

Cariad por*t*reia*d r*hiain $tr = d\ rh$.
ofn na*d r*hwydd ym fyne*d d*raw : $d\ rh = d\ dr$
            $(= tr)$.

Remarque 6. — Après une semi-voyelle, la *lourde* (sourde) peut répondre à la *légère* (sonore).

Dringhasson*t* o wreng issel $t = d$, après *n*.
Curwy*d* llwyn cur*t* llyweni $t = d$, après *r*.

Bri*g* llyweni bar*c* llinon   *c* = *g*, après *r*.
Pwysswy*d* predur pos*t* Prydain   *t* = *d*, après *s*.

Ces remarques sont fondées sur une observation exacte de la prononciation et confirmées par des faits analogues en breton. Je ne ferais de réserve que pour certains exemples de la sixième remarque, quoique chaque cas, isolément, puisse se justifier.

Remarque 7. — *B, d, g* peuvent allitérer avec *p, t, c*, à la fin d'un mot, lorsque le mot suivant commence par une sourde, même de nature différente (*ss, ll, ff*) (1) :

Bri*g ff*ydd a bair *k*o*ff*a hwnn.   (*g-ff = k*).
ae*d ll*awer a*t* y *ll*uoedd   (*d-ll = t*).
He*b-s*wyd mor ha*pp*us a hwnn   (*b-s = p*).

Voir, pour plus de détails, plus loin, le tableau des équivalences en matière de *cynghanedd*.

Il va de soi que la prononciation peut empêcher ces équivalences en séparant les consonnes. Cela est si vrai, qu'à la pause, cette équivalence est impossible (V. plus loin).

§ 4. — *Syllabes.*

J.-D. Rhys divise les syllabes en syllabes à

(1) *Dosparth Ed.*, p. lxxix.

voyelle (contenant une seule voyelle) et en syllabes à diphtongue (contenant une diphtongue propre ou impropre) (1).

La syllabe *vocalique* est *talgronn* (*rotundisona*) ou *lleddf* (*sparsisona*) : elle est *talgronn*, d'après J.-D. Rhys, quand elle se compose d'une voyelle suivie d'une seule consonne ou d'une consonne redoublée. Elle est *lleddf*, si la voyelle est suivie de plusieurs consonnes différentes.

(1) Middleton (*Flores*, p. IV) distingue simplement entre *talgron*, *lleddf* et *dipthong* :
 Talgron : Mingamai hi mewn gwmon.
 Lleddf : Ychen ynt cochion unoed.
 Dipthong : Mal y sydd a maels iddaw.
 Voir plus bas pour la syllabe à diphtongue.

TABLEAU DES SYLLABES A VOYELLE.

Syllaf bogalog (syllabe à voyelle).

- **Talgronn gwtta (rotundisona correpta).**
  - *Ysgawn* (levisona) : *llén, glán, glût, glás, cás, tán, sych, ion.*
  - *Tromm* (gravisona) : *llenn, carr, corr, cann, menn, honn, tonn, tann.*

- **Lleddf (sparsisona).**
  - *Talgronleddf* (disjunctisona rotunda) : *Phlandrs, colprs, boldrs.*
  - *Tromleddf* (disjunctisona gravis) : *cors, barn, cern, sarn, cyrs, baldrs, colprs, Phlandrs.*
  - *Penngrechleddf* (disjunctisona finicrispa) : *serch, arch, perth, corph, sarph, torth, tarth.*
  - *Cadarnleddf* (disjunctisona fortis) : *mydr, mygr, hagr, gogr, talm, llyfn, torf, tarf, corf.*
  - *Tawddleddf* (disjunctisona liquans) : *carw, marw, garw, llerw, derw, berw, caly, boly.*
  - *Byddarleddf* (disjunctisona surda) : *coller, puntr, pantl.*

- **Talgronnfut** (conjunctisona muta) : *bratt, carp, cnapp, brytt, tant, parc, corc, pall, call, coll, cyll.*
- **Bocal ym mlaen bocai** (Vocalis ante vocalem) : *cymraeg, Gwenulliant.*

Une syllabe à *diphtongue* est *talgron,* dans deux cas : 1° lorsqu'elle commence par *gw-* et que la voyelle est suivie d'une seule consonne ou d'une consonne redoublée ; 2° lorsqu'elle contient une diphtongue terminée par *w.* Elle est *lleddf* si elle contient une diphtongue *lleddf* (V. plus haut, *diphtongues*) ou si, commençant par *gw-*, elle a sa voyelle suivie de consonnes différentes. Il y a quelques inconséquences dans le tableau suivant, de J.-D. Rhys.

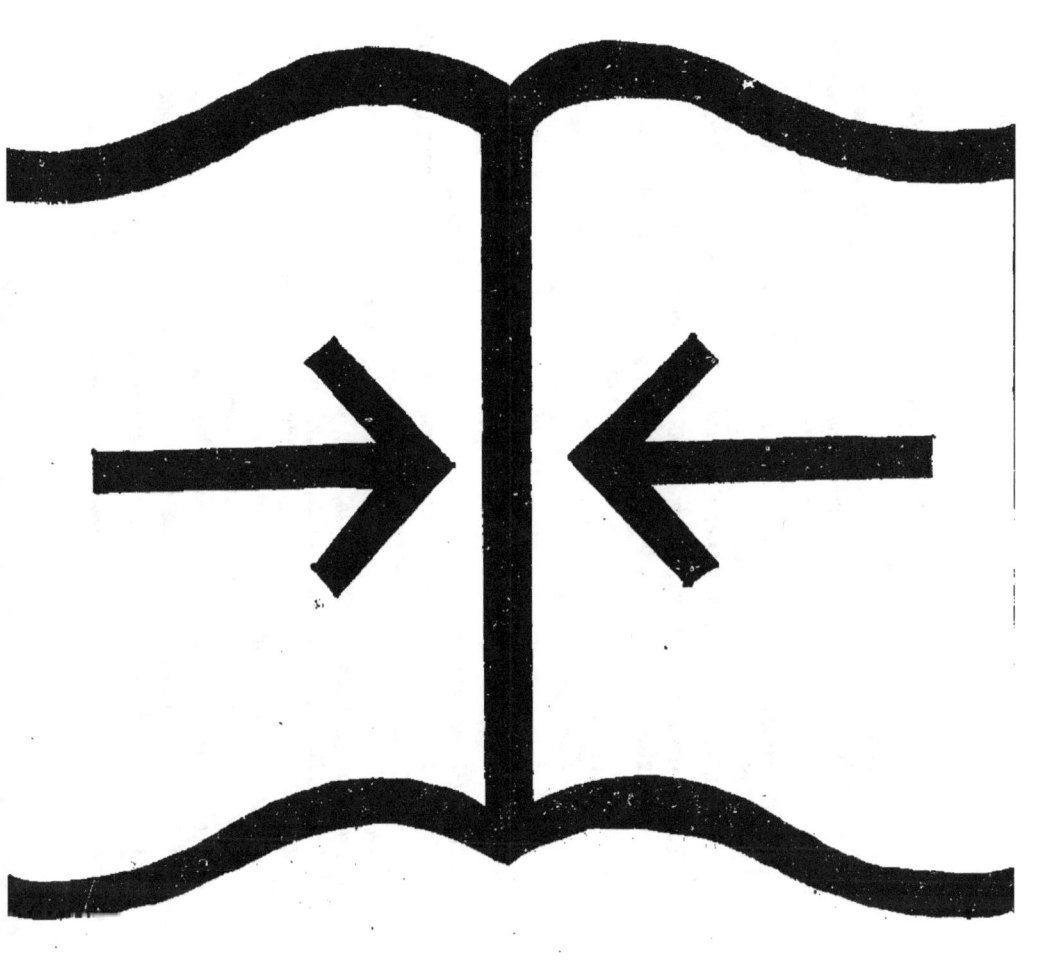

RELIURE SERRÉE
ABSENCE DE MARGES INTÉRIEURES

Syllaf diphtongoc (syllabe à diphtongue).	Rhywioc (propre).	Talgronn.	Diwibiawc (stabilis).	Cwtta (correpta) : aw, ew, iw, yw, ow : llaw, llew, lliw, llyw, llowdr.
				Llosgyrnioc (caudata) : iaw, eaw, waw, iew, woow, iow, wiw, wae, wyw, wew : diawl, creawdr, wawch, iewdod, wowch, iowrder, chwiw, gwow, gwyw, gwewlach.
		Gwibiawc (instabilis, mot à mot, vaga).	Cwtta : au, eu : aur, hau, clau, phrauir, euraid, heu, cleu, phreutr.
			Llosgyrnioc : iau, ieu, wau, weu : lau, ġuau, ieu, gweudd.
		Ysgawn (levisona) : wa, we, wi, wy : gwán, gwén, gwin, gwyn.
		Tromm (gravisona) : wa we, wi, wy : gwaxa, gwenn, gwynn, gwynnach.
		Ynsathredic (intercollisoria).	Cwtta : ae, oe, ai, oi : eae, tái, roi.
			Llosgyrniog : iae, ioe, iai, ioi, wae, wai, woe, woi : medday-giniaeth, toedeb, iaith, dioer, toider, gwaeth, gwaith, etc.
		Drymsathredig (non collisoria).	Cwtta : ei, ey, wy : lleí, trei, teyrn, pwy, mwy.
			Llosgyrniog : iei, iey : ieithydd, ieythydd, ieingtid.
	Lleddf.	Talgronnleddf (rotundisparsisona) : oew, aiw, wyw : gloew, maiw, gwyw, hoyw.
		Ysgawnleddf (æu penngamleddf : levisparsisona sive finicurvisparsisona : wy, ai : glwys, glain.
		Tromleddf (gravisparsisona) : wa, we, ei, oe, etc. : gwarp, gwers, beirn, groei.
		Pengrechleddf : ceirch, seirph, eirth, eirch, ieirll.
		Cadarnleddf (fortisparsisona) : lleidr, lloegr, brwydr, beirdd.
		Tuwddleddf (liquesparsisona) : ceirw, ceidw, gwgry, eiry, meirw.
		Dieithrleddf (sparsisona degener) : siapr, siars.
		Byddarleddf (surdisparsisona) : pwyntl, pwynls.
	Afrywioc a dieithr (degener et aliena).	Talgronn gwtta (conjunctisona correpta) : iar, iechyd, ior, Iuddas, iwrch, iyrchod.
		Talgronn losgyrnieg (conjunctisona caudata) : gwitlen, gwitlin, chwiorydd).
	Mût (muta sive mutisona).	Talgronnfût (conjunctiona mutisona) ut : braint, saint.
		Dieithrfût (degener muta) ut : Iore, iwre, etc.

Cette division en *conjunctisonæ* (*talgronn*), *disjunctisonæ* (*lleddf*) repose sur une observation très juste de la prononciation galloise. Dans toutes les syllabes *lleddf*, la syllabe tend à se dédoubler par l'éclosion d'une voyelle irrationnelle entre la liquide et la consonne, ou la consonne et la liquide, ou par la transformation de la spirante finale en pure voyelle : *mydr* était et est prononcé *mydyr*; *llyfn*, *llyfyn*; *marw* a fini par avoir deux syllabes ; *caly* comme *eiry* les a eues beaucoup plus tôt. Là même où la tendance au brisement en deux voyelles n'a pas abouti, il est incontestable que l'unité de la syllabe tend à se disjoindre.

La catégorie *voyelle* devant *voyelle* (*cymráeg*, *Gwenlliant*) n'est pas aussi inutile, dans la pratique, qu'elle en a l'air (v. tableau des voyelles).

La *Dosparth Edeyrn D. A.* (p. xviii-xix) nous donne, d'une façon plus simple, l'essentiel des idées des poètes des quinzième-seizième siècles en ce qui concerne les syllabes *talgronn* et *lleddf*.

Une syllabe est *talgronn* quand elle n'a qu'une voyelle, quel que soit le nombre des consonnes suivantes ou précédentes :

glan, glur, nant, perth.

Une syllabe est *lleddf* dans trois cas :

1° Quand il y a deux voyelles ensemble dans la syllabe : *glwys, moes, Gwy, gwyth, trai, traeth*;

2° Quand il y a une voyelle irrationnelle après ou avant *r* : *toryf, taryf, mygyr, mydyr* (*torf, tarf, mygr, mydr*); la syllabe est dite *cadarnleddf*;

3° Quand il y a *y* ou *w* final consonantique, ne comptant pas pour la quantité : *eiry, ceirw* (une syllabe).

Une remarque de cette *Dosparth* (page xviii) nous fait comprendre, beaucoup mieux que les explications embarrassées des grammairiens, la nature de la *talgronn* et de la *lleddf :* il faut, dit l'auteur, voir comment les voyelles se comportent l'une vis-à-vis de l'autre ; ainsi *gwẏr*, hommes (avec accent sur *y*) est *talgronn; gẅyr*, courbe (avec accent sur *w*) est *lleddf*. On le voit, les syllabes contenant une diphtongue impropre sont *talgronn ;* les syllabes contenant une vraie diphtongue sont *lleddf*, avec cette exception curieuse que les *diphtongues propres* dont la seconde voyelle est *w* sont rangées dans la catégorie des *talgronn*. Rhys nous donne ainsi l'explication de cette anomalie, page 139 :

« Syllaba diphtongica *talgronnica* est quæ *talgronnice*, id est rotundisone et conjunctisone profertur, ut *llaw, gwẏnn*.

Syllaba diphtongica *talgronnica* est cujus unica connexio syllabica binas contineat vocales quarum prima soni integritatem, ex parte, deponit, ut *gwâs, gwẏs, gwẏch*.

Syllaba diphtongica *lleddfica* est quæ *lleddficè*, id est, sparsisone et incondite et lento quodam sono efferri debet, ut *eglẇys, glóes, sóeg*.

Il y a encore, d'après J.-D. Rhys, cinq choses à considérer dans la syllabe (*accidentia syllabæ*) :

LEUR DOCTRINE SUR LES VOYELLES ET LES CONSONNES. 37

1° *Hyd neu chyhydedd* (qualitas : mot à mot longueur).
- *Amser* (tempus).
  - *Hir* (longum). } *Dauamserawl* (duorum temporum brevium) : *tents*.
  - *Byrr* (breve) : *unamserawc* (unius temporis) : *tég*. } *Triamserawl* (trium temporum brevium) : *Phlandrs*.
- *Rhif llythyr* (numerus litterarum) : ab unitate ad septenarium.

2° *Pwys* (pondus).
- *Trwmm* (grave) : *gwenn*.
- *Ysgawn* (leve) : *gwén*.

3° *Accen* (accentus).
- *Ddyrchafedig* (ascendens) : *Gwennllant*.
- *Ddysgynnedig* (descendens) : *gófwy*, *gŵyr*.
- *Amgylchedig* (circumflexus) : *glwys*, *pwys*.

4° *Anadl* (spiritus).
- *Crych* (terminée par spirante forte) (densicrispus) : *serch*, *sárph*, *sérth*.
- *Llyfn* (lenis, tenuis) : *tég*, *tál*.

5° *Anian* (nativa qualitas).
- *Lleddf* (laxisona, remissisona, naturâ mollis : *gŵyr*, *llwyr*).
- *Talgrown* (collectisona, concinnisona, naturâ aspera : *gŵyr*, *gwér*).

§ 5. — *Accent*.

Il y a, d'après J.-D. Rhys, six cas de pertes d'accent. Les seuls dignes d'attention et justifiés peuvent se résumer sous les deux chefs de composition et de dérivation :

1° *Dans la composition :* ainsi *llóer* a l'accent *ascendant* (*aigu*, *l'accent vrai est ascendant*); combiné avec *gwenn*, il perd son accent propre : le sien devient *descendant : gwénnlloer*.

2° *Dans la dérivation :* l'accent est sur *car* dans *caru;* il passe sur la pénultième dans *carédig*.

Ce qu'il y a de plus important dans cet ordre d'idées (et Rhys n'en parle pas), c'est, dans la dérivation, le passage dans la diphtongue de l'accent de la première voyelle sur la seconde : *gwýdd*, oie ; *gwýddau*, oies. Ce phénomène s'est généralisé en breton : dans les syllabes répondant aux *syllabes propres lleddf* du gallois, l'accent a passé sur la deuxième syllabe, en général.

Une remarque intéressante et fort importante, comme nous le verrons, c'est que la composition ou la dérivation peut faire perdre à la syllabe de son *poids* (quantité) : *gwènn* (*syllabe lourde*) perd de son poids en se combinant avec *mein : meìnwen*. La syllabe *lourde* (*voyelle* suivie de *consonne double*) peut alors rimer avec une syllabe de même voyelle suivie d'une seule consonne de même nature : *gwenn*, blanche, dans *meinwenn*, pourra rimer avec *gwén*, sourire.

CHAPITRE III.

CYNGHANEDD.

§ 1er. — *La nature de la cynghanedd, les espèces de cynghanedd.*

La *cynghanedd* (= *concaniā*) est, d'après Gr. Roberts, l'accord (*cynghordiad*) ou la *consonnance* (*cyssondeb*) technique, c'est-à-dire suivant les règles de l'art, entre différentes syllabes ou lettres d'espèce identique (*rime*) ou de son semblable (*allitération*).

J.-D. Rhys la définit ainsi : « *concentus* seu συμφωνία, hoc loco, nihil aliud est quam similium inter se invicem literarum concordans et mutua consonantia. »

Les deux définitions sont incomplètes. Celle de Middleton est trop compréhensive : pour lui, c'est *tresser et ordonner symétriquement un vers* (1) ;

---

(1) *Flores*, p. v : *Cynghanedd yw eiliaw a phlethu braich o bennill ar gerdd dafod.*

mais il y a là une forte part de vérité. Il peut, en effet, y avoir dans un vers rime ou allitération sans qu'il y ait *cynghanedd*. On serait très près de la vérité en définissant la *cynghanedd*, l'entrelacement ou l'entrecroisement des membres du vers par la rime ou l'allitération, presque toujours par les deux à la fois, à des places déterminées.

La rime et l'allitération sont désignées souvent sous le nom d'*odl* (1), quoique *odl* désigne plus spécialement ce que nous appelons *rime* et n'ait eu peut-être d'abord que ce sens (2).

L'*odl*, au sens le plus large, est *vocalique (sain)* ou *consonantique (prost* ou *proest)*.

L'*odl sain* (ou *consonance vocalique*) est ce que nous entendons par *rime :* c'est l'accord complet de deux syllabes au point de vue *de la voyelle et de la consonne ou des consonnes qui la suivent.* Les deux syllabes sont, dans ce cas, dites *unodl*, ou *unodl unsain*, de même son vocalique et consonnantique.

L'*odl* consonnantique ou *prost* ou *proest* est de deux sortes ; elle est *cyfnewidiog (changeante)* ou *cadwynog (enchaînée)*.

Dans l'*odl prost cyfnewidiog*, la syllabe finale

---

(1) V. Middleton, *Flores*, p. v-vii.

(2) Les gloses de Leyde nous ont conservé le mot *doodl*, gl. *gurtonicum*, c'est-à-dire *fausse assonance* (do- gael. et britt. pour *dus*, grec δυσ-, et *odl*). Ce serait l'équivalent de la *twyll-odl*, actuelle.

est de voyelle différente, mais a les mêmes consonnes :

> O'r gwinwydd daroganent,
> O ganon o ogoniant,
> O ward bron dan euraid brint,
> O wir gorph oedd wyry gynt.
>
> (L. G.) (1).

Dans l'*odl brost gadwynog*, le 1ᵉʳ et le 2ᵉ, le 3ᵉ et le 4ᵉ vers allitèrent avec voyelle différente ; mais le 1ᵉʳ et le 3ᵉ, le 2ᵉ et le 4ᵉ riment entre eux ; c'est notre rime alternée :

> Myfi i'm Duw, hoyw-Dduw hynt
> A ganaf ei ogoniant :
> A wnaeth i'm helaeth helynt
> A gwir ddawn ac ardduniant.
>
> (M.) (2).

De même qu'il y a deux espèces d'*odl*, il y a deux espèces de *cynghanedd* : la *cynghanedd* vocalique (*sain*) et la *cynghanedd* consonnantique (*prost*). Nous emploierons le terme gallois de *cynghanedd* la plupart du temps, les termes de rime et allitération étant insuffisants. Le terme de *sain* est réservé souvent à la rime ; la *cynghanedd* désigne plus spécialement l'*allitération* (3).

---

(1) Middleton, *Flores*, p. v.
(2) Middleton, *ibid.*
(3) *Dosp. Ed.*, p. lxxiv.

§ 2. — *La cynghanedd vocalique, ou accord vocalique et consonantique (rime).*

Il y en a deux espèces principales : l'une qui comporte deux rimes internes, mais qui exige l'allitération entre le deuxième membre terminé par la rime et le dernier contenant la rime finale, *laquelle est toujours* différente des rimes internes ; l'autre, qui exige deux rimes internes, la dernière à la syllabe précédant la rime finale. La première est appelée par Gr. Roberts *cynghanedd sain rywiog* (*cynghanedd* vocalique proprement dite). Elle divise le vers en trois membres ou parties : la partie qui a la rime finale (*odl-ddarn*) ; la partie du milieu (*gorddarn*) ; la partie initiale (*rhagddarn*). La syllabe finale rimante s'appelle *odl ;* la finale de la *gorddarn, gorodl ;* la finale de la *rhagddarn, rhagodl.* La consonne ou les consonnes précédant la rime finale allitèrent avec la consonne ou les consonnes précédant la *gorodl* ou rime du milieu ou du sommet :

Bod hynod wiw glod eglwys : gl : gl.

La *cynghanedd* est dite *cyfanglo* (à fermeture complète), si toutes les consonnes *précédant la rime* ont leurs répondantes dans la *gorddarn* :

Dihino i'n bro o'n bron.

Elle est dite *unglo, deuglo* (à une, à deux fer-

metures), s'il n'y a qu'une ou deux des consonnes précédant la rime à allitérer.

Il faut qu'au moins la consonne ou les consonnes qui précèdent immédiatement la rime finale allitèrent avec une consonne ou des consonnes de la *gorddarn*.

Gwynn i byd, llawenbryd lliw.
Peryglu ar farnu foes.

Il est rare qu'une des consonnes du troisième membre, celui qui contient la rime principale, soit sans *répondante* dans le membre précédent ou, suivant l'expression des grammairiens, se perde :

Trech a gais fantais ddifarn :

dd se perd.

Si une d'elles *se perd*, c'est la plus éloignée de la rime finale :

Ucha dydd fydd ar fowddyn.

r se *perd* : c'est la plus éloignée de la rime finale.

Pour les consonnes de la *gorddarn*, Gr. Roberts affirme que la première peut *se perdre* aussi bien que la deuxième ou la troisième :

Pendefigion ffrwythlon fraeth (1) :

l n'allitère pas.

---

(1) Ces exemples sont tirés de G. Roberts, *Grammar*, p. 230, 233.

Twysogion marchogion chwyrn :

m, r, g de la *gorddarn* se perdent.

L'autre type de *cynghanedd* vocalique est généralement appelé *llusg* (*traînante*) :

I hwyneb yn gynhebig (1).

Il n'y a dans le vers où cette *cynghanedd* est en usage que deux membres. Certains métriciens réservent à ce genre de *cynghanedd* le nom de *unodl* (*même rime*), d'autres le nom de *sain* (*son vocalique*); il est incontestable que c'est celle où l'allitération n'est pas nécessaire, si on fait abstraction de la consonne qui suit la voyelle assonnante, et qui, d'ailleurs, sert à constituer la rime et en fait une partie essentielle (2).

J.-D. Rhys, dont la définition est inexacte (page 266), distingue cinq espèces de *cynghanedd* vocalique homœorime. Elles ont toutes les caractères décrits ci-dessus et ne présentent que des différences insignifiantes.

Les exemples les plus curieux, ceux qui montrent le mieux à quels enfantillages avait conduit

---

(1) G. Roberts, *Grammar*, p. 237.
(2) Suivant J.-D. Rhys, p. 271, d'après certains auteurs, il y a *cynghanedd sain* quand il y a mélange de *sain* (vocalique) et de *croes* (allitération croisée); il y a *cyng. unodl* quand il y a rime sans mélange d'allitération croisée : c'est la *llusg* de Roberts. Iolo Morganwg réserve à la *llusg* le nom de *sain* (vocalique).

la préoccupation trop exclusive de la *symphonie*, sont les deux suivants de la *cynghanedd sain gadwynog* (symphonie vocalique enchaînée).

>Dabhydh lhedwac brydydh lhwyd
>Gwr wybh dan glwybh y dyn glân.

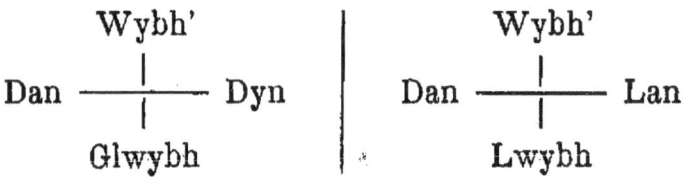

Les exemples de *cynghanedd lusg* montrent que Rhys, sans le dire nettement et sans même s'en rendre bien compte, a en vue la même espèce de *cynghanedd* que G. Roberts. Il n'y a qu'une césure rimant, à l'intérieur du vers, avec la syllabe qui précède immédiatement la rime finale :

> Golwc lleidr dros ei neidrwydd.
> Y mae rhwmpl eisiau'r cwmpli.
> Ny pherchir draw ddyn llawag.
> Nyd eisiau meirw y rhei geirwon.

Il en distingue quatre espèces principales; les distinctions sont puériles, par exemple celle du *concentus monosyllabicus* :

Crest, brest, llestr, llwrf, cerdd, twrf, tin.

La *cynghanedd lusg* doit être évitée dans le dernier vers d'une *mesur* (*strophe* ou *système*).

§ 3. — *La cynghanedd par allitération ou cynghanedd brost.*

Elle consiste essentiellement *dans la diversité de la voyelle* et *l'identité d'assonnance de la consonne*. Le *concentus* est non pas seulement entre consonnes et consonnes, mais porte sur la syllabe entière, sur le groupe allitérant. Il y a deux sortes de *cynghanedd brost :* la *cynghanedd groes* (*cruciformis*, dit J.-D. Rhys) ou *croisée;* et la *cynghanedd draws* (*cruciformis transiliens*), ou *cynghanedd qui passe par dessus.*

A. — *Cynghanedd groes.*

Aucune des consonnes d'un des membres du vers n'est sans allitérer avec celles de l'autre membre, en exceptant toutefois la consonne qui termine la rime finale. Ainsi, l'allitération est interdite entre cette consonne et celle qui termine le premier membre du vers : c'est une faute connue sous le nom de *prost i 'r odl*, allitération à la rime.

Elle est signalée par Gr. Roberts dans ce vers de Tudur Aled :

Ie, Dduw, llawn oedd y **llann.**

n de la coupe (*n* rhagoddlig) allitère avec la consonne de la rime.

Exemples de *cynghanedd groes :*

Dall i'm cof | dy liw o'm cwsg.
Yn wyrdd las liw | wrdd lwys lan.

N commençant le vers, dans ce genre de *cynghanedd*, peut ne pas avoir de *répondante* dans le second membre, se perdre, sans qu'il y ait faute (1).

Ni bu'n frith | bin o' i frethyn.

H peut ne pas compter.

On remarquera que la première consonne du vers répond à la première du second membre, la deuxième à la deuxième, et ainsi de suite.

B. — *Cynghanedd draws.*

Des consonnes, dans ce genre de *cynghanedd*, se trouvent sans allitération et comme isolées dans le vers, entre la première coupe et la partie qui tient à la rime finale (*odlddarn*).

Il faut que la première consonne du vers allitère avec la consonne la plus proche de la voyelle de la rime.

O'r awr, | i'th welais | erioed.

R de *o'r* n'est pas accentué ; l'allitération est entre *awr* et *erioed*. *Awr* est en rapport d'allité-

---

(1) Middleton, *Flores*, p. VII.

ration avec *erioed*, tandis que *i'th welais* est isolé dans le vers. L'allitération passe par dessus ce *remplissage* (*llanw*) et va rejoindre l'*odlddarn* ou partie de la rime finale : de là, d'après J.-D. Rhys, l'épithète de *traws* (*transiliens*).

S'il n'y a qu'une consonne allitérante (la première du vers allitérant avec celle qui précède immédiatement la rime), la *cynghanedd* s'appelle *traws unclo* (à une fermeture) ; s'il y en a deux, on l'appelle *deuglo*, etc.

unclo : Y swydd pan na roit dan sel
deuglo : Bygwth y mae 'r gloyw bigan.
trichlo : Gleision, fal wybr goleusyth.
pedwarclo : Dy ddau fraich o 'r diwedd fry
pumclo : Grae glan o liw geirw gloewnaut (1).

J.-D. Rhys (p. 255) distingue cinq espèces de *cynghanedd groes* et trois espèces de *cynghanedd draws*. Les différences entre ces diverses espèces sont sans importance. L'ingéniosité des métriciens s'y est surtout donné carrière ; leur triomphe est la *cynghanedd groes odidawg* (excellente) *ddymchweledig* (retournable) :

na dial cam na dal cas.

On peut retourner le vers ainsi :

na dal cas na dial cam.

(1) Pour les exemples ci-dessus, voir Middleton, *Flores*, p. 6 et Gr. Roberts, pp. 261-3.

La *cynghanedd gymysg* ou mixte participe de la vocalique et de la consonnantique. Les deux *cynghanedd*, nous l'avons vu, sont toujours unies, dans le vers à *cynghanedd* vocalique propre. Enfin, dans le vers à *cynghanedd* consonnantique, la rime finale existe presque toujours. Quant à la *cynghanedd bengoll* (*concentus finiperdens*), dont parle J.-D. Rhys, Gr. Roberts fait remarquer avec raison que ce n'est pas une variété de *cynghanedd*, mais une particularité touchant à la construction de certaines strophes (v. plus bas, *Systèmes* : *Englyn unodl*).

Le vers, en général, admet toute *cynghanedd*. Nous avons vu cependant que la *lusg* est à éviter dans le dernier vers d'une strophe. Les systèmes dits *Gorchest y beirdd* et *Cadwynfyrr* exigent la *cynghanedd groes*.

Voici, d'après J.-D. Rhys (p. 274-276), le tableau des équivalences de consonnes en matière de *cynghanedd*.

Elisionum et æquipollentiarum consonanticis concentibus accidentium demonstratio.

$b = p$: *Ple i caf dyblyg cyfoeth* (*Ple caf : bly cyf*).
$p = b\text{-}p$: *ym mhob penn y mae piniwn* (*b-penn : piniwn*).
$b\text{-}b = p$: *Poeri'n bib braenu i benn* (*prin : b-braen*).
    Ponio wyneb bun annwyl (*pon : b-bûn*).
    Pwy o'r ysgol mâb breisgwyl (*prysg : b-breisg*).

$b = b\text{-}b$: *y mâb bychan mwy 'i bechod* (*b·bychan : bechod*).

$p = p\text{-}p$: *Top Powys ti a i piau* (*p·Powys : piau*).

$g = c$: *cyrchu yn i ddîg iwrch neu ddau* (*cyrch : g-iwrch*).

$g\text{-}h = g\text{-}g$: *Têg gennyf tagu hwnnw* (*g-gennyf : g hwnnw*).

$d = d\text{-}d$: *a dôd danad y dynion* (*d·danad : dynion*).

$d\text{-}d = t$: *Dyrnod dewr yn y tir* (*d-dewr : tir*).

$d = t$: *Torri dy drôed arr dy dripp* (*torr drô : darr dri*).

$dd = dd\text{-}dd$: *oedd ddyn dîg i ddwyn dy ogan* (1) (*dd-ddyn dîg = ddwyn d'ogan*).

$f = f\text{-}f$: *caf feinir mywn cof annerch* (*f feinir : f·annerch*).

$t = t\text{-}t$: *Tant tynn iawn tu hwnt i neb* (*t tynn : twn*).

$ph = ph\text{-}ph$: *coph phonod cophâu hynny* (*ph·pho : phâu*).

$ff = ff\text{-}f$: *Rwff fy nyn orhoffwn i* (*ff fyn : ffwn*).

$g\text{-}h = c$: *y cawr orig herwriodd* (*cawr : g her*).

$c = c\text{-}g$: *Parc Gruphydd pei caei rephyn* (*c-gruphydd = c-rephyn*).

$b\text{-}rh = p\text{-}r$: *Poeri 'n y bib rhannu i benn* (*prin : b-rhann*).

$d\text{-}h = t$: *Taro dy dâd hir dew dyn* (*tar : d-hir*).

$d\text{-}rh = tr$: *Treio cariad rhag hiraeth* (*tro : d-rha*).

$g\text{-}rh = cr$: *cariad a drîg rhodia draw* (*cri : g-rho*).

(1) Prononcez *d'ogan*.

l-l = *ll* : *Lle i roi lwl Lowri loewlan* (*lleir* = *l-Lowr*).

l-l = *l* : *Afal euraid fal Lowri* (*leu* : *l-Low.*).

ll = *l-ll* : *carl llawlwm ciryll olwg* (*l-llaw* : *llo*).

p = *p-b* : *cwymp buchedd camau pechod* (*p-buch* : *pech*).

ll = *ll-ll* : *call llawen wyt colli nerth* (*ll-llaw* : *lli*).

th = *th-dd* : *Poeth ddyn dig pa waeth nad êl* (*th-dd* : *thad*).

d-d = *t* : *Tant tew nid da i'n tûedd* (*tan* : *d-dain*).

m = *m-m* : *mam Morgan ym am ergyd* (*m-morgan* : *m-ergyd*).

n = *n-n* : *Morgan nyd têg margen ty* (*gan-n têg* : *gen ty*).

r = *r-r* : *câr Robin accw rywbeth* (*r-Robin* : *rywbeth*).

s = *s-s* : *móes simwr ym y'w somi* (*s-simwr* : *somi*).

J.-D. Rhys met la note *bai yw* (c'est une faute) aux équivalences suivantes :

dd = *th* : *a'th hir godiad, ddewr gwiwdal* (*thir* = *ddewr*).

dd-dd = *th* : *a'th hoew gynnydd ddoe gennyt* (*th-oew* : *dd-ddoe*).

f-f = *ff* : *Ffinio cryf fanneu croewfawr* (*ffin* : *f fanneu*).

f = *ff* : *Phei o wr cryf a'i air crâs* (*phei* : *fai*).

l = *ll* : *Llaw y gwr i wilio gwann* (*llaw* : *lio*).

J.-D. Rhys conclut que, dans la *cynghanedd*, *b*, *d*, *g*, *peuvent* allitérer, sans qu'il y ait faute, avec *p*, *t*, *c*, excepté à la rime soit interne, c'est-à-dire à la coupe ou pause (*rhagwant*), soit finale. Il y a faute dans les allitérations suivantes :

> Y mâb a'i gap arr ei gefn.
> O Dduw wynn mawr yw d'anap,
> Od ey i'r mann gyd a'r mâb.

J.-D. Rhys résume ainsi les équivalences en les divisant en deux groupes : *attebiad llwng* (*symphonia collisoria*) ou *équivalence par absorption*, et *attebiad dilwng* ou *équivalence sans absorption* :

Attebiad llwng.	Attebiad dilwng.
$p = b\text{-}p$	$b = p$
$b = b\text{-}p$	$b\text{-}b = p$
$p = p\text{-}p$	$g = c$
$c = c\text{-}c$	$g\text{-}g = c$
$g = g\text{-}g$	$g\text{-}h = g\text{-}g$
$d = d\text{-}d$	$d\text{-}d = t$
$dd = dd\text{-}dd$	$d = t$
$f = f\text{-}f$	$dd = th$ (faute)
$t = t\text{-}t$	$dd\text{-}dd = th$ (faute)
$ff = ff\text{-}ff$	$f\text{-}f = ff$ faute)
$ff = ff\text{-}f$	$f = ff$ (faute)
$c = c\text{-}g$	$g\text{-}h = c$
$l\text{-}l = l$	$b\text{-}rh = pr$
$ll = l\text{-}ll$	$d\text{-}rh = tr$

$p = p\text{-}b$ $g\text{-}rh = Cr$
$ll = ll\text{-}ll$ $l\text{-}l = ll$
$th = th\text{-}dd$ $l = ll$ (faute)
$m = m\text{-}m$ $d\text{-}d = t$
$n = n\text{-}n.$
$r = r\text{-}r$
$s = s\text{-}s$

Les métriciens gallois consacrent toujours un chapitre à ce qu'ils appellent *cymmeriad*, reprise (1). C'est la répétition à l'initiale d'un vers de la même consonne (*cymmeriad llythyrenol*) ou de la même *cynghanedd* (*cymmeriad cynghaneddol*), ou de la même voyelle (*cymmeriad llafariaid*). Il y a aussi la *reprise pour le sens* (*cymmeriad synwyrol*); ce ne sont pas des obligations, ce sont des agréments recommandés par les métriciens. Tout cela ne vaudrait guère la peine d'être signalé, si beaucoup de poètes n'avaient usé et abusé de cette chinoiserie.

§ 4. — *Coupes du vers.*

Aucun des grammairiens n'a consacré de chapitre spécial à cette importante question; mais, chaque fois que cela leur paraît nécessaire, ils donnent leurs idées à ce sujet. Gr. Roberts est celui qui en a le mieux compris l'intérêt.

---

(1) Sur le *cymmeriad*, v. J.-D. Rhys, p. 250. Middleton a préféré le terme de *cymhariad*, accouplement.

Dans le vers qui a la *cynghanedd* consonnantique, il n'y a que deux membres. Dans le vers à *cynghanedd groes*, le second membre commence par la reprise de la consonne *initiale* du vers. Gr. Roberts donne à ce premier membre le nom de *rhagddarn* (avant-partie, première partie), et au second membre contenant la rime celui d'*odlddarn* (partie à rime). La consonne qui termine le premier membre, la consonne de la coupe, a, chez lui, le nom de *rhagodlig*.

Dans la *cynghanedd draws*, le premier membre est séparé du second par le *llanw* ou remplissage, c'est-à-dire la partie sans allitération ; le premier membre se termine donc là où commence le *llanw*, et le dernier commence où il cesse.

Dans le vers à *cynghanedd* vocalique propre, nous l'avons vu plus haut, il y a trois membres, les deux premiers unis par la rime interne, et le troisième ayant la rime finale et relié au second membre par l'allitération.

Dans la *cynghanedd lusg*, il n'y a que deux membres ; le premier se termine par une syllabe rimant avec la syllabe précédant immédiatement la voyelle de la rime.

J.-D. Rhys appelle *gwant* la première pause (priorem pausam), et *rhagwant*, la dernière. Le vrai sens de *gwant* serait *coupe* ou *ictus*, d'après le sens du mot en gallois.

Dans les vers de *dix* pieds du genre *toddaid* ou *cyrch*, la coupe principale est au cinquième pied ;

le vers est divisé ainsi en deux grands membres ; le second lui-même se subdivise en deux parties, l'une reliée par l'allitération avec l'hémistiche précédent et par la rime avec la finale du vers suivant, l'autre sans lien métrique avec le vers auquel elle est rattachée, et unie, au contraire, au premier membre du vers suivant par l'allitération ou la rime.

CHAPITRE IV.

LE VERS; LE SYSTÈME OU STROPHE.

§ 1ᵉʳ. — *Cyhydedd* (*longueur des vers*).

Au point de vue de la longueur du vers, déterminée par le nombre des syllabes, J.-D. Rhys distingue neuf *cyhydedd* (1) :

1° *Cyhydedd ferraf* (la longueur *la plus courte*) : *trois* syllabes :

> Y sydd saeth.

2° *Cyh. ferr* (longueur *courte*) : *quatre* syllabes :

> Gruffydd griffwnn.

3° *Cyh. wenn* (longueur *blanche*) : *cinq* syllabes :

> O dad Owein Dwnn.

---

(1) *Cyhydedd* signifie proprement *équivalence de longueur;* ce serait l'*étalon métrique*. J.-D. Rhys traduit le mot par *quantitas metrica*.

4° *Cyh. las* (longueur *azurée*) : six syllabes :

Brau wyt wyr Robart Dwnn.

5° *Cyh. gaeth* (longueur *esclave, resserrée*) : sept syllabes :

Praff wyd imp Ruffydd Dwnn.

6° *Cyh. draws* (longueur *qui va à travers* ou *rude*) : huit syllabes :

Praffwaed dydd daed Maredydd Dwnn.

7° *Cyh. drosgl* (longueur *inculte, grossière*) : neuf syllabes :

Pwy ynn rhoi dy aur pai Henri Dwn.

8° *Cyh. hir* (longueur *longue*) : dix syllabes :

Pwy 'n oroff dda pai hen Ruffydd Dwnn.

9° *Cyh. hwyaf* (longueur *la plus longue*) : onze pieds ou davantage.

Le système de Glamorgan (*Cyfr. Beird.*, p. 48-66) donne aussi neuf *cyhydedd*, mais avec une valeur différente :

1° *Cyhyd. ferr* : quatre syllabes ;
2° *Cyh. gaeth* : cinq syllabes ;
3° *Cyh. drosgl* : six syllabes ;
4° *Cyh. lefn* (*polie, lisse*) : sept syllabes ;

5° *Cyh. wastad* (*égale, unie*) : *huit* syllabes ;
6° *Cyh. draws* : *neuf* syllabes ;
7° *Cyh. wenn* : *dix* syllabes ;
8° *Cyh. laes* (*relâchée*) : *onze* syllabes ;
9° *Cyh. hir* : *douze* syllabes.

Le deuxième traité donné par la *Dosparth Ed.*, d'accord avec Middleton (1), ne donne que *sept cyhydedd* :

1° *Cyh. ferr* : *quatre* syllabes ;
2° *Cyh. wenn* : *cinq* syllabes ;
3° *Cyh. las* : *six* syllabes ;
4° *Cyh. gaeth* : *sept* syllabes ;
5° *Cyh. draws* : *huit* syllabes ;
6° *Cyh. drosgl* : *neuf* syllabes ;
7° *Cyh. hir* : *dix* syllabes.

Il est incontestable que ces sept types sont, chez les auteurs des quinzième-seizième siècles, à peu près les seuls usités, en y ajoutant le vers de *douze* syllabes. Ce qui fait qu'il a été laissé de côté par les métriciens, c'est qu'ils avaient l'habitude de le couper en trois petits vers de quatre syllabes, les deux premiers rimant entre eux, et le troisième portant la rime principale (voir plus bas le système des *hupunt byrr*).

(1) *Dosp. Ed.*, p. lxxiii. Middleton, *Flores*, p. x.

§ 2. — *Le vers et la strophe ou système.*

L'unité métrique, pour la plupart des métriciens, est non pas le vers : *braich*, bras, *bann* (1) ou *gair* (expression), mais le groupe rimant. Ce groupe porte, chez Gr. Roberts, le nom de *pennill*. Par exemple, dans le système du *cywydd dau air fyrrion* ou *hirion*, composé de deux vers rimant ensemble, ces deux vers composent un *pennill*. Dans les systèmes où la strophe se compose de vers de rime différente, le *pennill* comprend les deux ou trois vers rimant ensemble, et, de plus, le vers à rime dominante qui les suit. Middleton et d'autres ne semblent pas le distinguer de la strophe, et c'est vrai des strophes à vers de même rime. Dans les strophes composées de deux parties qui se répètent, il y a deux *pennill*. Ainsi, dans une strophe comme la strophe latine suivante, qui, comme structure et nombre de syllabes, représente exactement le système dit *cywydd llosgyrniog*, il y a deux *pennill :*

> Stabat mater dolorosa
> Juxta crucem lacrymosa

---

(1) *Bann* est probablement le terme le plus ancien ; il signifie point culminant, bout ; *pedwar ban y byd*, les quatre extrémités du monde ; *bannau y lleuad*, les quartiers de la lune. Il marque un des points cardinaux du *pennill*. *Bann* a aussi le sens de pied ou syllabe.

> Dum pendebat filius.
> Cujus animam gementem
> Contristatam et dolentem
> Pertransivit gladius.

J.-D. Rhys, contrairement à l'usage le plus répandu, emploie le mot *pennill* dans le sens de *vers* (p. 155), mais alors c'est pour lui un *petit pennill*. Le *pennill* long a chez lui le sens de *pennill* sans épithète, comme pour Gr. Roberts. C'est ainsi que, dans le système dit *toddaid*, il qualifie de *pennill* deux vers dont le premier se termine par un mot hypermètre ne rimant pas avec la syllabe finale du second. Il a été guidé dans son emploi particulier du *pennill* par l'idée que le *pennill* est un vers à *rime finale*. C'est la conception du *pennill* avec cette différence que pour les autres le *pennill* est le *groupe* à même rime ou terminé par la rime dominante.

En somme, aucun écrivain gallois n'a pu donner une bonne définition du *pennill*, parce qu'aucun ne pouvait suivre l'histoire et l'évolution de la métrique de son pays. Il nous paraît certain que le *pennill* a d'abord désigné le grand vers à rime finale, *bann* désignant les points saillants dans le vers. C'est ainsi que le *cywydd dau air hirion* a dû former d'abord un grand vers, composé de deux *bann*. Il est certain, comme nous le verrons, que le *hupunt byrr*, divisé aujourd'hui en trois petits vers de quatre syllabes, a d'abord formé un grand vers de douze, avec trois divisions ou trois points saillants (*bann*). Le terme *pennill* désigne aujourd'hui ces trois vers, dont les deux premiers riment entre eux, et le troisième porte la rime dominante, c'est-à-dire la rime finale ancienne. Il en a sans doute été de même pour tous les genres. Par une évolution naturelle, le terme *pennill*, qui désignait le vers avec ses divisions, est arrivé, le vers se résolvant en strophes ou demi-strophes, à désigner celles-ci. On pourrait aussi supposer que le *pennill* a pu désigner un distique de deux vers unis par la rime finale, mais cette hypothèse est condamnée par l'exemple des strophes composées de deux parties identiques, comme le *hupunt byrr*. Si le *pennill* avait désigné un distique, il est clair que la strophe entière du *hupunt* serait désignée sous le nom de *pennill*, tandis que chacune des parties constitue un *pennill*. Il est donc bien certain qu'avant la résolution du grand vers le *pennill* ne désignait qu'un vers. Il n'est arrivé à désigner un distique, ou tristique au plus, que plus tard.

Le *pennill* a aussi, en dehors de la métrique, le sens d'*épigramme* ou de *bout rimé*.

§ 3. — *Les diverses espèces de strophes ou systèmes (les vingt-quatre mesures).*

Le *mydr* (mètre) ou *mesur*, d'après Gr. Roberts, consiste en un nombre déterminé, fixe, de *bras* (στίχος) ayant un nombre fixe de syllabes, avec des rimes finales et internes ou des allitérations à place déterminée. « Carmen (*messur*), » dit J.-D. Rhys, « est oratio metrice conscripta vel ore prolata, certo quodam stichorum metricorum, tanquam pedum majorum et proximiorum numero constans. Denique Cymraeci poetae non tantum syllabarum numerum, sed et aliud genus quantitatis seu *cyhydeditates*, velut *Lledhvitates* et *Talgronnitates*, insuper et diphthongorum et monophthongorum naturas et qualitates proprias observarunt in carminibus, sed modo à Graecorum et Latinorum consuetudine et usu penitus diverso. »

Ces vingt-quatre espèces de poèmes se répartissent en trois genres : le *cywydd* (1) (quatre espèces) ; l'*englyn* (cinq espèces) ; l'*awdl* ou *owdl* (quinze espèces).

§ 4. — *Cywydd.*

Le *cywydd* est assez bien expliqué par J.-D. Rhys par la traduction *homœostichon :* les vers qui le composent sont de même longueur, en exceptant toutefois le *llosgyrniog*. C'est une composition continue de structure uniforme. Il est vrai que d'autres systèmes, d'après cette définition, rentreraient dans ce genre :

Il y a quatre espèces de *cywydd :*

1° Le *cywydd dau air* (*dau fraich*) *byrrion*, *cywydd* à deux bras (στίχοι) courts ;

---

(1) Ou *cowydd* suivant une prononciation dialectale du Nord.

2° Le *cywydd dau air* (ou *fraich*) *hirion*, le *cywydd* à deux bras longs ;

3° Le *cywydd llosgyrniog* ou *cywydd* à queue ;

4° Le *cywydd odliaidd* ou *awdlgywydd*, ou le *cywydd* à plusieurs rimes (rimes internes).

A. — *Cywydd dau fraich byrrion.*

Les deux bras composant le *pennill* doivent être de même rime (*cynghanedd unodl unsain*). Chaque bras n'a que quatre syllabes. Toute *cynghanedd* est admise.

> Dewr hil fil fur
> Didarf Dudur.

Je donne les *schemas* de J.-D. Rhys, pour plus de clarté, quoique cette séparation de la voyelle et de la consonne soit contraire à la conception que se font les Gallois de la *cynghanedd* (v. plus haut, ch. III, § 2).

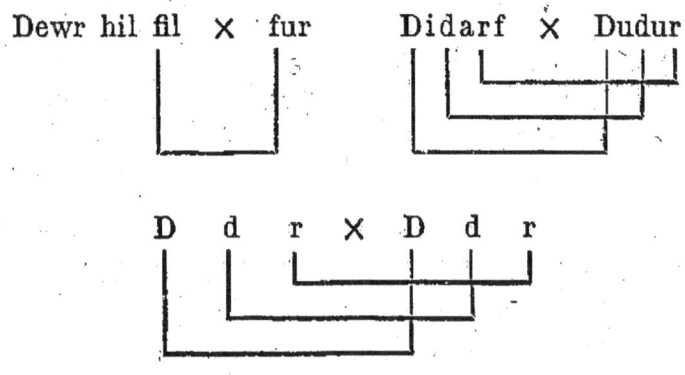

Il n'est guère d'usage, nous dit Gr. Roberts, de faire un poème tout entier de cette mesure. Une des raisons, c'est que les musiciens, particulièrement les harpistes, n'ont pas les modes musicaux appropriés à ce mètre.

Ce système est soumis aux mêmes lois d'accentuation pour le mot final du vers que le système suivant, le plus répandu de tous.

B. — *Cywydd dau fraich hirion.*

(Homœostichon macrodistichon.)

Le *pennill* se compose de deux bras homœorimes de sept syllabes chacun : toute *cynghanedd* est admise.

> Y mae i mi am 'y myd
> Wyneb un yn i benyd.

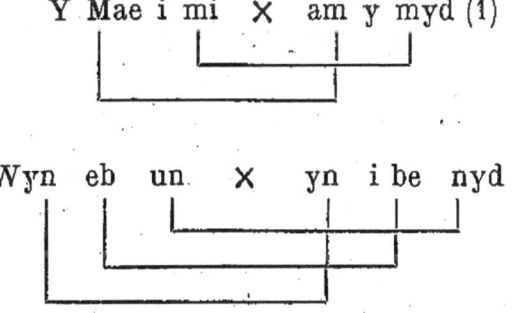

―――

(1) Je remplace les lignes courbes de J.-D. Rhys par des lignes rectangulaires.

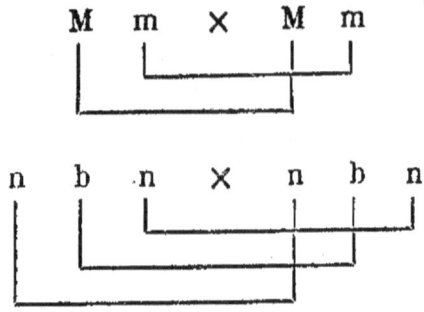

D'après Gr. Roberts, il n'y a de *cynghanedd lusg* régulière que dans le premier bras.

Il faut que l'accent soit dans l'un des bras sur la dernière, et dans l'autre sur l'avant-dernière syllabe; aussi, le plus souvent, l'un des mots terminant un des vers est-il monosyllabique et l'autre polysyllabique, l'accent, en gallois, étant presque toujours sur la pénultième.

C. — *Cywydd llosgyrniog.*

(Homœostichon caudatum.)

Ce système se compose de deux, trois ou quatre bras homœorimes de huit syllabes et d'une *queue* (*llosgwrn*) de sept syllabes qui ne rime pas avec les autres vers; mais à la coupe, cette *queue* présente la rime finale des autres vers :

> Y mae goroff (1), em a garaf
> O gof aelaw ag a folaf
> O choeliaf gael ei chalon.

(1) Leg. *gorhoff*.

LE VERS; LE SYSTÈME OU STROPHE. 67

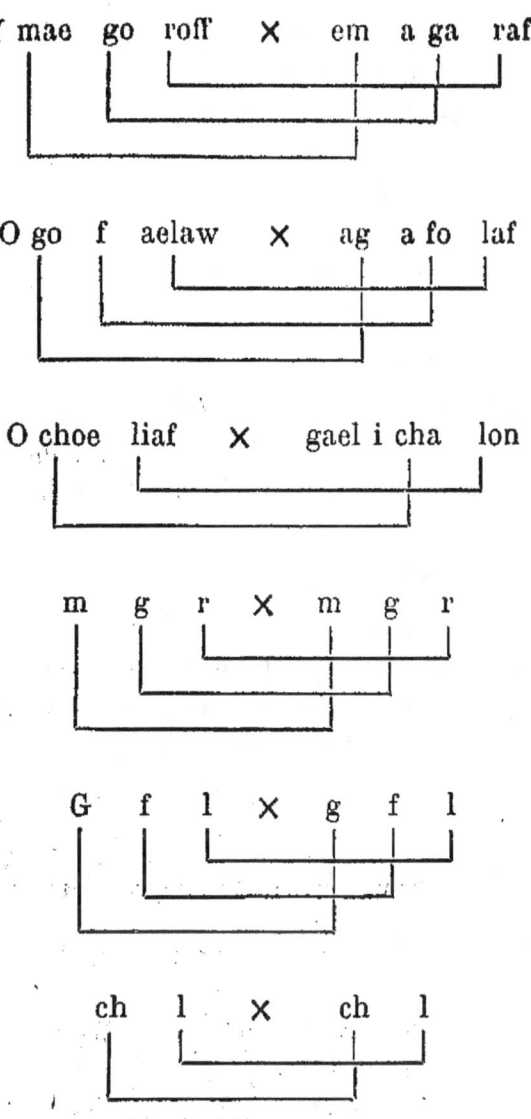

Arwydd graendost ar wydd grwndwal
Elw am eurserch Wiliam Marsial;
Ar ymcanniad oer yw yn cynnal,
    Heb yn dyfal benndefig.

> Oll awn i'r gaer y llenwir gwin
> I glôs hirddol eglwys Hyrddin ;
> Y plas y sydd fal Powls a Sîn,
> Pantri 'r fâl uwch Pentre 'r felin,
>   Aber dilin aur dolydd.

Il est mieux, sans être indispensable, d'après Gr. Roberts, que l'accent soit dans un des deux bras sur la rime, et dans l'autre sur la pénultième.

La *cynghanedd* vocalique peut être partout. Mieux vaut éviter, dans la queue, la *cynghanedd lusg*. La *cynghanedd brost* (allitération) semble plus fréquente dans la queue.

En réalité, le système ici n'est donné que dans sa première partie ; nous n'avons qu'un *pennill* ; il en faudrait au moins deux pour avoir le système en entier. Gr. Roberts réserve aux trois vers le nom de *pennill*, mais, comme nous l'avons vu, le *pennill* est souvent confondu avec le *système*.

D. — *Cywydd odliaidd* ou *awdl gywydd*.

(Homœostichum rhythmiforme seu rhythmicosum.)

Il y a deux façons de scander ce *cywydd*. D'après Gr. Roberts, il se compose d'un bras et d'une *queue*, chacun de sept syllabes ; la coupe de la *queue* rime avec le bras.

Toute *cynghanedd* est admise :

> Un a dal y nadolig,
> Obr diddig i brydyddion.

LE VERS; LE SYSTÈME OU STROPHE.

On peut préférer une des manières proposées par Rhys; le *cywydd*, pour lui, se compose d'un distique dont chaque στίχος a deux fois sept pieds; dans le second hémistiche de chaque vers, la coupe rime avec la fin du premier hémistiche :

Un a dal y nydôlig, obr diddig i brydyddion;
Ag a bryn ddêg o baei raid, llongaid fal y gollyngon.

Comme le fait remarquer J.-D. Rhys, on pourrait encore couper ainsi, mais ce serait de la pure fantaisie :

>Un a dal y nydôlig
> Obr diddig
> I brydyddion;
>Ag a bryn ddêg o baei raid
> Llongaid
> Fal y gollyngon.

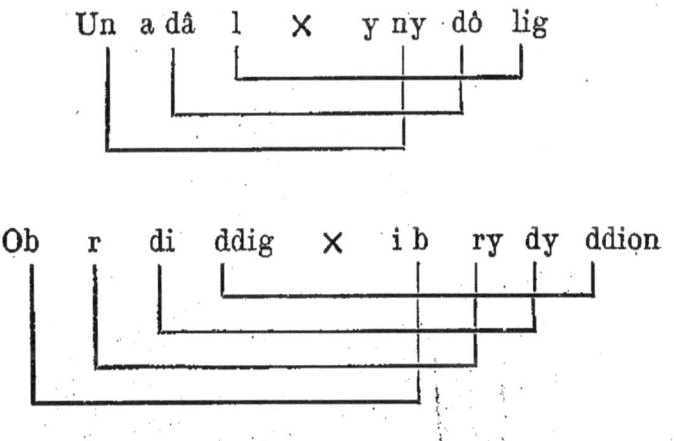

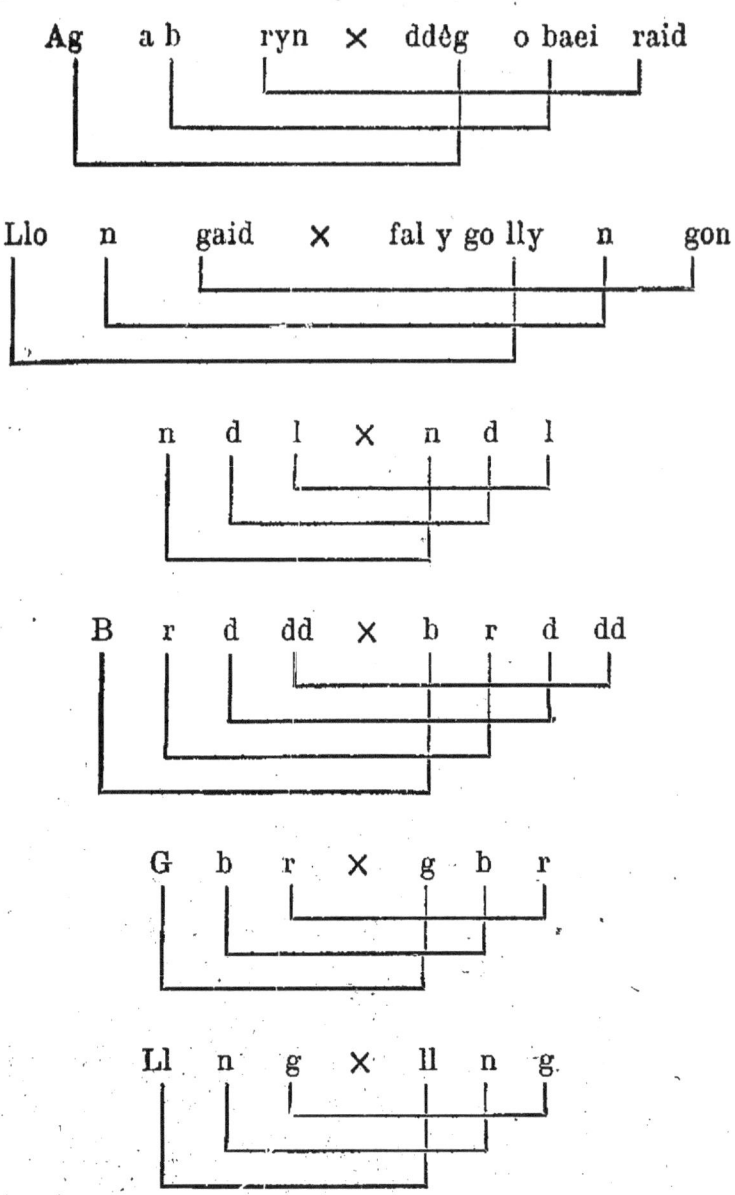

D'après Middleton, la rime du premier vers et celle du premier membre du second vers doivent être accentuées différemment. Selon lui aussi, le deuxième vers, celui qui porte la rime dominante dans le poème, doit avoir la *cynghanedd groes rywiog* (consonnantique propre), *de façon à ce qu'on puisse changer l'awdlgywydd en cywydd deuair hirion.* (Gr. Roberts, p. 287-288, est moins rigoureux.)

§ 5. — *L'Englyn ou ynglyn (systichum).*

C'est proprement le genre de l'épigramme. Le sens étymologique paraît être poème enchaîné étroitement, dont toutes les parties sont intimement soudées les unes aux autres (*glynu*, s'attacher, adhérer à).

Rhys le divise en deux catégories : *englyn arferedig*, *englyn* en usage, et *englyn diarferedig*, *englyn* passé d'usage. Gr. Roberts ne s'occupe que du premier, et le divise comme Rhys.

Englyn arferedig (systichum consuetum).	*Unodl* (de même rime).	*Union* (droit) (ou *unsain*). *Crwcca* (inverse). *Cyrch* (à mot ou expression hypermétrique, liée au vers suivant).
	Prost (d'allitération).	*Cyfnewidiog* (changeant). *Cadwynog* (enchaîné).
Englyn diarferedig (systichum insuetum).		*O'r hen ganniad* (vetericinum). *Garrhir* (longipopliticum). *Milwr* (militare). *Cildwrn* (pugillare), etc.

A. — *Englyn unodl unsain.*

(*Englyn* à même rime, à même son vocalique.)

Il est composé de quatre bras : les deux premiers ont à eux deux seize syllabes ; le premier en a dix, en y comprenant le *gair cyrch* ou *toddaid*, mot ou expression de plusieurs mots ne rimant pas avec les autres bras, mais lié à l'intérieur du bras suivant par la rime ou l'allitération : de là le mot *cyrch*, d'attaque, qui attaque, qui va chercher un son le liant, ou de *toddaid* ou *toddiad*, qui fait fondre, élimine la rime principale. Rhys lui donne les noms de *heterosymphonicum*, *hysterorythmicum*, *allosymphonicum* et *rhythmitegens*, *exorythmicum*. On pourrait, dans le système des quinzième-seizième siècles, l'appeler *hypermètre* ou *exomètre*; je lui réserve le nom de *toddaid* pour le distinguer d'un genre pour lequel *cyrch* convient mieux. Les deux derniers vers ont sept syllabes. Les quatre ont la même rime, en laissant de côté, dans le premier, le *gair toddaid*. Les deux premiers bras portent le nom de *paladr*, et les derniers le nom de *penn* (bout) ou *esgyll* (ailes), par assimilation, dit Rhys, à un arc. *Paladr* rappellerait plutôt le fût de la lance.

Les deux derniers vers représentent le *pennill* de *cywydd deuair hirion* et sont soumis aux mêmes lois d'accentuation, pour la rime.

La coupe principale dans le premier vers est toujours au cinquième pied.

La partie qui suit se divise nettement en deux ; le mot ou l'expression de plusieurs mots dits *cyrch* ou *toddaid* allitère ou rime avec la coupe du vers suivant et n'a aucun lien métrique avec le vers dans lequel elle se trouve. Au contraire, ce qui est entre le *cyrch* et la coupe principale allitère avec le deuxième membre du vers ou la partie caractérisée par la seconde rime. Le premier vers a le plus souvent la *cynghanedd* vocalique propre, et par conséquent deux rimes internes, la deuxième terminant toujours le cinquième pied. Lorsqu'il est soumis à la *cynghanedd draws* ou *groes*, la coupe est toujours quand même après la cinquième syllabe. Gr. Roberts n'admet que la vocalique ou la *draws*. Quelquefois l'*Englyn* commence par la *cynghanedd groes* :

Da gennym i'w dêg | ynys — draw redeg
    Drwy creudir Powys ;

Exemple du type ordinaire :

Dilynais, clwyfais, | fal y clyw — deucant (1)
    Decoaf o ddynion byw ;
    Dolur gormodd am doddyw (2)
    Dilyn pryd ewyn prid yw.

(1) *Dosp. Ed.*, a p. xxvi : *deg cant*.
(2) Rhys a *dylyw.*; *Dosp. Fd.*, p. xxvi, lxvii : *doddyw*.

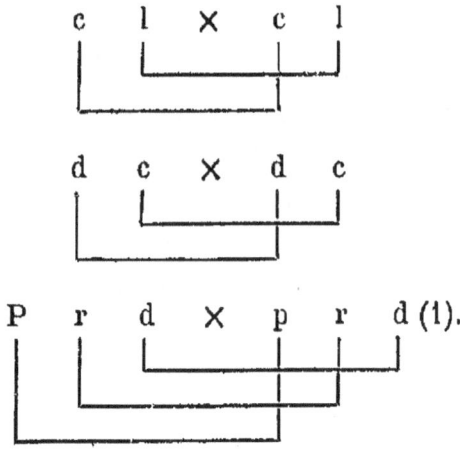

Si le *gair toddaid* est relié à la coupe du vers suivant par l'allitération, le second membre de ce vers n'a pas de *cynghanedd* : il est *pengoll* (qui perd la tête) (2). Si, au contraire, le *gair toddaid* rime avec la *rhagodl* ou syllabe finale du premier membre du vers suivant, il faut que le second membre de ce vers soit relié au premier par l'allitération

  Bod hynod wiwglod eglwys — gatholig
  Buredig baradwys.

Le *gair cyrch* ou *toddaid* ne doit rimer avec aucun mot du premier vers. J.-D. Rhys donne

(1) Je supprime le *schema* du troisième vers, qui serait fautif avec mon texte (*doddyw* au lieu de *dylyw*).

(2) Ce phénomène se produit dans quelques autres types de vers ; de là l'expression de *cynghanedd benngoll*, qui est impropre. Ex. d'après J.-D. Rhys :

  Canaf lle 'l nodaf | *adail*.
  Arglwydd eurglawr | y *Dehau*

cependant des exemples de cette anomalie (p. 164).

Le nombre des syllabes ou des mots du *gair cyrch* n'est pas fixe : il peut aller de une à quatre, mais ne peut dépasser ce chiffre, la coupe étant à la cinquième syllabe.

B. — *Englyn unodl crwcca*.

(Homœorythmicum præposterum inversumve.)

C'est exactement l'inverse du précédent. Les deux derniers vers (*pennill*) de l'*unodl union* ou *unsain* deviennent les premiers ; ils sont suivis du *paladr* du type précédent, c'est-à-dire d'un vers de dix syllabes comprenant le *gair toddaid*, et d'un vers de six syllabes. Les règles sont les mêmes.

> Ir gangen **wann** arr lannerch
> **A roddais** i arwydd serch
> A chudynnau brwyn | o cheid annerch — hardd
> I glaerfardd eglurferch (1).

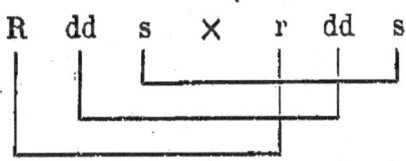

(1) Le texte de J.-D. Rhys porte, probablement à tort, *lenn* au lieu de *wann* (cf. Gr. Roberts, p. 395 et *Dosp. Ed.*, p. lxviii). Gr. Roberts, au troisième vers, a *chadwynau*, qui est plausible. J'ai supprimé le schéma de Rhys pour le premier vers.

Je suis responsable des lettres soulignées et, en général, des coupes.

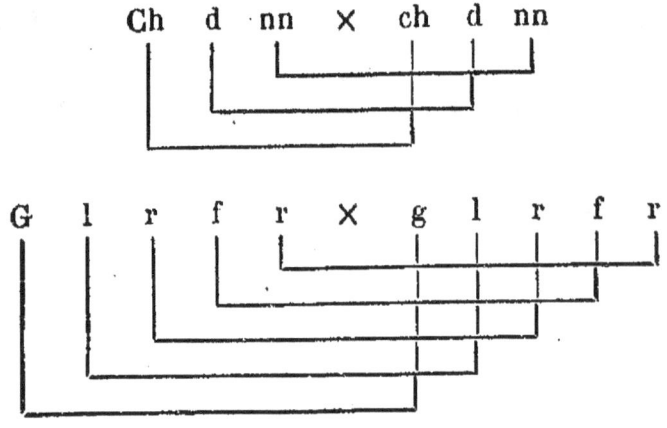

Exemplum veterum (Rhys, p. 168).

Cyt ymwnel cywyt bryt brys
Yn llawen llewych ystlys
Lletryt callon donn ef a'i dengys — grûdh
Lliw blaen grûc geferys.

C. — *Englyn unodl cyrch.*

(Homœorythmicum cyrchicum.)

Il se compose de quatre bras ou vers de sept syllabes ; les deux premiers et le quatrième sont homœorimes (*unodl*) ; le troisième est de rime différente, mais sa finale rime avec la coupe (*rhagodl*) du quatrième. Les deux premiers vers sont du type du *cywydd deufraich hirion* et soumis aux mêmes lois ; les deux derniers, du type du *cywydd odliaidd*.

Rhys fait remarquer que le *gair cyrch* s'appelle aussi *toddaid :* « inimicatur namque *cyrchicon*

LE VERS; LE SYSTÈME OU STROPHE.

perpetuo cuivis principi rhythmo, eundem vel penitus absorbendo vel saltem illius sonum obscurando (1). »

> Diboen ferch Goel Godebog
> I gred y peraist y grog
> Ugain trychant a'i wrantu
> Oedd oed Iessu Dduw dwyssog (2).

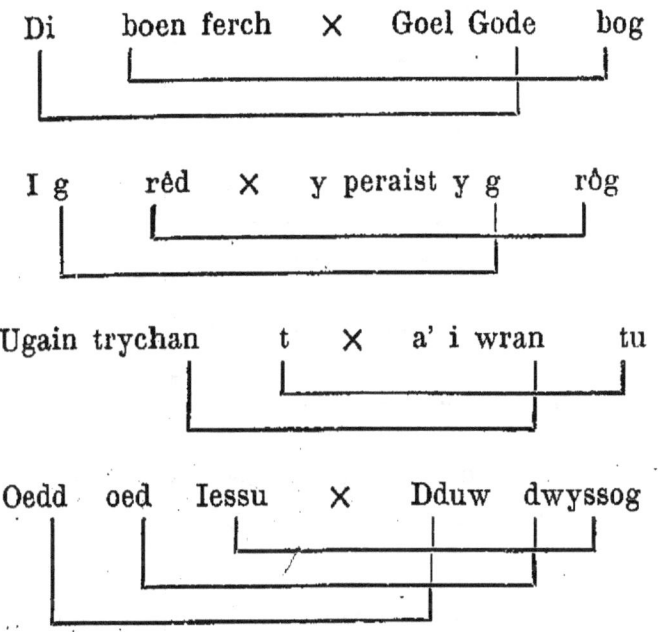

___
(1) Cf. *cywydd llosgyrniog*, plus haut.
(2) Gr. Roberts lit *dygaist* au lieu de *peraist*, *i'w wrantu* au lieu de *a'i wrantu*. Il lit ainsi le derniers vers :

> Osd oedd Iesu Dduw dywyssog.

Je lis avec Dosp. Ed., p. lxviii :

> Oedd oed Iessu, Dduw dwyssog.

J.-D. Rhys lit *Duw*.

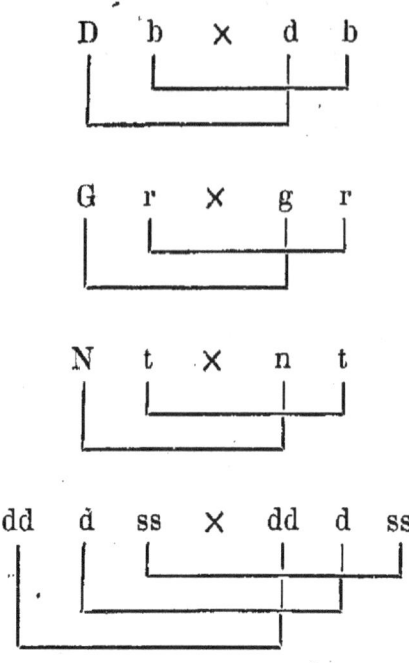

Exemplum veterum.

Hunydd hirloew i hystlys
Gwymp i llûn yn i llaesgrys
Gwynn lliw ewyn gwenndonn iawn
O ddwfr eiglawn pan ddengys.

Rhys fait suivre cet exemple de la réflexion suivante : « Hoc exemplum solo mensura contentum nulla omnino symphonia potitur; veteres enim poetae in suis carminibus nullo fere consonantium inter se concentu exacto aut symphonia utebantur. » Ces réflexions sont justes, si on juge la *cynghanedd* d'après les lois données plus haut, quoique la rime et l'allitération s'y montrent.

L'exemple qu'il donne ensuite en est, en revanche, dépourvu.

Toutes les espèces de *cynghanedd* sont admises ; la *cynghanedd lusg* seule, d'après Gr. Roberts, est bannie du dernier vers ou *llosgwrn* (queue), comme, en général, *du dernier vers* de tout système.

D. — *Englyn prost cyfnewidiog.*

(A voyelle changeante.)

C'est un *englyn* de quatre vers (et plus) de sept pieds dont la syllabe finale allitère : la voyelle diffère, la consonne finale (*odlig* ou de la rime) est la même. Il y a aussi un genre ou chaque vers est terminé par une voyelle différente, ou diphtongue.

Gwynn yw byd gwyndyd a'i gwyr
Gael tadog o glôd Tewdwr
Gael Cymro a garo 'r gwîr
Gael fynnu Gymru o gâr

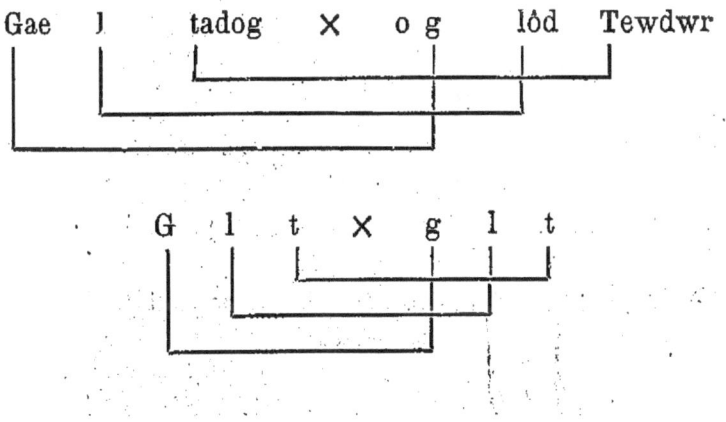

Je reproduis, à titre de curiosité, l'exemple donné par J.-D. Rhys du type *croes cyfnewidiog gorchestol* (excellent, faisant prouesse) :

>Aurwy ddolen aur ddeuled,
>Ar wêdd eilon rudd waywlîd :
>I râdd alwen rwydd olud,
>O urddolion ar ddwywlad.

Cet *englyn* peut se retourner de ces deux façons :

>Ddolen aurwy ddeuled aur (1)
>Eilon ar wêdd waywlîd rûdd :
>Alwen i râdd olud rwydd,
>O urddolion ar ddwywlad.

>Ddeuled aur ddolen aurwy (2)
>Waywlîd rûdd ar wedd eilon
>Rwydd olud i râdd alwen
>Ar ddwywlad o urddolion.

N et D catena occulta.

Cadwynog hamêrog (enchaîné à moitié).		N		D	Cyfnewidiog hamerôg.
	Aurwy ddole		Aur ddeule		
	Ar wedd eilo		Rûdd waywli		
	I râdd alwe		Rwydd olu		
	O urddolio		Ar ddwywla		

(1) J.-D. Rhys paraît avoir fait ici une fausse interversion.
(2) Sans doute : *aur ddeuled aurwy ddolen*.

Catena.
$$\begin{array}{c|c|c}
\text{ar} & \text{our} & \text{Rudd} \\
\text{Aur} \dashv \text{wydd} & \text{Ir} \dashv \text{add} & \text{Aurdd} \dashv \text{ardd} \\
\text{wedd} & \text{dd} & \text{Rwydd}
\end{array}$$

$$\begin{array}{c|c}
\text{Alwen} & \text{Waywlid} \\
\text{oien} \dashv \text{eilon} & \text{euled} \dashv \text{olud} \\
\text{olion} & \text{Wywlad}
\end{array}$$

Il y a de ces *englyn* de cinq et de six bras :

> Annôfus heb annéfot,
> Yn fynach, un i fynet,
> O'th iawn obaith yn abat,
> Yn escob ony wisgit,
> Ac yno'n bâb, gwynn yn byt.

D'après Gr. Roberts (p. 298), il vaut mieux que *l'accent soit sur la syllabe finale*, mais ce n'est pas indispensable.

E. — *Englyn prost cadwynog.*

(*Englyn* à finales allitérantes et enchaîné.)

C'est tout simplement un *englyn* de quatre vers de sept pieds à rimes alternées, avec cette particularité que les quatre finales ont la même consonne finale. Les Gallois l'ont rangé dans la catégorie des poèmes à allitération finale, parce que chacune des finales rapprochée de sa voisine immédiate est, en effet, du type *prost cyfnewidiog* décrit plus haut.

>Mae Rhys heb gael mwy o'r hûn
>Mae'r genedl a'i (1) mawr gwynan
>Mae'r beirdd er mwyn marw bûn
>Mewn llewig am Wenllian.

Toute *cynghanedd* est admise.

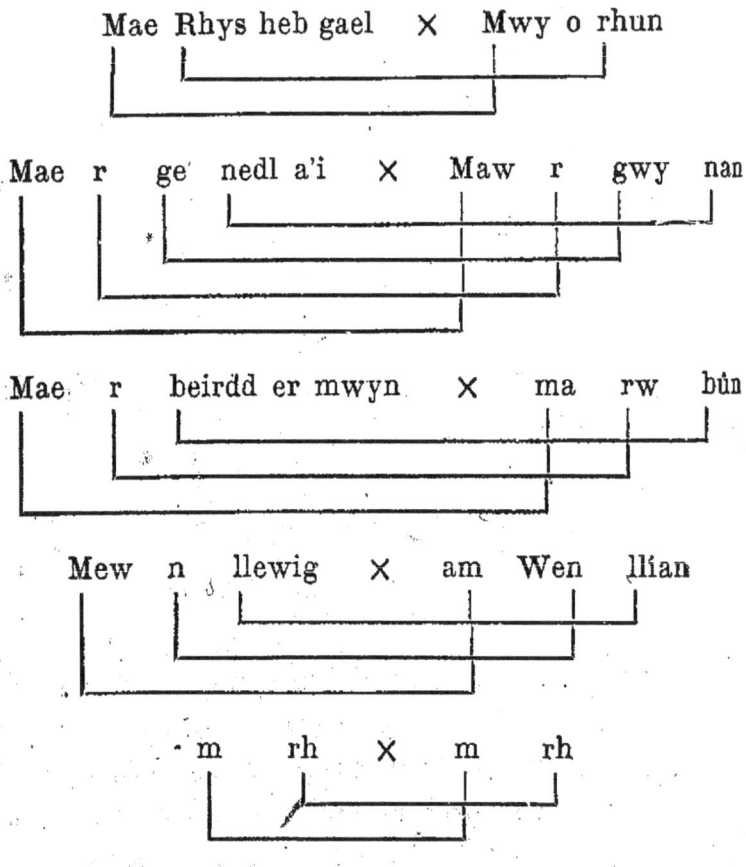

___
(1) Rhys donne a'r *mawr*; cf. Gr. Roberts, p. 298.

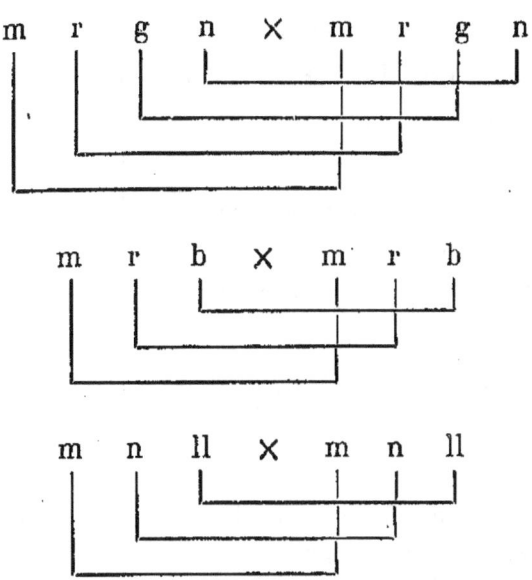

§. 6. — *L'englyn hors d'usage (englyn diarferedig).*

A. — Le TRIPLET (*tribann*).

Ce sont trois vers à même rime finale :

> Marchwyeil bedw briclas
> A dynn fy nhroet o wanas :
> Nac addef dy rîn i was (1).

B. — *Le* TRIPLET *à gair toddaid.*

C'est, en somme, le genre de l'*englyn unodl*

---

(1) Skene, *Livr. R.*, II, p. 250-251. Ce morceau paraît être du quatorzième siècle (cf. Prys, *Hanes*, p. 90).

unsain, avec un vers en moins. De plus, dans un ou deux exemples, le premier vers a plus ou moins de dix syllabes :

> Ny'm car rianedd, | nym cenniret — neb
> Ny allaf darymret :
> Wi ! a angeu na'm dygret (1) !

C. — L'ENGLYN *de quatre vers avec gair toddaid au vers initial.*

> Gnawt gwynt o'r Deheu, gnawt atneu — ynn llann
> Gnawt gwr gwann godeneu ;
> Gnawt i ddyn ofyn chwedleu
> Gnawt i fab arr faeth foetheu (2).

C'est le genre de *l'englyn unodl*. Les autres exemples appartiennent à des types voisins de ce genre, que nous aurons à étudier au traité de la métrique du onzième au quinzième siècle, et aussi à des types entièrement différents. C'est ainsi que Rhys range sous le nom d'*englyn hors d'usage* (p. 181) une strophe qui est du type connu sous le nom de *hupunt byrr* (3).

---

(1) Cf. Skene, p. 261.
(2) Cf. *Ibid.*, p. 247.
(3)   *Eur ag ariant | mor eu difant | eu dihenydd.*
                        (L. Tal., ap. Skene, II, p. 291, 24.)
Les vers de sept pieds homœorimes, qu'il attribue à Taliesin, sont dans le *Livre Rouge* (*Golut byt eyt dydo*. Skene, II, p. 304).

D. — ENGLYN MILWR (*englyn du guerrier*) (cf. A).

C'est un *tribann* ou triplet de sept pieds de même rime, ou une strophe de quatre vers également de même rime. L'exemple qu'il donne se retrouve dans les *Mabinogion* (éd. Rhys-Ev., p. 133) :

> Kynnllyvan a oruc Kei
> O varyf Dillus vab Eurei :
> Pei iach, dy angeu vydei.

E. — ENGLYN CILDWRN (*revers du poing*) (1).

Le premier exemple est donné comme ayant en tout dix-huit syllabes : il n'en a que dix sept :

> Hybarch yw mab y marchoc
> [Yn aur] yn arian goleroc
>   Torchoc.

Le second exemple est donné comme en ayant dix-neuf et les a réellement :

> Rhyddhâu y pymllu o 'r poen — a wnaei Fair
> Forwyn wyry yn hoen
>   Rhann yr oen.

Le troisième exemple est une combinaison du *paladr* de l'*englyn un. uns.* et d'un système à peu

---

(1) Pour *cildwrn*, cf. breton *cildourn*, revers de la main.

près identique au système décrit plus bas de la *cyhydedd hir* :

> Oen Duw i wyry Fair fun dâl — am i 'r wrâch
>   Erchi bwytta 'r afal ;
>   Rhingill yr angel,
>   Ynn dwyn gair dann gêl
> Cyfiawn dawel | rhag ofn dial.

Le quatrième comprend une strophe composée du *paladr* de l'*englyn un. uns.* et du système dit *Gorchest y beirdd* :

> Ynnial fu'r dîal roi dyn — mawr werthiog
>   I'w werthu i'w elyn ;
>   Prissiwr pressenn
>   Yn pônt a'n penn
> Ym mynwes prenn | mwy ny's prynn.

F. — ENGLYN GARRHIR (*à jambe longue*).

C'est un *englyn* du type *englyn un. uns.*, avec cette particularité qu'après le troisième vers il y a une strophe du genre *hupunt hir* (1).

> Da y gweddau ni'n dau yn dwyn clôch — ynghyd
>   Gwynn dy fyd, gwenn yw dy foch ;
>   Dydi yn brydyddes beisgoch,
>   Minneu'n adda
>   Gynffon laesa
> Anwar dwcca | gama gôch.

---

(1) J.-D. Rhys a vu dans le quatrième vers un *cywydd deuair fyrrion*.

G. — PENDRWMM (*à tête lourde*).

C'est une strophe composée d'un *paladr* d'*englyn un. uns.* et de deux vers du type *cywydd odliaidd*.

    Ynys yw Penn Rhys yn nhrwyn — y fforest
        Yfferen a dwfr swyn
    Ynn penneu y rhoed enw Penn Rhys
    Ym mhôb llys ag ym mhôb llwyn (1).

H. — TRYBEDD Y MENEICH (*le trépied des moines*).

D'après les deux exemples donnés par J.-D. Rhys, c'est un système fondé sur le principe de l'*englyn unodl cyrch*. Dans le premier, on a trois vers de six syllabes de même rime, puis un vers de sept, rimant à la *coupe* avec les précédents et portant à la finale la rime dominante.

        Nyd oedd ddyn nodai ddâr
        I dai gwin oedd y'w gâr ;
        Ny chair un uwch yr âr,
        Dyn a bâr yn dân o'e benn.

Le second exemple donne une strophe de quatre vers, tous de neuf pieds, du type *cywydd odliaidd :* la rime finale du premier vers rime avec la coupe du second, ce dernier ayant comme rime finale la

(1) Penn Rhys est un nom de lieu.

rime dominante du poème, et ainsi de suite :

> Pann aeth y brenhin i'r cyffinydd,
> I ossod undydd a'i ystondart ;
> Gorau tri o Went i guro trîn
> Wyrion i Odwin o rann Edwart.

La définition de ce genre, donnée par J.-D. Rhys, est en contradiction avec les exemples. C'est ainsi qu'il affirme que la strophe est toujours composée de *trente syllabes*. Le second exemple échappe encore plus à sa définition que le premier.

§ 6. — *Awdl ou owdl (polyrythmicum carmen).*

Les différents systèmes d'*awdl* se distinguent nettement du *cywydd*, au moins du *cywydd* type, le *cywydd deuair hirion*, en général, mais en réalité fort peu de l'*englyn*, par une plus grande variété de formes. Il y a même des systèmes qui se rattacheraient plutôt les uns au type du *cywydd*, les autres au type de l'*englyn*.

Il y a quinze systèmes d'*awdl*. Je les donne avec l'étonnante traduction latine de J.-D. Rhys, qui a été *anglicisée* par Ab Ithel :

1° Toddaid (*perfluidum productumve*) ;
2° Gwawdodyn byrr (*odynicum brachyostichum*);
3° Gwawdodyn hir (*odynicum macrostichum*);
4° Hupunt byrr (*auroricum brachepicum*) ;
5° Hupunt hir (*auroricum macrepicum*) ;

6° Cyhydedd ferr (*autometrum brachyostichum*);

7° Cyhydedd hir (*autometrum macrostichum*);

8° Cyhydedd nawban (*autometrum enneametron*);

9° Byrr a thoddaid (*brachyochytum*);

10° Hir a thoddaid (*macrochytum*);

11° Clogyrnach (*salebrosum*);

12° Cadwynfyrr (*brachyosiridicum*);

13° Gorchest y beirdd (*bardicum præcellens et singulare*);

14° Cyrch a chwtta (*brachisagogicum*);

15° Tawddgyrch cadwynog (*chytisagogicum catenarium*).

A. — *Toddaid.*

Ce type se compose essentiellement d'un distique du genre *englyn unodl union*, avec cette différence que le deuxième vers a neuf pieds au lieu de six.

Il emprunte son nom au mot hypermétrique : *toddaid*, qui fond ou fait fondre la rime dominante.

> A fynno efo a fydd [yn i bro],
> A'r hynn a fynno na bô, ny bydd.
> Cangau at lwythau taleithiog [iddo]
> O'r lle caid yno eirll cadwynog (1).

(1) Gr. Roberts, p. 325; *eirll* est probablement une faute pour *ietrll* ?

Rhys nous dit que, d'après certaines autorités, le *Toddaid* peut s'accommoder de vers de sept, de neuf, ou même de onze syllabes. Les anciens, d'après lui, donnaient au distique dix-neuf syllabes : au premier vers dix syllabes, au second neuf (le premier de ses exemples est faux : les deux vers ont dix pieds). Le *toddaid* est soumis aux mêmes lois que le *paladr* de l'*englyn un. uns.*; la coupe est à la cinquième syllabe (v. *englyn un. uns.* et *cynghanedd*).

B. — *Gwawdodyn byrr* (1).

La strophe se compose de quatre vers de rime identique, avec cette particularité qu'il y a un *gair toddaid* au troisième : les deux premiers vers et le quatrième sont de neuf pieds ; le troisième, qui contient le *gair toddaid*, en a dix. Le second distique reproduit exactement le type précédent du *toddaid* et le genre de l'*englyn un. uns.*

Lle bu'r gaer faen llwybr gwyr a fynnai
Lloegr o dîr Ffranc yn iefanc a wnai
Llew blîn ym myddin | maeddai — wyr arfog
Llymm farchog enwog a ddigonai.

(1) Dérivé de *gwawd*, proprement *encomium*. *Gwawd* est arrivé au sens de *moquerie*.

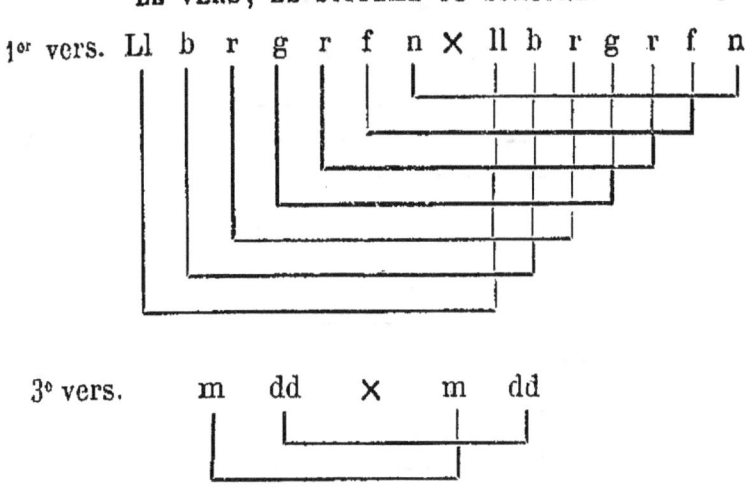

C. — GWAWDODYN HIR.

C'est le type précédent, avec cette seule différence que la strophe a six vers au lieu de quatre ; le *toddaid* est au cinquième vers :

Rhedâf rhâd breisgaf lle rhed brwysgion
Rhandai rhoid ossai i'r rhaidussion ;
Rheol Rhys deol rhyw wesdeion,
Rheidwest rhôd llûest rhadau Lleon ;
Rhyddglos rhâd agos | rhi digon — rhyddlys
Rhys rhyw fann ysbys Rhufain osbion.

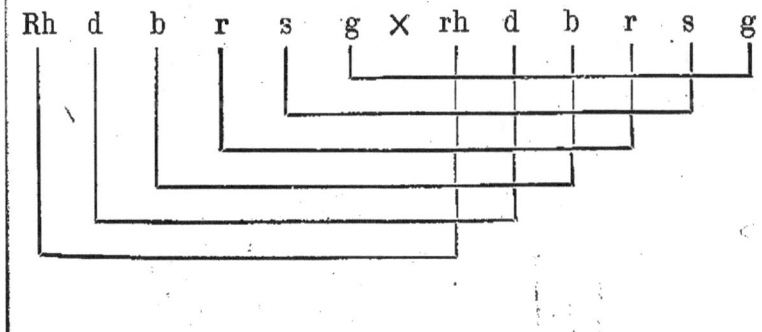

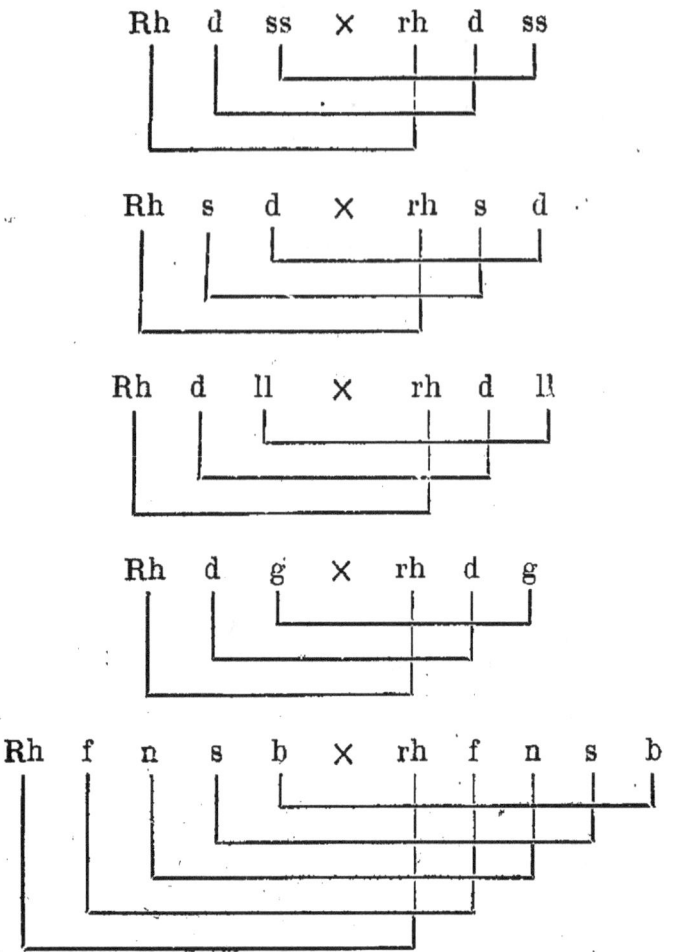

J.-D. Rhys ajoute que, d'après certaines autorités, la strophe peut se composer de quatre vers de dix syllabes et d'un *pennill* (deux vers) du type *gwawdodyn byrr*, mais n'ayant que dix-huit syllabes :

Och am y marchoc pann i marchoccer,
Och am yr urddas pann i dyrnasser,

Och pann fûon nêb uwch i bû fy nêr,
Och na bai nofio uwch benn y nifer,
Och bôd iau gwinaw pann gân bôb clôch,
Och etto gann **och** fôd duw gwener.

Les règles pour la coupe et la *cynghanedd* du vers à *toddaid*, c'est-à-dire du vers de dix syllabes, sont les mêmes que pour le premier vers de l'*englyn un. uns.*

D. — *Hupunt byrr* (1).

Il a été nommé ainsi par opposition à l'autre *hupunt*. Gr. Roberts et Rhys ont confondu, sous ce type, deux types différents précédemment ou qui s'étaient différenciés. Le type primitif paraît avoir été composé de longs vers de douze pieds, divisés en trois tranches de quatre syllabes, les deux premières rimant entre elles, la troisième portant la rime finale et dominante du poème et reliée à la précédente par la *cynghanedd*. Puis ce type s'est scindé en petits vers de quatre syllabes : les deux premiers ont la même rime ; le troisième, la rime dominante. Rhys scande des deux façons ; Gr. Roberts, par petits vers.

Iawn o'i berchi | i bawb erchi | o bôb eïrchiad,
Ar y dibenn | oes annibenn | i Sion abad.

ou

Iawn o'i berchi
I bawb erchi

---

(1) Richards, dans son *Welsh Dict.*, traduit *huppynt* par *short effort, push.*

O bób eirchiad
Ar y dibenn
Ocs annibenn
I Sion abad.

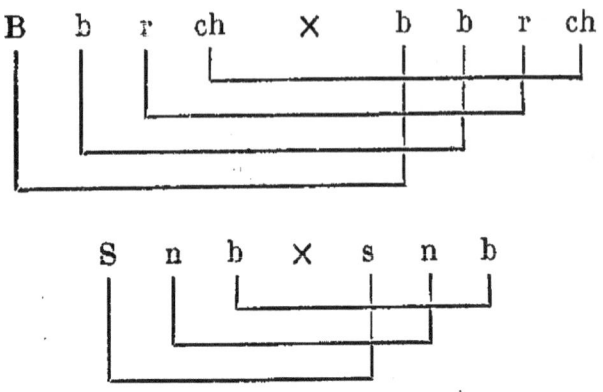

E. — *Hupunt hir.*

Même type. Trois scansions sont possibles : ou ce sont de grands vers de seize syllabes, divisés en quatre tranches de quatre syllabes, les trois premières rimant entre elles, la quatrième portant la rime dominante et reliée à la précédente par la *cynghanedd;* ou ce sont quatre petits vers ; ou encore, on peut ordonner la strophe en quatre vers de huit syllabes.

Mi a baraf i'm Gwenn araf gann a garaf gain o gerydd
Am lyfassu fy niflassu a'm lluassu em lliossydd.

ou

Mi a baraf
I'm Gwenn araf

LE VERS; LE SYSTÈME OU STROPHE. 95

Gann a garaf
Gain o gerydd (1)
Am lyfassu
Fy niflassu
Am lluassu
Em lliossydd.

ou

Mi a baraf i'm Gwenn araf
Gann a garaf gain o gerydd,
Am lyfassu fy niflassu
A'm lluassu em lliossydd.

Scandé ainsi, le système est celui de *l'odl gywydd* ou *cywydd odliaidd*, avec cette différence que l'*odl gywydd* n'a que sept syllabes.

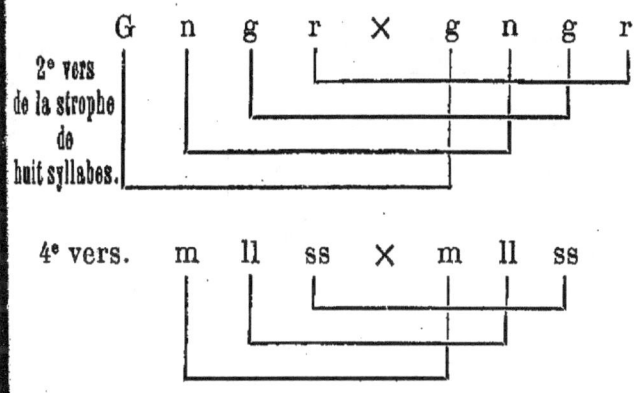

F. — CYHYDEDD FERR *ou* CYHYDEDD WYTHBANN (*à huit syllabes*).

La strophe se compose de quatre vers de huit

---

(1) Ou *gann a garaf | gain o gerydd.*

syllabes à même rime finale. Toute *cynghanedd* est admise :

> Yn iôr ydwyd, Jôn waredawc
> A'n cûn eurfalch, Jancin arfawc,
> Wyr Ferêdydd arf rywaedawc,
> Acr arfôdau, orwyr Fadawc (1).

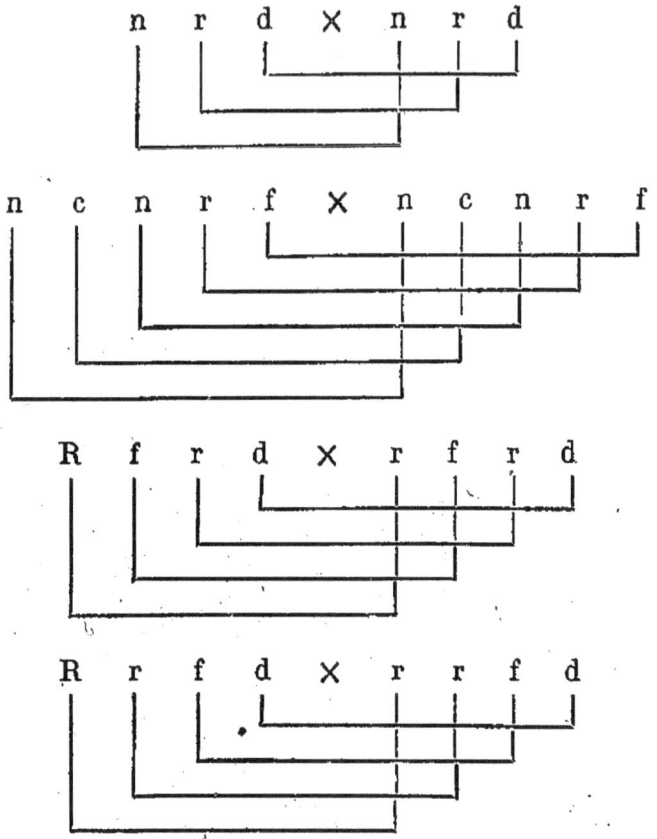

(1) Gr. Roberts, p. 320 : *Sion* au lieu de *Jon* ; *cyn* au lieu de *cûn* ; *irfath* au lieu de *eurfalch* ; *Siancyn* au lieu de *Jancin* ; *arf ir waedawg* au lieu de *arf rywaedawc*.

L'allitération avec changement de voyelles (*prost cyfnewidiog*) est admise, au lieu de rime, à la syllabe finale :

> I'r Mab cyfarchaf, rhwyddaf rhin (1)
> I'r Tad a'r Yspryd gloywbryd glân ;
> Neud mau yw cofiau cân i'm cyfun ;
> Nid rhaid im ammen llyfreu llên.

Dans tous les vers, on a la *cynghanedd sain rywiog* (deux rimes internes aux deux coupes et le troisième membre relié au deuxième par l'allitération).

G. — CYHYDEDD HIR *ou* CYHYDEDD WENDROSGL.

La strophe est formée de deux *pennillion* de dix-neuf syllabes ; chaque *pennill* se subdivise en un vers de dix syllabes et un vers de neuf ; le vers de dix syllabes est composé de deux membres de cinq syllabes rimant entre eux et en même temps avec la cinquième syllabe du vers suivant ; le second membre du deuxième vers n'a que quatre syllabes, la finale portant la rime dominante ; ce membre est relié au précédent par l'allitération :

> O rhoes f'oes feisydd, Ifor rhagor rhydd,
> Ef a roei Ddafydd i feirdd ddeufwy ;
> Oes, deiroes dirion a bair Mair y'm Iôn,
> I buro canon Aber Conwy.

---

(1) Middleton, *Flores*, p. XIII ; il attribue cette strophe à Taliesin.

On peut aussi diviser ainsi la strophe en deux *pennillion* ou parties symétriques : chaque partie est composée de trois vers de cinq syllabes à même rime suivis d'un vers de quatre syllabes portant la rime dominante et relié à la coupe au vers précédent par l'allitération ou la rime :

> O rhoes f'oes feisydd,
> Ifor rhagor rhydd
> Ef a roei **Ddafydd**
>   I feirdd ddeufwy :
> Oes deiroes dirion
> A bair Mair y'm lôn
> I buro canon
>   Aber Conwy.

On peut aussi, et plus logiquement, à cause du lien qui existe entre le troisième vers et le quatrième, les réunir en un seul vers de neuf syllabes :

> O rhoes f'oes feisydd,
> Ifor rhagor rhydd,
> Ef a roei Ddafydd i feirdd ddeufwy
> Oes, deiroes dirion
> A bair mair y'm Iôn
> I buro canon Aber Conwy (1).

Schema de J.-D. Rhys d'après la strophe à vers de dix et neuf syllabes :

---

(1) Gr. Roberts, p. 312, lit *feusydd* au premier vers ; et *hydd* au second.

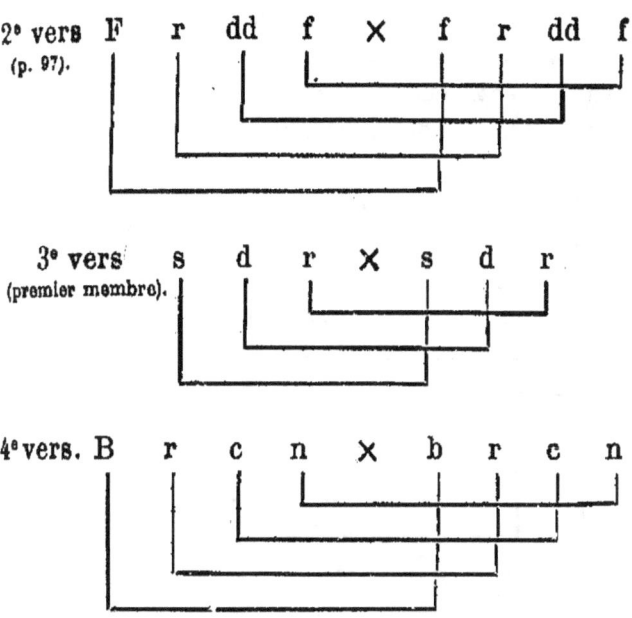

Dans chacun des vers de cinq syllabes, où règne la *cynghanedd* vocalique, le troisième membre est, comme toujours dans ce cas, relié au deuxième par l'allitération :

O rhoes | foes | feisydd.

H. — CYHYDEDD NAWBANN (*à neuf syllabes*).

La strophe se compose de quatre vers ou davantage (1) de neuf syllabes à même rime finale : toute *cynghanedd* est admise.

---

(1) Gr. Roberts, p. 322. J.-D. Rhys n'en admet que quatre, mais il donne comme exemple du *vieux genre* un exemple où la strophe a six vers.

Aruthr yw llongaid wrth ddryll angor,
A bai yw gweddi heb egwyddor;
O byddai megys bûdd ymôgor,
Y bobl o Wynedd heb i blaenor (1).

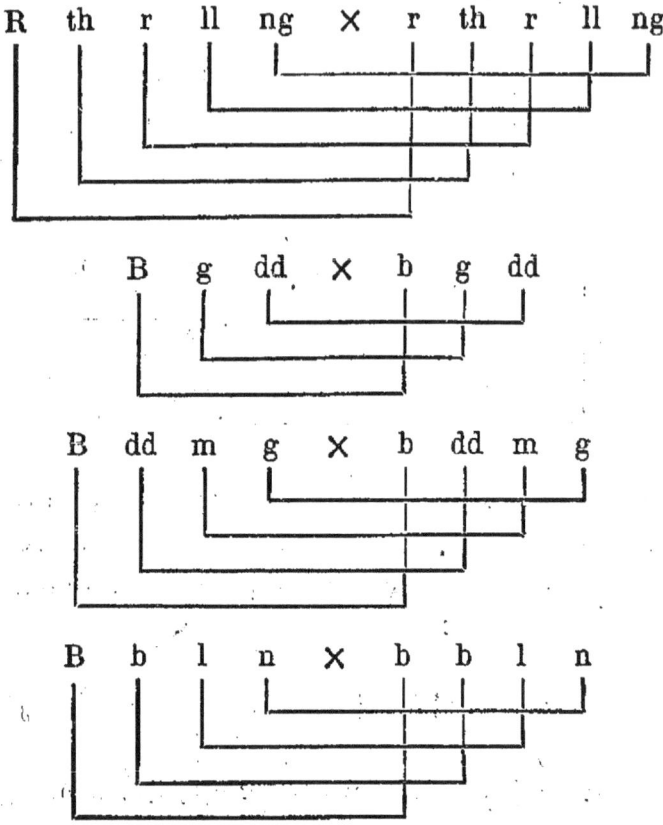

I. — Byrr a thoddaid (*court avec toddaid*).

C'est un système de huit vers à même rime; le premier distique et le dernier représentent exac-

---

(1) La coupe principale aussi, généralement, suit immédiatement la cinquième syllabe.

tement le premier distique de l'*englyn un. uns.*, c'est-à dire que le premier vers a dix syllabes en comprenant le *gair toddaid* ou *expression hypermétrique* ou *exométrique*, et le second, six. Entre ces deux distiques s'intercalent quatre vers de huit pieds. Les deux distiques sont soumis aux mêmes lois que le distique de l'*englyn*.

Si ce système se continue, si la strophe n'est pas isolée, un seul *toddaid* (vers à mot *hypermétrique*) suffit entre chaque quatrième vers (1).

10 Yno'r **awn** winllawn || Iôn llwynau — **Hyrd**din
6 I'w **heird**dion neu**â**ddau;
8 I dai'r dalaith Duw a'r delwau,
8 Ag yn bedwar wîn a bwydau;
8 I bûr llynnoedd o berllannau,
8 Yn a redant yn wirôdau;
10 Yno y (2) gwelir gwir || dann gaerau — nefawl
6 Arglwyddiawl rhoi gwleddau.

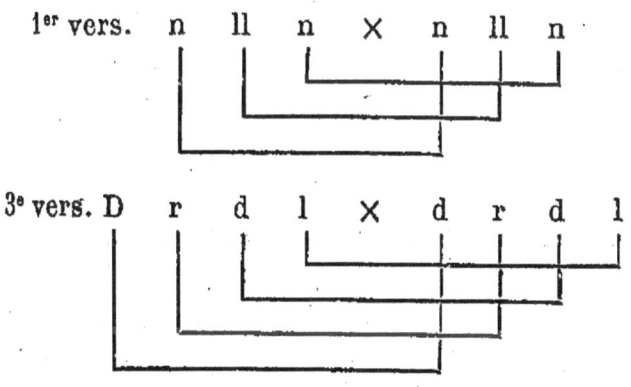

(1) Middleton, *Flores*, p. xv.
(2) Il faut supprimer *y* ou le lire en une seule syllabe avec la syllabe précédente.

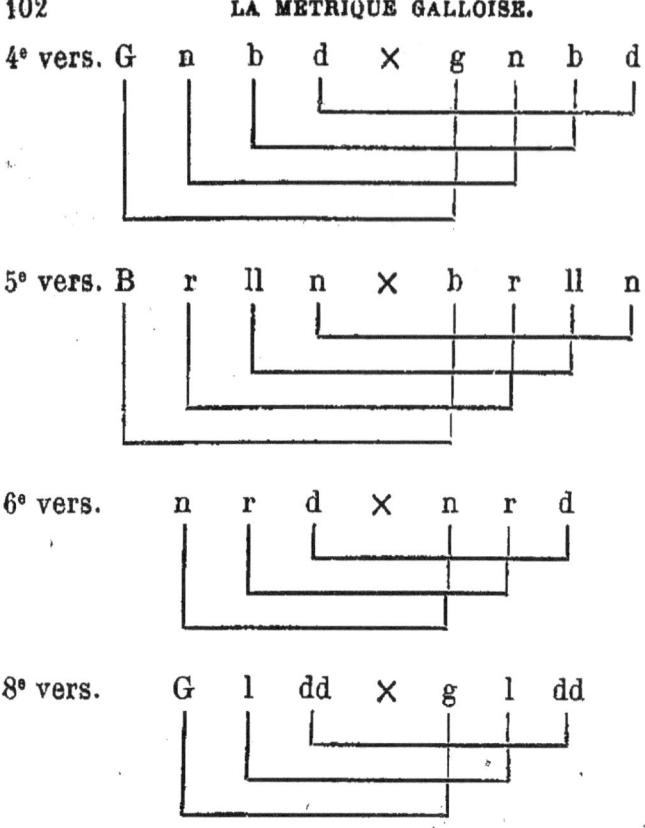

D'après Rhys, le nombre des vers entre les deux distiques à *gair toddaid* n'est pas limité dans l'*ancien genre*.

J. — HIR A THODDAID (*long avec toddaid*).

La strophe est de six vers, tous de dix pieds et de même rime, mais le cinquième vers a un *gair toddaid*, métriquement en dehors du vers, et rimant avec le premier membre du vers suivant. D'après Gr. Roberts, le cinquième vers doit avoir

LE VERS; LE SYSTÈME OU STROPHE. 103

la *cynghanedd* consonnantique ou vocalique *propre*. Toute *cynghanedd* est admise dans les autres vers.

Le vers à *toddaid* a la même coupe et est soumis aux mêmes lois que le vers de dix syllabes de l'*englyn*.

Gwnn a wna f'enaid gain enau fwyniant,
Gweddio ar Iesu gwiw Dduw oreusant ;
Garbronn y delwau gwawr breiniau dylant ;
Gwyddai Dduw deilwng gweddi ddidoliant ;
Gwiwras a gafas | gwarant — o'i gweddi
Gan Dduw oll iddi gynnydd a llwyddiant.

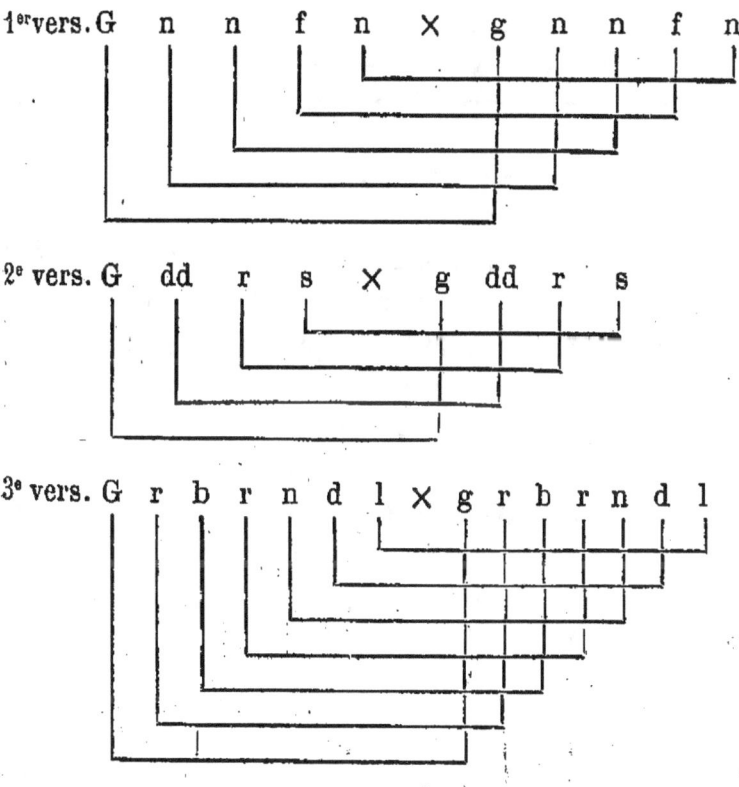

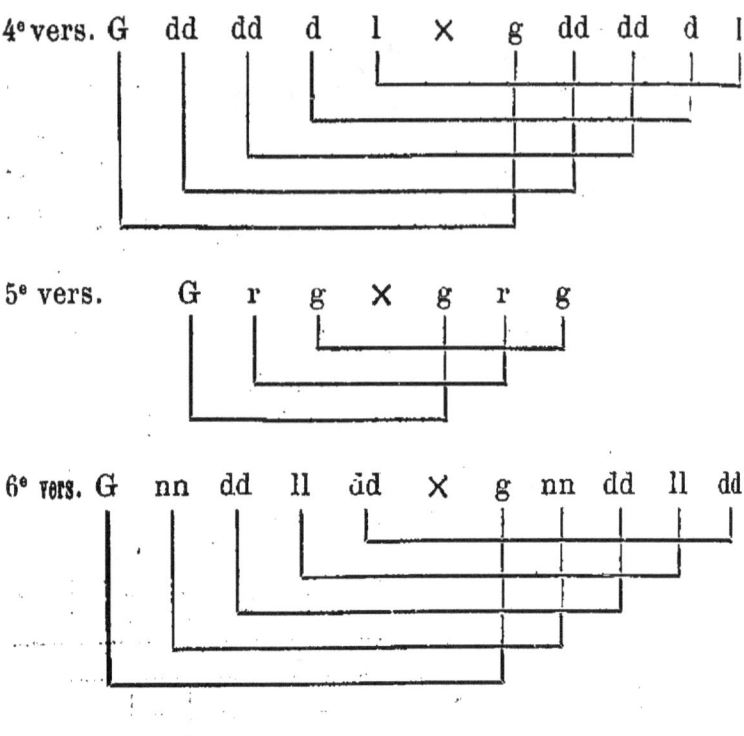

K. — CYRCH A CHWTTA (1).

La strophe se compose de huit vers de sept syllabes, de même rime, en exceptant le septième vers qui ne rime qu'avec le premier membre du huitième : les deux derniers vers sont donc du système de l'*englyn unodl cyrch*.

> Lloer ddeddfol, llariaidd aeddfed,
> Llawen oedd i llunieiddied ;
> Llawn glod ferw llon glodfored
> Llym orchest haul llu merched

(1) Du type à *gair cyrch* et *court*.

LE VERS; LE SYSTÈME OU STROPHE. 105

Llys tirion drem llesteiried,
Lludd fi farw lleddf fyfyried ;
Llyna sôn mywn llwyn o'i serch,
Llais f'annerch lles a fynned.

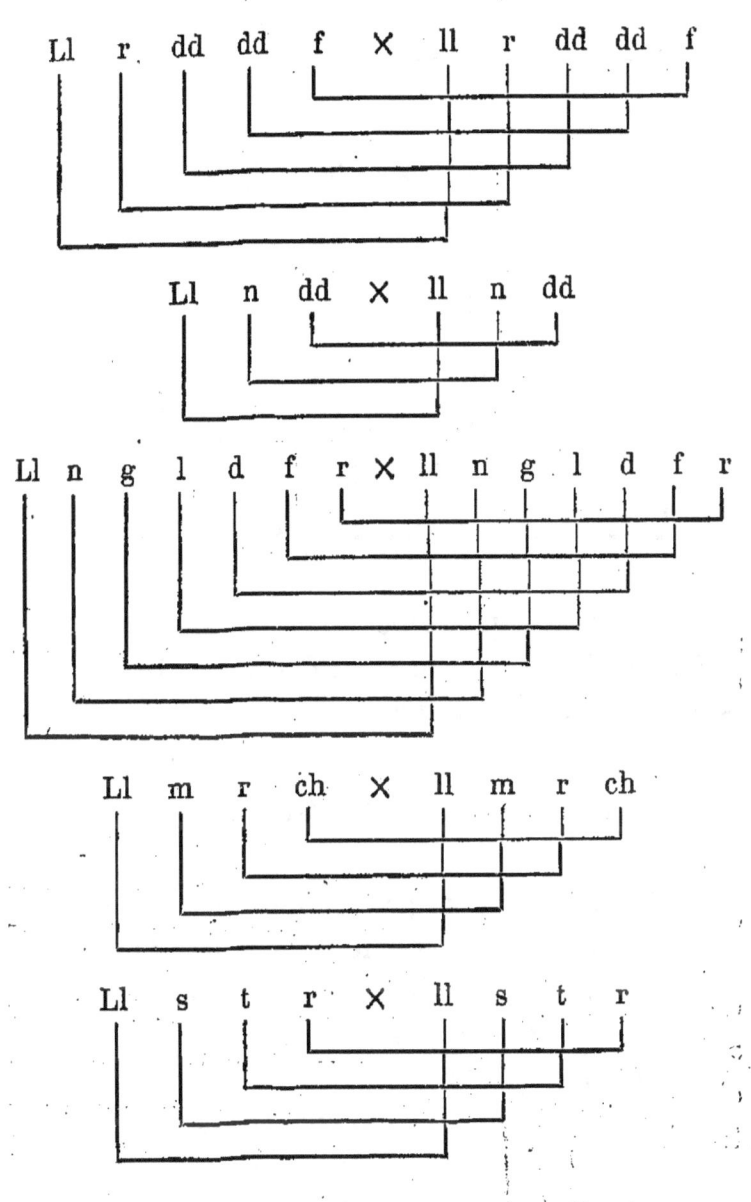

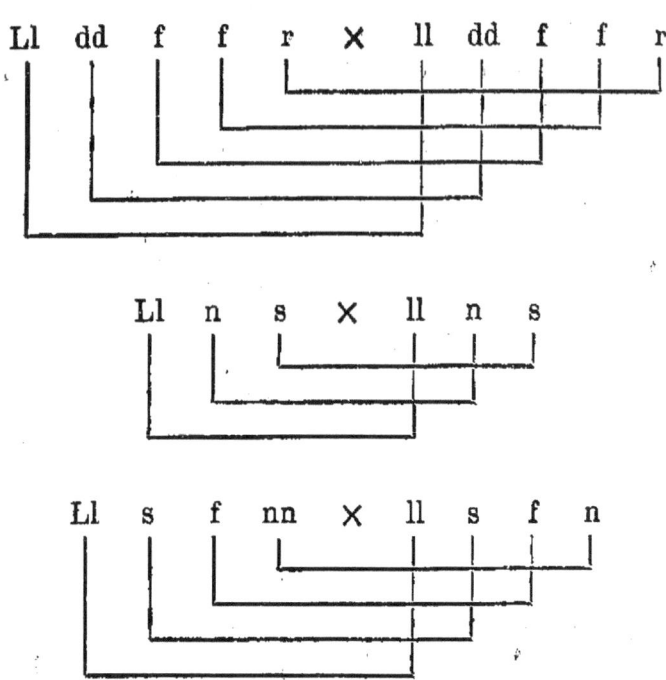

On remarquera que tous les vers commencent par *Ll* : ce n'est pas nécessaire, dit Gr. Roberts, mais c'est *gorchest* (prouesse).

L. — CLOGYRNACH (*salebrosum*).

Le système est de cinq vers, les deux premiers de huit syllabes et de même rime ; les deux suivants de cinq syllabes, de rime différente avec les deux premiers, mais rimant entre eux ; le dernier a six syllabes et porte la rime finale dominante, c'est-à-dire la rime des deux premiers vers ; son troisième pied rime avec les deux vers précédents ;

ses deux membres sont liés par l'allitération.

On peut aussi ordonner la strophe en quatre vers, les deux premiers de huit syllabes, le troisième de dix, avec rime à la cinquième syllabe, le quatrième de six, avec rime interne au troisième :

>Brwysgwr dynion, braisg Ior doniawg,
>Bro aur rinwedd, breyr enwawg,
>>Brâd fugad fygwl,
>>Brawdwr ciliwr cwl,
>**Braich Ynniwl Brycheinniawg.**

ou

>Brwysgwr dynion, braisg Ior doniawg,
>Bro aur rinwedd breyr enwawg,
>Brâd fugad fygwl ‖ brawdwr ciliwr cwl,
>Braich Ynniwl ‖ Brycheinniawg.

La première scansion est la plus usitée et préférable, d'après l'usage des auteurs.

Toute *cynghanedd* est admise.

Schema d'après la strophe de quatre vers :

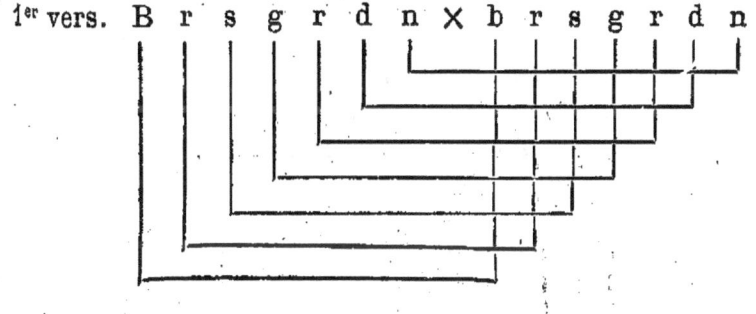

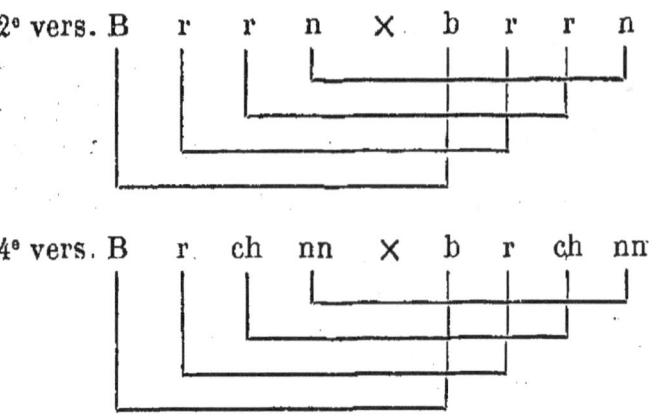

Le troisième vers se divise en deux hémistiches, tous les deux à *cynghanedd* vocalique propre : chacun d'eux a trois membres, les deux premiers rimant, le troisième allitérant avec le deuxième.

M. — Gorchest y beirdd (*exploit des bardes*).

Le système se compose de deux *pennillion* de même forme ; chacun d'eux a trois vers, les deux premiers de quatre syllabes, de même rime, le troisième de sept syllabes portant la rime principale, et sa quatrième syllabe rimant avec les vers précédents. De plus, la deuxième syllabe de chacun des vers du *pennill* a la même rime :

  Y rhwydd | air hir,
  Y'w chwydd | , och wir,
I'w swydd | a'i sir | y sydd saeth ;
  I glai a glyn
  I rhai o'r hyn
I ddai | y ddyn | i Dduw ddaeth.

On peut aussi diviser le *pennill* en quatre vers, le quatrième n'ayant que trois syllabes :

> I rhwydd air hir.
> I'w chwydd och wir,
> I'w swydd a'i sir
> Y sydd saeth.

J.-D. Rhys ordonne aussi la strophe en deux grands vers de quinze syllabes, ce qui paraît peu naturel.

Dans cet exemple, fait remarquer Griffith Roberts, il y a *cynghanedd groes* (allitération complète dans les bras ou vers de quatre syllabes); la queue (*llosgwrn*), ou la partie portant la rime principale, se relie consonnantiquement ou par l'allitération au vers qui la précède. Elle peut se relier aussi par la rime interne :

> Da wyd a doeth
> Eurddawn wirddoeth
> Gufwyn gyfoeth
> Wiwgooth gad.

Les rimes parfois aussi alternent, ou encore les syllabes finales sont du type *prost cyfnewidiog* (mêmes consonnes finales et voyelles différentes) : *Anatomiæ typus* (Rhys, p. 220).

1	wydd	ir	i	ai	yn	aeth	rhwydd	rhir	glai	glyn
I	wydd	ir	i	ai	yn		chwydd	chwir	rhai	rhyn
							swydd	sir	ddai	ddyn
1	wydd	ir	i	ai	yn	aeth	sydd	saeth	dduw	ddaeth

N. — CADWYNFYRR (*à chaîne courte*).

Le système consiste en deux *pennillion* symétriques ; chacun d'eux se compose de quatre vers de quatre syllabes, le premier rimant avec le quatrième, le deuxième et le troisième rimant ensemble. On peut encore diviser la strophe en quatre vers à rimes alternées, la quatrième syllabe de chaque vers rimant aussi avec la fin du vers précédent. La même consonne aussi, dans l'exemple donné par Gr. Roberts et J.-D. Rhys, commence chaque vers et chaque membre de vers de quatre syllabes. La *cynghanedd* consonnantique complète *retournable* est requise dans tous les vers :

> Gwennfun gwynfau (1)
> Geinfun gynful
> Gariad gwerul
>   Giried gorau ;
> Gwirfydd gyrfau
> Gorfydd Gweirful
> Gorug erul (2)
>   Gwiw ragorau.

(1) J.-D. Rhys donne *gwynfawr* pour la fin du premier vers, ce qui est en contradiction avec les règles. Gr. Roberts a *gwynfau*. Il faut aussi préférer la leçon *geinfun* de Roberts à *geinfwyn* de Rhys. Je donne ici le texte de Roberts en corrigeant *cynful* en *gynful* et *guried* en *giried*. Les textes de la page 117 sont de Rhys.

(2) Le *g* final de *gorug* est *dauwynebog* à deux faces : il termine le premier membre et commence le second.

On peut encore scander :

> Gwennfun gwynfau geinfun gynful ;
> Gariad gwerul giried gorau ;
> Gwirfydd gyrfau gorfydd Gweirful
> Gorug erul gwiw ragorau.

On peut, d'après J.-D. Rhys, retourner ainsi la strophe :

> 1° Gwiw ragorau gorug (1) erul,
> Gorfydd Gweurful gwirfydd gurfau ;
> Giriad gorau gariad gwerul
> Geinfun gynful gwennfun gwynnfau.

> 2° Gorug (2) erul gwiw ragorau
> Gwirfydd gurfau gorfydd Gweurful ;
> Gariad gwerul, giriad gorau,
> Gwennfun gwynnfau geinfun gynful.

> 3° Gwennfun gwynnfau, gainfun gynful,
> Gariad gwerul giriad gorau ;
> Gwirfydd gyrfau gorfydd Gweurful,
> Gorug erul gwiw ragorau.

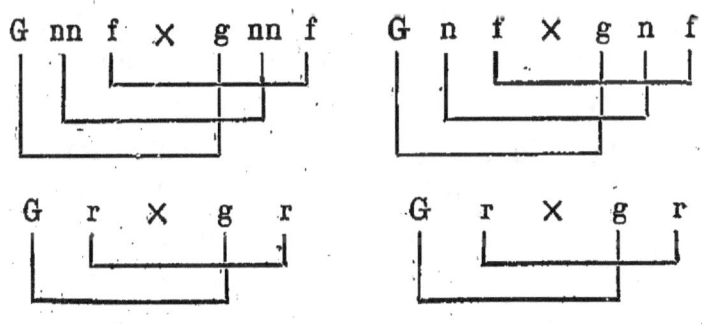

(1) Rhys : *gorwag*.
(2) Id., *ibid.*

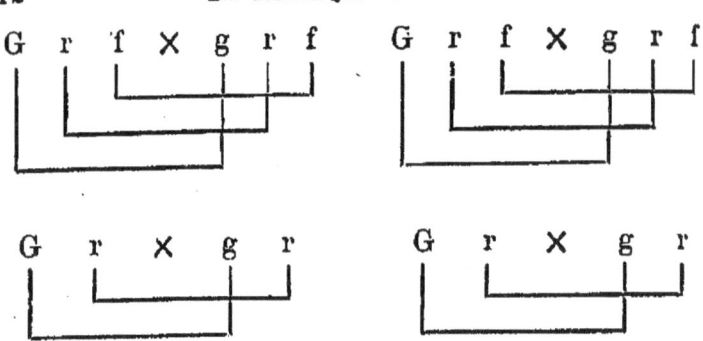

J.-D. Rhys scande aussi la strophe en deux grands vers, chacun de seize pieds, ce qui paraît peu naturel.

Gr. Roberts déclare n'avoir trouvé qu'un exemple de ce type. J.-D. Rhys en cite trois autres, dont un de Lewis Morganwg. Dans le dernier, cité par lui, on remarque que le premier petit vers de quatre pieds ne rime pas avec le quatrième.

O. — TAWDDGYRCH CADWYNOG.

C'est une combinaison du type précédent avec le *hupunt hir*; c'est-à-dire une strophe composée de quatre vers de huit syllabes du genre *awdl gywydd*, la syllabe finale du premier vers rimant avec le premier membre du second; la syllabe finale du second avec le premier membre du troisième; puis, deux *pennillion* de quatre vers de quatre syllabes du genre *hupunt hir*, le quatrième vers ayant la rime principale.

On peut diviser aussi la strophe en huit vers

de huit syllabes à rime finale alternée, ou, comme le fait J.-D. Rhys, ce qui est quelque peu forcé, en quatre grands vers de seize syllabes à même rime finale.

La première syllabe de la strophe doit rimer avec la syllabe formant la rime dominante. Cette règle, dit Middleton, n'est pas sans exception.

  Adcas doddiant oedd cysduddiau
  Wyf a lluddiau yw fy lladdiad ;
  Ymae coddiant heb ddim cuddiau,
  Ar y gruddiau o'r gorweddiad ;
   A mi bîau
   Amlwg îau,
   A gweliau
    A goleuad
   Am elîau
   Oer yw 'nghrîau
   I'th rann dîau (1)
    O'th wrandawiad.

ou

  Adcas doddiant oedd cysduddiau
  Wyf a lluddiau yw fy lladdiad ;
  Ymae coddiant heb ddim cuddiau,
  Ar y gruddiau o'r gorweddiad ;
  A mi bîau, amlwg îau,
  A gweliau a goleuad ;
  Am elîau oer yw 'nghrîau,
  I'th rann dîau o'th wrandawiad.

(1) Vers 5 : Gorch., p. 191 : *Em mi biau*; vers 8 : Rhys : *a goleuad*; Gorch. *o'i goleuad*; vers 9 : Gorch. *eiliau*. La strophe est altérée chez Roberts.

On peut aussi diviser toute la strophe en seize petits vers de quatre syllabes :

    Adcas doddiant
    Oedd cysduddiau
    Wyf a lluddiau
       Yw fy lladdiad ;
    Ymae coddiant
    Heb ddim cuddiau,
    Ar y gruddiau
       O'r gorweddiad ;
    A mi biau,
    Amlwg iau
    A gweliau
       A goleuad,
    Am eliau
    Oer yw 'nghriau,
    I'th rann diau
       O'th wrandawiad.

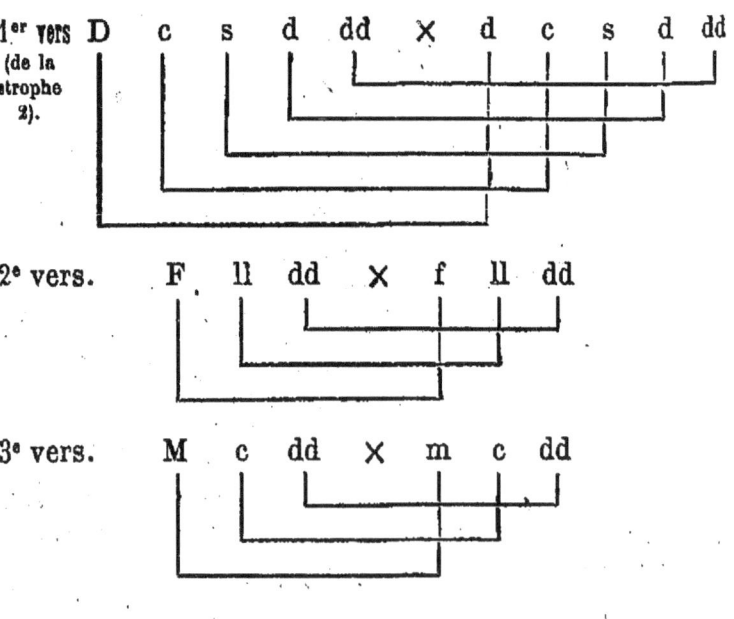

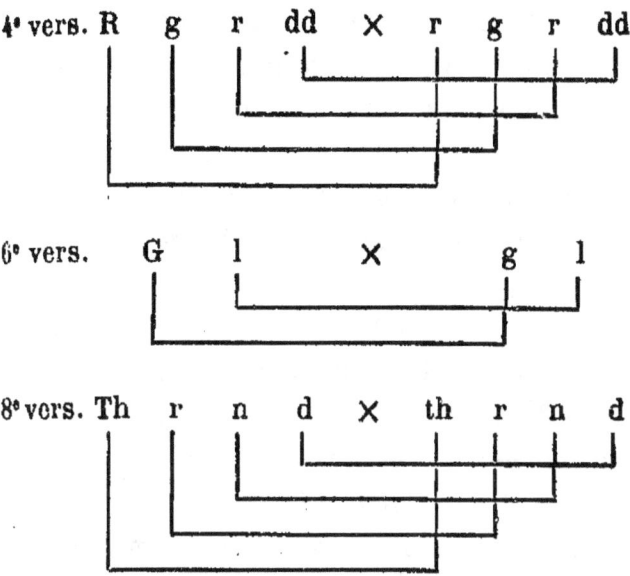

§ 7. — *Strophes ou systèmes associés dans le même poème.*

Certaines mesures, d'après J.-D. Rhys, ne peuvent, par elles-mêmes, constituer un poème ; ce sont :

> *Hupunt byrr,*
> *Hupunt hir,*
> *Gorchest y beirdd,*
> *Cyhydedd hir,*
> *Cadwynfyrr,*
> *Cywydd deuair fyrrion,*
> *Cywydd deuair hirion,*
> *Awdl gywydd,*
> *Toddaid.*

Il y aurait une erreur manifeste en ce qui concerne le *cywydd deuair hirion*, comme nous le verrons, si l'auteur n'avait ici en vue un poème à strophes variées. Certaines mesures vont bien ensemble, par exemple : *Toddaid* et *cyhydedd hir*; *Gorchest y beirdd* et *cyhydedd hir*; *cywydd deuair fyrrion* et *awdl gywydd*.

Le *toddaid* va bien aussi avec les strophes à vers de huit et de neuf syllabes (*cyhydedd ferr* et *cyhydedd nawbann*).

Gwawdodyn byrr et *hir* peuvent s'allier à *Hir a thoddaid* et *Byrr a thoddaid*.

En général, les systèmes qui ont le même nombre de vers ou à peu près, ou reposent sur les mêmes principes, peuvent s'associer dans le même poème.

CHAPITRE V.

RÉSUMÉ ET CLASSIFICATION RATIONNELLE DES SYSTÈMES.

La diversité des systèmes est, au fond, beaucoup moins grande qu'il ne semblerait d'après les métriciens ; bon nombre d'entre eux sont très voisins l'un de l'autre.

§ 1er. — *Classification d'après le nombre des syllabes.*

A ce point de vue, on peut diviser les vingt-quatre *mesur* en deux groupes :
1° Le groupe *isomètre* ou à vers de longueur uniforme dans le système ;
2° Le groupe à vers de longueur inégale.

A. — SYSTÈMES A VERS DE LONGUEUR UNIFORME.

QUATRE SYLLABES.

CYWYDD DEUAIR FYRRION.

SEPT SYLLABES.

Cywydd deuair hirion.

Englyn prost cadwynog (*sept* syllabes et rimes alternées).

Englyn prost cyfnewidiog (*sept* syllabes : syllabes finales ayant mêmes consonnes finales et voyelles différentes).

Awdlgywydd ou cywydd odliaidd (*sept* syllabes : la finale du premier vers rime avec la coupe du suivant).

Englyn unodl cyrch (*sept* syllabes : troisième vers de rime différente et rimant avec la coupe du quatrième vers).

Cyrch a chwtta (*sept* syllabes : septième vers à rime différente, rimant avec la coupe du huitième).

HUIT SYLLABES.

Cyhydedd ferr (*huit* syllabes : vers de même rime).

NEUF SYLLABES.

Cyhydedd nawbann.

DIX SYLLABES.

Hir a thoddaid.

DOUZE SYLLABES.

Hupunt byrr (ainsi faussement nommé, parfois).

On pourrait faire rentrer dans la catégorie des vers de *huit syllabes* : *hupunt hir*, *cadwynfyrr*, *tawddgyrch cadwynog*.

On pourrait aussi faire du *hupunt hir* deux vers de longueur égale de *seize* syllabes, du *tawddgyrch cadwynog* quatre vers de seize également. Le *Gorchest y beirdd* pourrait s'ordonner en deux vers de même rime de quinze syllabes.

B. — Strophes a vers de longueur inégale.

Englyn unodl union ou unsain,
Englyn unodl crwcca,
Gwawdodyn byrr,
Gwawdodyn hir,
Byrr a thoddaid,
Cywydd llosgyrniog,
Clogyrnach,
Tawddgyrch cadwynog,
Cyhydedd hir,
Toddaid,
Gorchest y beirdd,

§ 2. — *Classification d'après la nature du vers.*

La classification précédente est toute extérieure et superficielle.

Si on recherche les traits saillants et originaux de la métrique galloise, trois genres se recommandent immédiatement à l'attention : le genre *cywydd deuair fyrrion* et *hirion*, à cause de la loi particulière d'accentuation qui régit les mots finissant le vers ou ce qui est aujourd'hui le vers, l'accent étant sur la dernière syllabe dans un des vers du distique, et dans l'autre sur la pénultième; son identité avec le type le plus saillant de la métrique irlandaise lui donne, pour l'histoire de la métrique, une importance capitale (l'*englyn unodl* s'y rattache par ses deux vers de sept syllabes); 2° le genre à *gair toddaid*, dans lequel un vers de la strophe se termine par un *gair toddaid* ou expression sans lien métrique avec le vers dans lequel il se trouve, mais rimant ou allitérant avec la coupe ou le repos du vers suivant; le vers dans lequel se trouve le *toddaid* a dix syllabes; il a la coupe principale à la cinquième syllabe, et la syllabe avant le *gair toddaid* a la même rime que les autres vers de la strophe; 3° le genre à *gair cyrch* (mot ou expression d'*attaque*, qui va en chercher un autre); un des vers n'a pas la même rime que les autres et rime, au contraire, avec la coupe du suivant; il se lie avec lui par la rime et forme avec lui un tout inséparable.

Les autres types à vers égaux ou inégaux n'ont rien de bien particulier et se retrouvent partout. Mettant donc à part le *cywydd*, je divise les systèmes en trois groupes : le premier comprend les strophes à vers égaux ou inégaux qui n'ont ni *gair toddaid* ni *gair cyrch;* le second, les systèmes à *gair toddaid;* le troisième, les systèmes à *gair cyrch.*

CYWYDD DEUAIR HIRION et FYRRION.

Premier groupe.

Cywydd llosgyrniog,
Englyn prost cadwynog,
Englyn prost cyfnewidiog,
Cyhydedd ferr,
Cyhydedd nawbann,
Hupunt byrr,
Hupunt hir,
Gorchest y beirdd,
Cadwynfyrr,
Clogyrnach,
Tawddgyrch cadwynog,
Cyhydedd hir.

Deuxième groupe (*toddaid*).

Englyn unodl unsain,
Englyn unodl crwcca,
Toddaid,
Gwawdodyn byrr,
Gwawdodyn hir,
Byrr a thoddaid,
Hir a thoddaid.

Troisième groupe (à *gair cyrch*).

Englyn unodl cyrch,
Cyrch a chwtta,
Awdl gywydd ou *cywydd odliaidd.*

La *cyhydedd hir* scandée en vers de neuf et dix pieds pourrait rentrer dans ce dernier groupe. De même, le ***hupunt hir, gorchest y beirdd***, si la strophe était divisée en quatre vers de huit syllabes. Le *cywydd llosgyrniog* pourrait aussi y rentrer, ainsi que le *clogyrnach*.

Dans le premier groupe il faut classer le *prost cyfnewidiog*, dont la syllabe finale se rattache aux finales de la même strophe par les mêmes consonnes finales, tandis que la voyelle est différente.

§ 3. — *Exemples des vingt-quatre mesures divisés en trois groupes caractéristiques.*

Les exemples sont tirés du poème de Simwnt Fychan (J.-D. Rhys, p. 242-246).

CYWYDD DEUAIR FYRRION.

4 Croyw fêr cryf fêdd,
4 Cof yw cyfedd.

CYWYDD DEUAIR HIRION.

7 O eglur Gymry ogledd
7 Ydwyd lain nôd hyd Lynn Nêdd.

Premier groupe.

CYWYDD LLOSGYRNIOG.

8 O rann dy serch arwain da sôn
8 I'th dêg annerch a'th dai gwnion

7   Dy ddynion a diddanedd,
8   O Gaer a'i phont gorhoff hawg;
8   D'air a fynn hyd Ryfoniawg,
7   Iôr doniawg, aur adanedd.

PROST CYFNEWIDIOG.

7   Dy frodir difai rydyd,
7   Dy freuder a dyf rediad;
7   Dy frawdwr wyd a frudid
7   Dy fradwyr hy dy frodud.

PROST CADWYNOG.

7   Difrodaist a fu rydyn,
7   Dinag wyt i hen a gwann;
7   Dawn a hoedl nyd anhydyn.
7   Duw a rô hynny'n dy rann

CYHYDEDD FERR.

8   Eura'r gwirion eryr gwaredd
8   A nad weini anudonedd;
8   O'r lle ucha o Arllechwedd
8   Wyd yr haela' hyd yr Heledd.

CYHYDEDD NAWBANN.

9   Ail Luned, gwreigiol lain, nôd gwragedd,
9   Yw Elin, wisgad Olwen osgedd;
9   Ail Anna y tyfai lân ytifedd
9   O irdwf iesin euraid fysedd.

HUPUNT BYRR.

12 Ymysc siasau, eurfawr drasau, arfer drowsedd,
12 A bydd dirion i dra gwirion o drugaredd.

ou
        4 Ymysc siasau
        4 Eurfawr drasau

ou
   4 Arfer drowsedd
   4 A bydd dirion
   4 I dra gwirion
   4 O drugaredd.

ou
   4 Ymysc siasau
   8 Eurfawr drasau, | arfer drowsedd,
   4 A bydd dirion
   8 I dra gwirion | o drugaredd.

HUPUNT HIR.

   4 Arr win deler
   4 Wythryw gweler
   4 O'th loyw seler
   4 I'th lysieuledd
   4 A'th gyd holant
   4 A'th ganmolant
   4 Arfer Rolant
   4 Arr fawr haeledd

ou
   4 Arr win deler,
   4 Wythryw gweler
   8 O'th loyw seler | i'th lysieuledd,
   4 A'th gyd holant
   4 A'th ganmolant,
   8 Arfer Rolant | arr fawr haeledd.

ou
   8 Arr win deler, wythryw gweler
   8 O'th loyw seler i'th lysieuledd
   8 A'th gyd holant, a'th ganmolant (1),
   8 Arfer Rolant arr fawr haeledd

(1) J.-D. Rhys ordonne aussi la strophe en deux grands vers, de même rime, de seize syllabes (v. plus haut).

GORCHEST Y BEIRDD.

4 Is Clwyd wausc lyr,
4 Wr llwyd ieirll wyr,
4 Ail wyd i Lyr
3 A'i wlâd wlêdd ;
4 A'th dai i'th dir
4 Y rhai Iôr hîr
4 A wnaei yn wîr
3 Yn un wêdd.

ou

4 Is Clwyd wausc lyr,
4 Wr llwyd ieirll wyr,
7 Ail wyd i Lyr | a'i wlad wledd ;
4 A'th dai i'th dir
4 Y rhai, Ior hir,
7 A wnaei yn wir | yn un wedd.

ou

8 Is Clwyd | wausc lyr, | wr llwyd ieirll wyr (1),
7 Ail wyd | i Lyr | a'i wlad wledd ;
8 A'th dai | i'th dir | y rhai, Ior hir,
7 A wnaei | yn wir | yn un wedd

CADWYN FYRR.

4 Deryw d'euro'n
4 Darw diorwan,
4 Dirwd arian
4 Doriad wiredd ;
4 Denaist Wynedd,
4 Downus d'anian,

(1) J.-D. Rhys divise aussi la strophe en deux vers de quinze syllabes, de même rime, ce qui est peu naturel.

4 Dewrwiw darian,
4 Deuryw diredd,

ou

4 Deryw d'euro'n
4 Darw diorwan,
8 Dirwd arian, | doriad wiredd ;
4 Denaist Wynedd,
4 Downus d'anian,
8 Dewrwiw darian | deuryw diredd,

ou

8 Deryw d'euro'n darw diorwan,
8 Dirwd arian, doriad wiredd.
8 Denaist Wynedd, downus d'anian,
8 Dewrwiw darian, deuryw diredd

CLOGYRNACH.

8 Y'w thai yléni, waith haelionedd (1),
8 Aml yw llinniaeth mall y llynedd ;
5 I gaer ragorawl,
5 Ac arfaeth gwerfawl,
6 Amodawl ymadwedd.

TAWDDGYRCH CADWYNOG.

8 E ddisgynnodd, addas ganniad,
8 At fawl ranniad, yt fael rinwedd ;
8 Eurddwll wnnod, irwydd blanniad,
8 Yn gyfanniad, enwog fonedd ;
4 I'th hen deidiau
4 Ydd oedd bleidiau
4 O'r cynt-heidiau,
4 Ior can tudwedd ;

(1) Le texte donne *yleni*, ce qui fait neuf syllabes : *y* est élidé après *tai*.

4 I'th fyrddeidiau,
4 Aeth hocsiédau,
4 Iawn gyfreidiau
,4   Yn gyfrodedd.

La strophe, composée d'une sorte de *cadwyn fyrr* et de *hupunt hir*, se plie aux divers arrangements de ces deux systèmes.

CYHYDEDD HIR.

5 Gwir ddwyn gair ydd ys
5 Garw glân i'th graig lys,
5 O ugeinawdl wys
4   Gann dy lysedd ;
5 Gorau un gwr iaith,
5 Gorau mann, gair maith,
5 Glewion wyr unwaith,
4   Glan rianedd,

ou

5   Gwir ddwyn gair ydd ys
5   Garw glân i'th graig lys,
9 O ugeinawdl wys | gann dy lysedd ;
5   Gorau un gwr iaith,
5   Gorau mann gair maith,
9 Glewion wyr unwaith | glan rianedd

ou

10 Gwir ddwyn gair ydd ys, garw glan i'th graig lys,
9 O ugeinawdl wys gann dy lysedd ;
10 Gorau un gwr iaith, gorau mann gair maith,
9 Glewion wyr unwaith glan rianedd.

Cette façon de scander met ce système dans le troisième groupe. Il en est de même du *hupunt hir* en vers de huit syllabes; du *gorchest y beirdd* scandé en vers de huit et sept syllabes.

On remarquera aussi qu'il n'y a d'autre différence entre le *cadwyn fyrr* et le *hupunt hir* que dans l'agencement des rimes et la complication de la *cynghanedd*, que le *gorchest y beirdd* ne diffère guère de ces deux systèmes que par une syllabe de moins au quatrième vers et la *cynghanedd*; que le *hupunt byrr* scandé en petit vers et le *hupunt hir* sont du même type; que la *cyhydedd hir* n'en diffère que par une syllabe de plus dans les trois premiers vers.

Deuxième groupe (à *toddaid*).

ENGLYN UNODL UNION.

10 Penn breisgedd bonedd | bennod — parch fowredd,
6   Pôr glasgledd pur glwys glod;
7   Pwyll distaw, pell yw d'ystod,
7   Pirs air Nûdd, parhaus wr nôd.

ENGLYN UNODL CRWCCA.

7   Adwy ny wnn, dyna wîr,
7   Ynn dy lîn o dylynir;
10 Ond glan a chyfan | iach hir — oleudeg
6   Iaith freudeg i'th frodir.

TODDAID.

10 Claear yw ddaear | duedd — Llanhassaf
9   Caer yw urddassaf crair ddewissedd.

GWAWDODYN BYRR.

9 Merion coed perion, lle i câd puredd,
9 Mostyn am arial moes dwyn mowredd;
10 Maelgwn i'th rifwn | a'th rylodd — fowart
9 Mowrddart mâb Risiart ym mhôb rhysedd.

GWAWDODYN HIR.

9 Mynny rwyd wnnu, euraid annedd;
9 Mynny ystynnu oes a dawnedd;
9 Mynnu esgynnu osawg wnnedd,
9 Mynnu cydtynnu mywn cytunedd;
10 Mynnu enynnu | uniownedd — phynnu
9 Mynnu dirynnu da wirionedd.

BYRR A THODDAID.

10 Gwawr, Domas, solas ddisalwedd — a bair
6 Gwin bîr a llysieufedd;
8 Gwawr dwf Essyllt, gair difaswedd,
8 Glân ryw hadyd, gloew anrhydedd;
8 Gwelwyd o'i gwin gael digonedd :
8 Gwir Dduw a'i gâd a'i gwrdd gydwedd,
10 Gorau gwyr synnwyr gysonedd — gynnal
6 Gannwyll yr iawn fuchedd.

HIR A THODDAID.

10 Pâr elw digaingl perwyl diagwedd,
10 Pâr sâl dda yma, Pirs hael ddiomedd;
10 Pâr fal gloyw firagl purfawl glyfaredd,
10 Pâr yn llû cyson, pâr yn llai casedd;
10 Pan fô câd guriad garwedd, — plaid flaengar,
10 Pâr dorf ar wasgar, Peredur freisgedd.

Troisième groupe.

ENGLYN UNODL CYRCH.

7 Nodol wyd a ffynnad**wy**;
7 Ny bû'n f'oes nêb enw f**wy**,
7 Nerth Caswallon wrth dr**în** (1)
7 Neu Edwin a wnaei ad**wy**.

AWLDGYWYDD *ou* CYWYDD ODLIAID.

7 Llwyth Trefor, llû waith trafael,
7 Llew ebrwydd hael llwybraidd hêdd;
7 Llwyth Edwin oll i'th had**yd**
7 Llawn dowys **yd** llîn hyd Sêdd.

CYRCH A CHWTTA.

7 Wyd brysurglod, Birs eurgledd,
7 Oll i wyraw llaweredd,
7 Anturiwr heb hwnt orwedd,
7 Anturiaist yn oed dewredd;
7 Aeth drwy fyd waith dorfodedd,
7 Ior dewrnerth arr y deirnedd;
7 A'th law rhac morr nerthol **wyd**
7 A wnaei d'arsw**yd** yn d'orsedd.

Nous avons vu plus haut que, scandés d'une certaine façon, les systèmes dits *hupunt hir*, *gorchest y beirdd* et *cyhydedd hir* rentreraient dans ce groupe.

(1) Il manque une syllabe.

CHAPITRE VI.

LE SYSTÈME DE MÉTRIQUE DIT DE MORGANWG OU GLAMORGAN.

§ 1er. — *Les sources.*

La compilation de Iolo Morganwg dans le *Cyfrinach y beirdd*, en ce qui concerne le système dit de Glamorgan, repose, d'après ses propres déclarations, sur l'œuvre de Llywelyn Sion (1520-1601), revue et complétée par Edward Dafydd, mort en 1690. Llywelyn Sion, nous dit Edward Dafydd, aurait fondu ensemble les travaux de Lewis Morganwg, qui florissait entre 1500 et 1540, Meuryg Dafydd (1520-1580), Dafydd Llwydd Mathew (1560), et Dafydd Benwyn (même époque) (1).

Ce système, d'après Edward Dafydd, aurait été approuvé et déclaré comme ayant force de loi en Glamorgan, Gwent et Euas, à la session poétique

---

(1) *Cyfr. y beirdd*, p. 4 et 10; Prys, *Hanes*, p. 340-341.

(*gorsedd wrth gerdd dafod*) de Bewpur en Glamorgan, en 1681, présidée par Syr Richard Basset. Les *pencerddiaid* étaient Charles Bwttwn, esq., Dafydd o'r Nant, Edward Dafydd de Margam. Les poètes et bardes gradés étaient :

Hywel Lewys,	Charles Dafydd Meredydd,
John Roberts,	Hopcyn Llywelyn,
Thomas Lewys,	Lleison Ifan,
Dafydd Edward,	Jenkin Richards,
Sion Padam,	Bleddyn Sion,
Morgan Gruffydd,	Samuel Jones (1).
Dafydd Evan Sion,	

Les règles et souvent le premier exemple pour chaque *mesur* sont de Llywelyn Sion. Edward Dafydd y a ajouté bon nombre d'exemples que lui ont fournis les *bardes* de la session de 1681.

Les exemples les plus anciens sont tirés de Dafydd ab Gwilym. Un autre poète, peut-être du quatorzième siècle, Gronwy Ddu ap Tudur ap Heilyn, a été mis à contribution. En général, les exemples sont du seizième, et souvent du dix-septième siècle. Un certain nombre sont du quinzième.

Quinzième siècle : Dafydd ab Edmwnt (2), Gutto'r Glynn (3), Meredydd ap Rhoser (4), Ieuan

---

(1) *Cyfr.*, p. 10.
(2) *Ibid.*, p. 35, 67.
(3) *Ibid.*, p. 62.
(4) *Ibid.*, p. 65.

ap Rhydderch (1), Meredydd ap Rhoser (2), Ieuan ap Rhydderch ap Ieuan Llwyd (3), Hywel Dafydd ap Ieuan ap Rhys (4), Ioraeth Hen (5), Thomas Derllysg (6), Ieuan Brydydd Hir (7), Gwilym Tew (8), Harri Hir (9), William Egwad (10), Dafydd Nanmor (11).

Seizième siècle : Thomas Llywelyn (12) Rhisiart Ionwerth (13), Dafydd Ifan (14), Thomas Carn (15), Llewys Morganwg (16), Llywelyn ap Howell ap Ieuan (17), Ieuan ap Rhydderch ap Ieuan Llywelyn (18), Dafydd Llwyd Mathew (19), Gruffydd Hiraethog (20), Rhys Brychan (21).

---

(1) Cyfr., p. 65.
(2) Ibid., p. 65.
(3) Ibid., p. 35.
(4) Ibid., p. 70.
(5) Ibid., p. 74.
(6) Ibid., p. 61.
(7) Ibid., p. 34.
(8) Ibid., p. 58.
(9) Ibid., p. 82.
(10) Ibid., p. 35, 63.
(11) Ibid., p. 54.
(12) Ibid., p. 41.
(13) Ibid., p. 67.
(14) Ibid., p. 57.
(15) Ibid., p. 38.
(16) Ibid., p. 42.
(17) Ibid., p. 42.
(18) Ibid., p. 42.
(19) Ibid., p. 48, 56.
(20) Ibid., p. 79.
(21) Ibid., p. 81.

Le plus grand nombre des exemples de strophes est emprunté à des auteurs vivant au dix-septième siècle. Outre tous ceux qui ont été déjà nommés comme assistants d'Edward Dafydd à la session de 1681, on peut citer parmi les autorités du *système* : Dafydd Edward, mort vers 1690 ; Dafydd Benwyn, mort vers 1607 ; Dafydd Rhys, qui vivait encore en 1609 ; Samuel Jones (1680 à 1720).

Ce simple relevé suffit à montrer que la prétention de Iolo Morganwg et des tenants de Glamorgan de donner leur système comme l'ancien système bardique (*yr hen Ddosparth*), n'est pas justifiée. Tout ce qu'on peut leur accorder, c'est qu'ils sont plus libéraux en ce qui concerne le nombre des syllabes dans le vers et le nombre de vers dans la strophe, et qu'ils sont peut-être, à ce point de vue, plus fidèles à l'esprit sinon à la lettre de l'ancien art poétique d'avant le quinzième siècle, que les partisans du système dit de Caerfyrddin, exposé plus haut. En tout cas, leur système n'a pas fait fortune ; tout le pays de Galles, le sud même, en exceptant ce petit coin du Glamorgan où les défections étaient d'ailleurs nombreuses, avait adopté l'autre système. On peut dire que le système de Glamorgan n'a exercé aucune influence sur le développement de la métrique galloise. D'ailleurs, malgré de notables différences extérieures, il est fondé sur les mêmes principes. De plus, tout en se piquant de moins sacrifier le fond à la forme, les partisans de ce système ont parfois renchéri sur les complications chères à leurs adversaires.

§ 2. — *La cynghanedd*.

Dans ce système aussi, le trait essentiel, la condition *sine quâ non* de la métrique bardique, c'est la *cynghanedd*. On y distingue également deux genres de *cynghanedd* : la *cynghanedd* par rime et la *cynghanedd* par allitération. La première comprend deux variétés principales répondant à la *cynghanedd sain rywiog* et à la *llusg*. Il y a, comme dans l'autre système, deux types principaux de *cynghanedd* par allitération : le premier, plus rigoureux, répondant à la *cynghanedd groes rywiog;* le second, identique à la *cynghanedd draws*. La terminologie est, comme nous l'avons vu, différente. Ce que les poètes du Glamorgan appellent *cynghanedd sain* (vocalique) est la *cynghanedd lusg* des autres :

  Son am y mawr ddaioni.
  Hoffer y teg leferydd.

Leur *cynghanedd lusg*, en revanche, est identique à ce que nous avons défini comme *cynghanedd sain rywiog* :

  Ydwyd wr ar bob gwr gwych.
  Ydwyd y son hyd Fon faith.

Ils appellent *llusg gadwynog* une variété de *cynghanedd* qui a le caractère de la *llusg* avec un lien d'allitération entre la consonne qui précède la voyelle de la rime et une consonne d'un mot du second membre.

<blockquote>O irber lwyn dyner lais.</blockquote>

On retrouve chez eux tout autant de subtilité et de puérilité dans le jeu de la *cynghanedd*.

Comme J.-D. Rhys, Iolo Morganwg donne le nom de *gwant* (*ictus*, coupe), dans le vers à *cynghanedd* vocalique, à la première rime interne, et celui de *rhagwant* à l'autre (v. plus haut).

§ 3. — *Les vingt-quatre strophes ou systèmes (mesur).*

Les vingt-quatre *mesur* de Glamorgan ne répondent pas à celles que nous venons de décrire. C'est le nombre des syllabes, dans le vers, qui forme la base de leur division. Il y a neuf *cyhydedd* principales ou longueurs types (*colofnau*, colonnes), qui forment neuf systèmes. La combinaison de ces *cyhydedd* produit d'autres variétés (*gogolofnau*, sous-colonnes ou colonnes secondaires) sur lesquelles sont fondées les autres strophes.

Les neuf *cyhydedd* vont de *quatre* à *douze* syllabes. Au-dessous de quatre, on a l'*ofer gyhy-*

dedd, ou longueur superflue, ainsi nommée parce que des vers de cette longueur ne peuvent former à eux seuls une strophe.

I. — GORCHAN Y GYHYDEDD FERR.

C'est le *cywydd deuair fyrrion* qui, dans l'autre système, ne peut former seul une strophe. Ici, c'est le contraire. Le *bras* a quatre syllabes ; le *pennill* ou strophe a de quatre à huit vers ; les vers sont *homœorimes*.

> F'anwyl feinir
> Gwael a'm gwelir.
> Yn dwyn poen dir
> A gwaew yn gywir.
>
> (Dafydd Llwyd Matthew.)

II. — GORCHAN Y GYHYDEDD GAETH.

Le *bann* (ou vers) est de cinq syllabes, et le *pennill* ou strophe comprend quatre vers :

> Yn hen annoenus
> Methu'n drwm aethus
> Y ffriw fal y ffrus
> A cheen grychiannus.
>
> (Dafydd ap Syr William Mathew.)

Cette *mesur* n'existe pas seule dans l'autre système. En revanche, on trouve plusieurs poèmes de ce type dans le *Livre de Taliessin*.

III. — Gorchan y Gyhydedd Drovsgl.

Le *bann* (vers) est de six syllabes ; le *pennill* comprend de quatre à huit vers :

> Adar yn cain udo
> Llwysed ynt yn lleisio ;
> Gwisg las ar y fras fro ;
> Harddwch mai'n eu burddo.
>
> (Edward Dafydd.)

Les vers de six pieds, dans l'autre système, n'existent pas seuls.

IV. — Gorchan y Gyhydedd Lefn.

Le *bann* a sept syllabes, et le *pennill* de quatre à douze vers, ou même plus. Ce système se montre dans les *englynion*, les *cywyddau*, les *tribanau*, le *bann cyrch*.

> Y gwr doeth a'r gair dethawl
> Sy'n arwedd iaith synwyrawl
> Cyrdd ugein myrdd i'th ganmawl
> Clod yw o Feirdd, clyw dy fawl.
>
> (Llywelyn Sion.)

D'après Iolo, ce serait le *cyrch a chwtta* de l'autre système, ce qui est faux. Le *cyrch* n'existe pas dans l'exemple ci-dessus. C'est le nombre de syllabes du *cywydd deuair hirion*, mais avec deux différences capitales : ici, tous les vers ont la même rime ; de plus, la loi de l'accent, quant aux rimes finales, n'est pas observée.

V. — Gorchan y Gyhydedd Wastad.

Le vers est de huit syllabes, et le *pennill* comprend de quatre à seize vers. Les vers sont homœorimes :

> Cerais irddyn, curiais erddi,
> Ag oer gwyn 'ddwyn dwyn am deni,
> Un cul ydwyf i'm caledi
> Am y beunes yn ymboeni.
>
> (Thomas Lewys.)

C'est la *cyhydedd ferr* de l'autre système, avec plus de liberté dans le nombre des vers.

VI. — Gorchan y Gyhydedd Draws.

Le vers est de neuf syllabes ; le *pennill*, de quatre à seize vers homœorimes :

> Cwrs hwyl einioes cerais lawenydd,
> Accen iach awen, can a chywydd,
> Amcanu bywnerth i'm can beunydd
> Gyda'r hoyw gog ag adar y gwydd.
>
> (Dafydd Williams o Benn Llin.)

C'est la *cyhydedd nawbann*.

VII. — GORCHAN Y GYHYDEDD WENN.

Le vers se compose de *dix* syllabes; le *pennill*, de quatre à seize vers. On peut aussi le combiner avec le système précédent (vers alternant de *dix* et *neuf* syllabes) ou avec le système suivant (*dix* et *onze*).

> Cerais gael gwanwyn mewn llwyn a llannerch;
> Cerais gael can adar man i'm annerch;
> Cael oed dydd hyfryd gwynfyd a gwenferch
> A'n cyflw medrusaidd cyflym draserch.
>
> (Thomas Lewys.)

La *cynghaned sain* vaut moins pour les vers longs que la *llusg* ou la *cynghanedd* mixte.

C'est le nombre de pieds (dix) du *hir a toddaid* où *toddaid hir*, mais le *gair toddaid* n'y paraît pas.

VIII. — GORCHAN Y GYHYDEDD LAES (OU Y GYHYDEDD YSGAFN).

Le vers est de *onze* syllabes, et le *pennill* de quatre à quinze vers.

> Mawr y rhyfeddais a synniais er's ennyd,
> Maint pob rbyw ddrygwaith dro rhullfaith drwy'r hollfyd;
> Murnwae a galar a blaenfar y blinfyd,
> Heb enw gwir heddwch, heb un yw gyrhaeddyd.
>
> (Thomas Lewys.)

C'est une strophe qui ne se trouve pas dans l'autre système. Le vers de onze syllabes est assez fréquent dans les *pennillion*, épigrammes ou stances chantées avec accompagnement de la harpe.

IX. — Gorchan y Gyhydedd hir.

Le vers est de douze syllabes, et le *pennill* de quatre à seize, et même de vingt vers, de même rime.

> Yn iach fy mab anwyl yn d'arwyl e dorred
> Holl wynfyd y ddaear, a'm galar yn galed;
> Pob rhai a dosturiant, a gwaelant o'm gweled,
> Yn gaethwas y blinwasg ag aethus y blaned.
>
> (Thomas Lewys.)

L'auteur donne ensuite un poème où chaque finale s'enchaîne par l'allitération avec l'initiale du vers suivant.

C'est un genre voisin du *huppunt byrr*, scandé par vers de douze syllabes, mais il n'est pas divisé, comme l'autre, par coupes de quatre syllabes.

X. — Y Gyhydedd gyroh.

C'est le type du *cywydd odliaidd* (syllabe finale du premier vers rimant avec la coupe du second), avec cette différence que le nombre des syllabes peut varier dans le vers (de sept à douze d'après les exemples) et le nombre des vers aller de quatre à seize et même vingt.

> Yn y ty draw ger llaw'r llann,
> Ty gwiwlan | teg a welaf;
> Yn boen y gant, mae bun gain,
> Yn gywrain | honn a garaf.
>
> (Llewelyn Sion.)

XI. — Toddaid.

C'est le même type que le *toddaid* et le *hir a thoddaid* de l'autre système.

> 10 Can | o wir anian | rhinwedd — a welais;
> 9   Yn ei meluslais | cefais | gyfedd;
> 10 Gwnaeth Forgan | y gan | deg iawnwedd — yn fad,
> 9   Gwëad | ag eiliad | heb naws gwaeledd.
>
> (Dafydd o'r Nant.)

Suit un exemple de *hir a thoddaid* (dix syllabes). Il y ajoute un *toddaid* avec *cyrch* qui répond *exactement* à la *cyhydedd hir* de l'autre système.

XII. — Triban milwr.

C'est un triplet à vers de même rime, de sept, huit, neuf, dix, onze ou douze syllabes.

> 7 Y llew gwyrdd, perchen llu gwych
> 7 Goreu 'rioed o'r gwyr ydych,
> 7 Rheola'r ffordd yr elych.
>
> (Dafydd Llwyd Mathew.)

Les anciens le chantaient, dit l'auteur, avec des vers d'inégale longueur.

Ce *tribann* admet aussi, à la place de la rime à la syllabe finale, l'allitération ou le mélange de l'allitération et de la rime.

PENNILL PROESTODL (*à allitération*).

Accen ber yw can y **bardd**
Gyda'r gog ergydia'r **gerdd**
Byd lwyndir a gweindir **gwyrdd**.

Voir à l'*englyn diarferedig*, p. 83.

XIII. — TRIBANN CYRCH ou TRIBANN MORGANWG.

C'est exactement l'*englyn unodl gyrch* (tétrastique) de sept syllabes, avec *cyrch* au troisième vers.

7 Aeth ffwrdd pob gobaith a ffawd,
7 I mi'n awchdorr mae nychdawd;
7 A deufrath neidr i'm dwyfronn,
7 Cledd i'mronn | oedd claddu 'mrawd.

(Morgan Gruffudd.)

Il est assez singulier de voir donner le nom de *tribann*, qui signifie *trois bras*, à cette strophe de quatre vers. Il est vrai que les deux derniers peuvent être comptés pour un.

Suivent des exemples de strophes avec finale allitérante, au lieu de rime, en exceptant celle du troisième vers, qui rime avec la coupe du quatrième.

XIV. — Cywydd.

C'est le *cywydd deuair hirion* : sept syllabes, vers rimant deux à deux, l'un ayant l'accent sur la pénultième, l'autre sur la dernière syllabe du vers :

> 7 Pwy'n farchog pennaf orchest?
> 7 Pwy'n ail Lawnslod ffonnod ffest ?
> 7 Hyrr wyd i wyr, hir dy wart,
> 7 Hiroesog fych syr Rhisiart.

(Edward Dafydd.)

XV. — Traethodyn ou traethodl.

Même système que le *cywydd*, avec cette différence qu'on n'observe pas la loi de l'accent *descendant* et *montant*, et que le nombre des syllabes dans le vers va de sept à douze.

> Prydydd wyf yn godde clwyfau
> A dial oer a doluriau,
> Oer yw'm llais herwydd trais traserch,
> Cur gwanfardd yn caru gwenferch.

(Thomas Lewys.)

XVI. — Prøst cyfnewidiog.

C'est le *prost cyfnewidiog* de l'autre système (syllabes finales avec mêmes consonnes finales et voyelles différentes) ; mais l'auteur admet que le vers puisse avoir sept, huit ou neuf syllabes. De même, la strophe peut avoir de quatre à sept vers.

Il faut que les syllabes finales des vers soient de même poids, c'est-à-dire aient le même nombre de consonnes finales.

Les *tribanau* et les *englynion* peuvent se *chanter* sur ce mode.

> Ar ferch rhois fy serch yn **synn**,
> Bum ful gwnaeth fi'n gul a **gwann**,
> Y mae brath ei serch i'm **bronn**,
> Irad **gur** o gariad G**wenn**.
>
> (Dafydd Llwyd Mathew.)

XVII. — PROEST CADWYNODL.

C'est l'*englyn prost cadwynog*, c'est-à-dire à rimes alternées.

> 7 Os glan gwlad o drwsiad draw,
> 7 Os glan faeth rhywogaeth rhyw;
> 7 O chawn wîn llawn ym mhob llaw;
> 7 O cheir nef uwch Aeron yw.
>
> (William Egwad.)

L'auteur nous donne des exemples du genre Morganwg plus compliqués, ce qui est assez piquant chez ces gens si épris, à les entendre, de simplicité.

> Wyd wr ffel os gochel gwg,
> Anian y Diawl a wnai'n deg;

A chwith — droion dynion dig ;
Cai oes rwydd heb dramgwydd drwg ;
Cai fryd llon i'th fronn ddi freg ;
Hedd y nef i'th dref a drig.

(Dafydd Williams.)

D'après l'auteur, les *anciens bardes* admettaient sept, huit et neuf syllabes dans le vers.

XVIII. — Clogyrnach.

Ce genre de strophe se distingue par l'inégalité des vers ; les strophes varient elles-mêmes quant au nombre des vers. Contrairement au *clogyrnach* de l'autre système, tous les vers de la strophe sont de même rime.

4   Croesaw ystig.
5   Drwy barch caredig
8 I hynod wyl y Nadolig
8 Y dyddiawn dedwydd nodedig
7   Y ganed fendigedig
6   A dwyfol Bendefig.
7 Mab Duw mwyn i'n dwyn o'n dig.

(Dafydd Edward.)

XIX. — Hyppynt ou llostodyn ou colofn fraith ou awdl losgyrniog.

Sous ce titre, l'auteur réunit ce qui est dispersé sous le nom de *huppunt byrr, huppynt hir, gorchest y beirdd, cyhydedd hir, cadwyn fyrr.* L'essence du genre est que deux ou trois ou quatre vers homœorimes soient suivis d'un vers de rime différente, qui est la rime dominante du poème. Le nombre des syllabes et dans le vers homœorime et dans le vers hétérorime (*llostodyn*) est indéterminé. Le nombre des syllabes varie de quatre à douze.

   Af i benn Rhys (1)
   Yn fy un crys
    Rhag ofn encryd
   Ag ar fy nglin
   Oed pererin
    Dapr o wrhyd.

La finale du vers qui précède le vers hétérorime, dans les petits vers, allitère avec lui; dans les grands vers, elle rime.

XX. — LLAMGYRCH ou AWDL DDWYBIG ou FFORCHAWDL.

C'est le genre *clogyrnach*, c'est-à-dire une strophe où deux ou trois vers (jusqu'à six) de rime différente sont intercalés au milieu de vers de même rime. Les vers intercalés sont généralement plus courts, quoique l'auteur admette qu'ils puissent être égaux. Le dernier des vers à rime différente doit rimer avec la coupe du vers suivant. Le nombre des vers dans la strophe et des sylla-

(1) Lisez *Benrhys*, nom de lieu.

bes dans le vers varient, à la différence du *clogyrnach* de l'autre système :

```
9   O mynni ystorio mynwes dwyrain
9   A'r arfer a wyr eryr ar frain;
5       Tro wayw at yr ais
5       O'th ddwrn a'th harnais,
9   Trech yw na malais | trychann milain.
```

L'auteur veut aussi que le premier membre du premier vers à rime différente rime avec la finale du vers précédent, mais il reconnaît qu'il y a des autorités contre cette exigence.

L'auteur admet que les grands vers aillent de sept à douze syllabes. D'après les exemples, les vers *hétérorimes* peuvent avoir de trois à sept syllabes.

XXI. — CADWYNGYRCH.

C'est une combinaison du *cywydd odliaidd* et du *prost cadwynog*. Les vers sont à rimes alternées, et, de plus, le premier vers rime avec le premier membre du second, le troisième avec le premier membre du quatrième. La longueur du vers va de sept à douze syllabes. Les vers hétérorimes peuvent être de longueur égale ou inégale.

```
Aeth y gerdd ar feth i gyd
Yn y gweryd y mae'n gorwedd.
Mae'n y bedd, nid mwy'n y byd,
Un a gyfyd can o'i gwaefedd.
```

(Dafydd Williams.)

XXII. — Englyn.

Sous ce nom, l'auteur réunit tous les types *homœorythmiques* à *gair toddaid*. Il en distingue cinq espèces :

Tribann toddaid,
Byrr a thoddaid,
Hir a thoddaid,
Cyrch a thoddaid,
Englyn garr hir.

A. — Tribann toddaid.

C'est l'*englyn unodl union* avec un vers de sept pieds en moins.

```
10  Ni chred || ail Luned || y leni — y mod (1)
 6        Yn y mawr drueni,
 7        Och ! liw haul am ei chael hi.
```
     (Dafydd William Dafydd.)

B. — Byrr a thoddaid.

a) Englyn unodl union.

```
10 Nodiad | cylch cariad || calch caerydd — yw Gwenn,
 6        Ne ganniad ysblennydd ;
```

(1) La première coupe porte le nom de *gwant*, l'autre du cinquième pied celui de *rhagwant*, et le reste portant la rime principale, celui de *gobennydd* (*oreiller*, partie finale sur laquelle repose le vers).

7   Ne'r manod gwyn eiry mynydd;
7   Ne ffres win yn ei ffriw sydd.

(Ioraeth Hen.)

b) *Englyn unodl crwcca.*

Cefais gosp, cofiais ei gur,
Ag oes yn llwyr ddigysur;
Trallod | a'i ddyrnod ‖ yn ddur — min ellyn
I'm dilyn | i'm dolur.

(Edward Dafydd.)

Les bardes de Morganwg, ajoute Iolo avec orgueil, ont ajouté à cette strophe un vers à sept syllabes.

C. — HIR A THODDAID.

C'est à peu près l'équivalent du *byrr a thoddaid* de l'autre école, avec cette différence qu'il n'y a qu'un seul distique représentant exactement le distique initial de l'*englyn unodl unsain* (vers de dix syllabes, suivi d'un vers de six); puis viennent des vers de huit syllabes (quelquefois de sept) en nombre varié. Le distique peut terminer la strophe au lieu de la commencer, par exemple :

Hoff o'i min yw iaith doethineb,
Heddgar iawn ei hawddgar wyneb;
Arwain iawndardd yr uniondeb
A gar honn i'w theg warineb;
A mel diwaelder ‖ duwioldeb — a'i pyrth
A llawnwyrth callineb.

(Dafydd Williams.)

La strophe peut aussi avoir deux distiques du genre *englyn unodl unsain* en tête et à la fin, encadrant un certain nombre de vers (de quatre à huit) de même rime. C'est alors l'équivalent exact du *byrr a thoddaid* de l'autre école.

A côté de ce type, l'auteur en donne un autre sous le nom de *cyrch a chwtta* ou de *cyrch a thoddaid*, ce qui est exact ; c'est l'*englyn unodl union*, pour la structure et le nombre des syllabes et des vers, mais au troisième vers, il y a un *cyrch*, c'est-à-dire que la syllabe finale ne rime pas avec les autres vers, mais bien avec le premier membre du quatrième vers :

> Clywais, llawenais, ‖ o'r llwyni — adar
>   Yn odiaeth gyfodli ;
> Yn chwefror, can iach hyfryd,
> Gwynn fy myd, | da'r gan i mi.
>
> (Morgan Gruffudd.)

C'est une strophe qui combine le distique initial de l'*englyn unodl unsain* avec le distique final de l'*englyn unodl cyrch* (c'est l'*englyn bendrwmm* de J.-D. Rhys ; v. p. 87).

D. — GARRHIR.

Il se compose de deux parties : la première reproduit le *tribann toddaid* (dix syllabes avec *toddaid*, un vers de six, un vers de sept) ; la deuxième est du genre *huppunt* ou *cyhydedd hir* (cf. J.-D. Rhys, plus haut, p. 86, 87).

> Gweirwr, yn dorrwr | dewrwych — y gwyran
> A gyrrwr bwriadwych;
> Yn un serth a'i enau'n sych;
> Echdoe'n waddwr (1),
> Doe'n yspaddwr;
> Iawn wr, | y foru'n eurych.

(Thomas Sion Lewys o Lanwynno.)

XXIII. — Cyngog.

L'auteur range dans cette catégorie toutes les strophes composées de vers d'inégale longueur et formées de fragments de *mesures* différents. Son essence, dit-il, est que le *pennill* (strophe) est fait de deux ou trois *mesures*. Aussi les vers de toute quantité peuvent-ils y trouver place. C'est ainsi qu'il y inscrit d'abord le *gwawdodyn byrr* (neuf syllabes; avec *toddaid* au troisième et, dans ce vers, dix syllabes), le *gwawdodyn hir*, qu'il donne sous le nom de *pedryfann a thoddaid* (quatre vers et distique contenant *toddaid*), *chwebann a thoddaid*. Il appelle, en revanche, *gwawdodyn hir* un type composé de vers de dix syllabes, ce qui représente le *hir a thoddaid* des autres. Le mélange de *hyppynt byrr* et de *toddaid* (deux vers); de *hyppynt* et d'un *pennill* de *cywydd* (deux vers de sept pieds homœorimes); d'*awdl gywydd* et de

---

(1) Ces vers peuvent être de cinq syllabes (type *cyhydedd hir*).

pennill de *cywydd*; de séries de vers de six ou sept pieds avec le distique de l'*awdl gywydd*, etc., est compris sous le nom de *cyngog*. Nous aurons occasion de revenir, dans le second volume, sur ce terme. Pour Iolo, ce mot est dérivé de *cynghaw* (*lien*).

XXIV. — Dyrif *ou* Carol.

Ce genre n'était pas considéré comme faisant partie de la métrique artistique ; il n'était pas soumis à la *cynghanedd*. Notre auteur l'élève au rang de *mesur* bardique en l'y soumettant. C'est un genre qui admet des vers de toute longueur ; il y en a qui ont treize syllabes. L'essentiel de ce genre, à en juger par les exemples plutôt que par les explications confuses de l'auteur, c'est que le *pennill* est ordinairement de deux vers homœorimes ou de quatre vers à rimes alternées, et que toujours l'accent sur le mot final du vers est à une place uniforme. Tous les *pennillion* sont de structure uniforme.

Quelques exemples sont du genre *clogyrnach* ou *tawddgyrch cadwynog*, avec plus de liberté dans le nombre des syllabes et des vers. Tous les exemples, *sans aucune exception, sont d'auteurs des seizième et dix-septième siècles.*

§ 4. — *Résumé et classification méthodique.*

En résumé, le système dit de Glamorgan, malgré de grandes différences qui tiennent surtout au nombre des syllabes dans le vers et au nombre de vers dans la strophe, repose sur les mêmes principes que l'autre et n'est guère moins enchevêtré. En outre, d'après les exemples, il manque d'autorité; car les exemples des divers types sont tous ou à peu près empruntés à des contemporains de Llywelyn Sion et surtout d'Edward Dafydd. Les types peuvent se répartir finalement sous les mêmes chefs que ceux de l'autre système.

CYWYDD DEUAIR HIRION ET FYRRION.

Premier groupe.

ISOMÈTRES.
- *Gorchan y gyhydedd ferr* (quatre syllabes).
- *Gorchan y gyhydedd gaeth* (cinq syllabes).
- *Gorchan y gyhydedd drosgl* (six syllabes).
- *Gorchan y gyhydedd lefn* (sept syllabes).
- *Gorchan y gyhydedd wastad* (huit syllabes).
- *Gorchan y gyhydedd draws* (neuf syllabes).
- *Gorchan y gyhydedd wenn* (1) (dix, neuf, sept syllabes).
- *Gorchan y gyhydedd laes* (onze syllabes).
- *Gorchan y gyhydedd hir* (douze syllabes).
- *Traethodyn* ou *traethodl* (de sept à douze syllabes; système de *cywydd* moins loi d'accent).
- *Prost cyfnewidiog* (sept, huit, neuf syllabes).
- *Prost cadwynogd* (= *prost cadwynog*).

(1) Aussi vers de dix et neuf; dix et onze.

Clogyrnach (vers inégaux).
Huppynt (*huppunt byrr, huppunt hir, gorchest y beirdd, cyhydedd hir, cadwyn fyrr*).
Llamgyrch (cf. *clogyrnach*).

Deuxième groupe.

Englyn avec ses variétés :
Tribann toddaid = *englyn unodl union*, avec un vers de sept pieds en moins ;
Byrr a thoddaid = *englyn unodl union ;*
Hir a thoddaid = *byrr a thoddaid* à peu de chose près ;
Garrhir.

Troisième groupe.

Y gyhydedd gyrch (cf. *cywydd odliaidd* ou *awdl gywydd*) ;
Tribann cyrch ou *tribann Morganwg* = *englyn unodl gyrch ;*
Cadwyngyrch (mélange du *cywydd odliaidd* et du *prost cadwynog ;*
Cyrch a thoddaid ou *cyrch a chwtta* (distique d'*englyn unodl union* et distique de *cywydd odliaidd*).

Le *cyngog* se répartit entre les trois groupes suivant les *systèmes* qu'il met à contribution. Le *dyrif* appartient au premier groupe.

LIVRE II.

LA MÉTRIQUE DES XV°-XVI° SIÈCLES CHEZ LES AUTEURS.

CHAPITRE PREMIER.

LES STROPHES OU SYSTÈMES.

§ 1er. — *Les strophes décrites par les grammairiens.*

Griffith Roberts, page 281, nous dit que les seuls systèmes en usage *parmi le peuple* étaient les *englynion* et les *cywydd deuair hirion*. Ce ne sont pas les seuls chez les poètes, mais ce sont chez eux aussi les plus usités.

Sur cent trois poèmes des quinzième-seizième siècles que contiennent les *Gorchestion*, quatre-vingt-cinq sont du système *cywydd deuair hirion*.

Dans les *Ceinion llenyddiaeth gymreig*, la proportion est encore plus forte (1).

Sur les soixante-douze poèmes que nous présentent les œuvres de Iolo Goch, qui vivait encore dans les premières années du quinzième siècle et a chanté Owen Glyndwr, il n'y en a que *neuf* qui ne soient pas des *cywydd deuair hirion* (2).

Sur deux cent soixante-cinq poèmes de Dafydd ab Gwilym, qui florissait dans la seconde moitié du quatorzième siècle, plus vieux que Iolo Goch, mais son contemporain, *dix* poèmes seulement ne sont pas des *cywydd deuair hirion*.

Dans la collection *Flores poetarum Britannicorum*, qui se compose d'extraits de poètes des quinzième-seizième siècles, groupés par ordre de matières, il n'y a guère que ce système. Je n'y vois que six ou sept exceptions.

Le poète dont les œuvres présentent le plus de strophes variées est Lewys Glyn Cothi, qui vivait encore en 1485, le poète belliqueux de la guerre des Deux-Roses. Sur cent cinquante-quatre poèmes, il y en a cinquante et un à strophes variées, c'est-à-dire le tiers de l'œuvre. Le reste est composé de *cywyddau deuair hirion*. La proportion relativement considérable de strophes différentes tient, en grande partie, à ce que les éditeurs n'ont

---

(1) *Ceinion*, II, p. 75-84; 99-103; 105-111; 205-210; 211-216; 285-312.

(2) *Gweithiau Iolo Goch*, éd. Ashton, 1893.

fait paraître que les poèmes de l'auteur touchant à l'histoire, c'est-à-dire des éloges et des poèmes funèbres, genres qui, ordinairement, exigent l'*awdl*.

En dehors du *cywydd deuair hirion* et de l'*englyn unodl union* ou *unsain*, qui se retrouve également chez tous les auteurs, mais est généralement joint à d'autres strophes ou n'est qu'une simple épigramme, voici, parmi les systèmes décrits précédemment, ceux que j'ai retrouvés chez les poètes :

Premier groupe.

ENGLYN PROST CADWYNOG : Dafydd ab Edmwnd (*Gorch.*, p. 107); Guttyn Owain (*ibid.*, p. 200); William Llyn (*ibid.*, p. 259); Tudur Aled (*Ceinion*, I, p. 347); Lewis Glyn Cothi (p. 424). Rien chez Iolo Goch ni Dafydd ab Gwilym.

ENGLYN PROST CYFNEWIDIOG : Dafydd ab Edmwnd (*Gorch.*, p. 102, 120); Guttyn Owain (*ibid.*, p. 189, 201); William Llyn (*ibid.*, p. 259, 274, 280, 290); Tudur Aled (*Ceinion*, I, p. 330, 347); Sion Tudur (*id.*, II, p. 103); Ieuan ap Rhydderch (Prys, *Hanes*, p. 202); Lewis Glyn Cothi (p. 27, 59, 97, 104, 113, 133, 164, 172, 178, 182, 197, 260, 323, 339, 386, 424, 443, 453, 470, 493, 500); Dafydd ab Gwilym (quelques exemples, p. 327-329).

CYHYDEDD FEHR : Lewis Glyn Cothi (p. 256-257, douze strophes); William Llyn (*Gorch.*, p. 260).

Cyhydedd nawbann : Tudur Aled (*Ceinion*, I, p. 340); William Llyn (*Gorch.*, p. 261). Ce type, usité à toutes les époques, l'est particulièrement par Lewis Glyn Cothi : p. 27, huit strophes ; p. 61, quinze strophes ; p. 98, quatre strophes ; p. 101, dix strophes ; p. 179, dix strophes ; p. 183, onze strophes (une de *six* vers) ; p. 227, huit strophes; p. 238, seize strophes ; p. 284, dix strophes; p. 473, dix strophes.

Hupunt byrr : Dafydd Nanmor (*Ceinion*, I, p. 164). Le poème contient soixante vers de même rime de douze syllabes, mais la coupe n'est pas la coupe ordinaire du *hupunt*; le vers ne saurait se résoudre en trois petits vers de quatre syllabes.

Hupunt hir : Lewis Glyn Cothi, p. 41. Strophe de quatre vers de huit syllabes ou de huit vers de quatre ; p. 135-137, strophe de *hupunt* réunie à *cadwyn fyrr;* p. 137, la dernière strophe est du type *hupunt;* Iolo Goch, p. 530-534, série de *hupunt hir*.

Clogyrnach : Guttyn Owain (*Gorch.*, p. 200, huit strophes).

Tawddgyrch cadwynog : Dafydd ab Edmwnd (*Gorch.*, p. 104-107, huit strophes); Guttyn Owain (*ibid.*, p. 189, six strophes); William Llyn (*ibid.*, p. 264); Lewis Glyn Cothi, p. 135-136; 229-230, six strophes ; 475-476.

CYHYDEDD HIR : Deio ab Ieuan Du (*Gorch.*, p. 168, onze strophes); Tudur Aled (*Ceinion*, I, p. 340, joint à *cyhydedd nawbann*); Lewis Glyn Cothi (p. 29-30, huit strophes ; 41, quatre strophes ; 73-74, cinq strophes ; 117, six strophes ; 133-134, sept strophes ; 252, sept strophes ; 255, cinq strophes ; 333-334, dix strophes ; 395, sept strophes ; 493, neuf strophes ; 498, quatre strophes); Iolo Goch (p. 421-423 ; 469-483, deux poèmes de ce type); Dafydd ab Gwilym (p. 349).

Deuxième groupe.

ENGLYN UNODL CRWCCA : Tudur Aled (*Ceinion*, I, p. 347; p. 323, les deux premiers vers sont de huit syllabes); William Llyn (*Gorch.*, p. 259).

TODDAID : Dafydd Nanmor (*Gorch.*, p. 153, dix strophes de quatre vers); Tudur Aled (*Ceinion*, I, p. 338, type *toddaid* avec des vers de neuf syllabes intercalés); Sion Tudur (*ibid.*, II, p. 103-104); Lewis Glyn Cothi (p. 46, 260-261, 294, 424); Dafydd ab Gwilym (p. 8, 324, 331, 335).

GWAWDODYN BYRR : Dafydd Nanmor (*Gorch.*, p. 150); William Llyn (*ibid.*, p. 273, 278, 288); Dafydd Nanmor (*Ceinion*, I, p. 161); Tudur Aled (*ibid.*, p. 344, 348); Lewis Glyn Cothi (p. 26, 36, 46, 51-52, 60, 66, 87, 89, 97, 105, 114, 118, 125, 165, 192, 243, 312, 388, 441, 471, 493, 500); Iolo Goch (p. 269); Dafydd ab Gwilym (p. 320, 330).

Cette mesure est très usitée. Je relève pour le même poème, chez Dafydd Nanmor, *douze strophes* sur ce modèle ; chez William Llyn, treize strophes ; Lewis Glyn Cothi, douze strophes (p. 34-36) ; huit strophes (p. 51-54) ; cinq strophes (p. 56) ; neuf strophes (p. 60-61) ; quatre strophes (p. 66-67) ; douze strophes (p. 87-88) ; treize strophes (p. 104-106) ; douze strophes (p. 113-115) ; dix strophes (p. 118-120) ; onze strophes (p. 124-125) ; douze strophes (p. 163-166) ; huit strophes (p. 191-193) ; onze strophes (p. 242-244) ; quinze strophes (p. 385-388) ; douze strophes (p. 441-443) ; dix strophes (p. 470-472) ; neuf strophes (p. 499-500) ; Dafydd ab Gwilym, douze strophes (p. 330-331) ; Iolo Goch (p. 264-271).

GWAWDODYN HIR : Dafydd ab Edmwnd (*Gorch.*, p. 107) ; Deio ab Ieuan (*ibid.*, p. 172) ; William Llyn (*ibid.*, p. 264, 273, 278) ; Dafydd Nanmor (*Ceinion*, p. 161, la strophe a *onze* vers) ; Tudur Aled (*ibid.*, I, p. 339) ; Sion Tudur (*ibid.*, II, p. 211) ; Lewis Glyn Cothi (p. 48, 76, 172-173, 312-313) ; Iolo Goch (p. 274).

Cette strophe est très employée dans le même poème : Dafydd ab Edmwnd l'emploie huit fois ; Deio, six fois ; William Llyn, cinq fois ; Tudur Aled, vingt et une fois ; Lewis Glyn Cothi, dix fois.

BYRR A THODDAID : Lewis Glyn Cothi (p. 324).

Hir a thoddaid : Dafydd ab Edmwnd (*Gorch.*, p. 119); William Llyn (*ibid.*, p. 268, 273); Tudur Aled (*Ceinion*, I, p. 348); Sion Tudur (*ibid.*, II, p. 210); Lewis Glyn Cothi (p. 25, 46, 51, 339, 424, 454.

Troisième groupe.

Englyn unodl cyrch : Iolo Goch (p. 535-538) a bon nombre de strophes souvent altérées de ce type, mais il n'y a pas de *cynghanedd;* c'est un type, en effet, qui figure parmi les strophes dites *libres* (cf. Rhys Prichard, ap. Prys, *Hanes*, p. 337).

Awdl gywydd ou *cywydd odliaidd :* Tudur Aled (*Ceinion*, p. 339, vers de neuf syllabes construits sur ce type); Rhys Nanmor (ap. Prys, *Hanes*, p. 198, distiques de vers de neuf syllabes, de ce type). V. plus haut, *Trybedd y myneich*, p. 87.

Les systèmes *gorchest y beirdd, cywydd llosgyrniog, cyrch a chwtta* ne se retrouvent que dans les poèmes qui ne sont autre chose que des exercices sur les vingt-quatre *mesur* (Gwilym Tew, Lewis Morganwg, Simwnt Fychan ; cf. William Llyn, *Gorch.*, p. 258-264).

§ 2. — *Systèmes modifiés chez les poètes.*

I. — Le genre *prost cyfnewidiog* (syllabe finale du vers présentant mêmes consonnes finales et voyelle différente) est appliqué à diverses strophes

(v. d'ailleurs plus haut, p. 145). D'abord la strophe de vers de sept syllabes se trouve composée parfois de six vers (Lewis Glyn Cothi, p. 132-133, 171, 182); Dafydd ab Edmwnd (*Gorch.*, p. 119):

1° Strophe de huit vers, le premier de dix syllabes et les autres de sept (Lewis Glyn Cothi, p. 135):

> Be byw yn Neheubarth heddiw arthur
> Val y bu, a'r llu llawer,
> Ev a alwai ei vilwyr
> Yn blaid i vab Elidir,
> A'i blaid ev yn Ninevwr,
> Ill dau a gais gwyllt a gwar.

2° *Cyhydedd nawbann* (Lewis Glyn Cothi, p. 61-62; cf. p. 68):

> Ei adar a'i wyr o vewn y drin
> A oresgynodd â'i ros gwynion;
> A'i lew yn aros wrth bob rhosyn
> A'i wyr a'i vilwyr a oedd viliwn.

Les deux strophes de ce type se terminent en -*wn*.

3° *Hir a thoddaid* (Lewis Glyn Cothi, p. 425):

> Maelgwn wyd, Rufydd, mab Gwên ner Drifwys,
> Avarwy, Lawnslod, pan vu briodas;
> O gydwydd rwyddlawn a gadwodd ryddlys;
> Syr Gai ab Ivan sy â'r gwayw Bevus,
> Syr Grufydd, voch Nudd, vaich yn oes — dy dad
> Sy ar ein dwywlad, syr Aron dilys.

II. — Le *cywydd deuair hirion*, dont les vers riment par couples, se présente quelquefois avec une série de vers de même rime (Tudur Aled, *Ceinion*, I, p. 347) :

> Glin aurfraisg, galon irfrau,
> Gwna fwrw'n Iarll a'r gwaew'n frau ;
> Gwres o'i frig a roes y frau,
> Gwn tân ar Gent o'i enau.

Sion Tudur (*ibid.*, II, p. 104) a des strophes de dix vers de sept syllabes, mais ce sont des parodies des *englynion y misoedd*).

III. — Genre *toddaid* :
1° Une strophe du type *gwawdodyn byrr* avec une différence : tous les vers sont de huit syllabes, même celui qui contient le *toddaid* (Lewis Glyn Cothi, p. 288) :

> Am ein balchedd yma'n bylch**wyd** ;
> Am ein dewredd yma'n diri**wyd** (1),
> Am vyd i gyd gwad**wyd** — vy llais
> Ym mro Ddwylais y'm arddel**wyd**.

2° Un distique du genre *toddaid* (dix et neuf syllabes) suivi d'une strophe de *gwawdodyn hir* (Tudur Aled, *Ceinion*, I, p. 339) :

> Y'mherigl yr wyf g'm hiraeth — bob awr ;

---
(1) Scandez *dirwyd* en deux syllabes.

Yr af ar f'clawr o'i farwolaeth ;
Mae'r fynwes im ar fon y saeth,
Heb fy stôr wyliau, heb feistrolaeth,
Heb allu dros hyn, heb well dros waeth,
Heb windai mawrdrai mordraeth — longlwythau
Heb amyl ffrwythau, heb fwythau, heb faeth.

IV. — Genre *cywydd odliaidd* :

Un poème de Rhys Nanmor (Prys, *Hanes*, p. 198) est composé de *distiques* du type *awdl gywydd* ou *cywydd odliaidd*, mais les vers sont de neuf syllabes : il ressemble aux deux exemples de *trybedd y meneich* (v. plus haut, p. 87-88) :

Cynin a'i weision, Cynan, Assaf
Cawrdaf, car Eudaf, fab Carïadog,
Collen, llaw Elien a Llywelyn,
Cynwyd, Cynfelyn, Cedwyh, Cadog.

La strophe *byrr a thoddaid* complète est parfois suivie de strophes du même genre, mais n'ayant pas le premier distique du genre *englyn unodl union* (v. plus haut, p. 101). Ces strophes sont reliées à la première par la rime dominante (Lewis Glyn Cothi, p. 324-325).

V. — Une strophe de quatre vers de dix syllabes chez Lewis Glyn Cothi (p. 118-119) ne rentre directement dans aucun des genres décrits. Tous les vers ont la même rime à la finale et à la cinquième syllabe. On pourrait couper la strophe en huit vers de cinq syllabes de même rime :

Ym Mon Benmyn**ydd** | hevyd val had **vydd**,
O odlau odl**ydd** | ddwyvil i Ddafydd ;
Rhiv gwellt yr ellt**ydd** | a'r gwawn o'r gweun**ydd** ;
Rhiv gwiith rhos, a gwl**ydd** | oedd ei ovn Ddav**ydd**.

VI. — Tout un poème, chez Dafydd Nanmor, est en vers de douze syllabes (*Ceinion*, I, p. 164) qui ne peuvent, comme pour le *hupunt byrr*, se diviser en trois petits vers. La coupe est fort différente de celle du vers *hupunt* de douze syllabes qui est, lui, toujours divisé en trois membres de quatre syllabes. Celui-ci a la coupe presque toujours à la sixième syllabe. Il a la *cynghanedd* par allitération, en général, fort rigoureuse :

Ni bu lewach **c**alon, | **n**i **b**u lai aw**ch c**ilud.

§ 3. — *Systèmes combinés dans la même strophe.*

1° GWAWDODYN BYRR et HIR (Dafydd Nanmor, *Ceinion*, I, p. 162). Série de strophes du même type de quatre, six vers et plus, unies par la même rime. Le premier *gair toddaid* paraît au dixième vers. Ce système est fort usité.

2° *Pennill* de *cywydd deuair hirion* joint à *englyn unodl unsain* (Tudur Aled, *Ceinion*, I,

p. 338) et soudé par la reprise à l'*englyn* du dernier membre du *cywydd* :

CYWYDD. { Darfu'n diarfu, Deo irfyw !
{ Darfu am barch dra fo'm byw ;

ENGLYN. { Dra fo'm byw, deryw | dwyrain — a gogledd
{ Diryfedd hyd Rhufain ;
{ Doe'n dirwywyd yn druain,
{ Dinbech drist dan y baich drain.

3° CYHYDEDD NAWBANN suivi de *cyhydedd hir*, avec cette particularité qu'un des petits vers a quatre syllabes. La strophe se termine par un vers de neuf pieds ayant la même rime que les grands vers (Tudur Aled, *Ceinion*, I, p. 339) :

9 Gwae eigion y'mron i merwined !
9 Gandryll o waeddi gan dra lludded ;
9 O'm dwyais heddiw y'm diswydded,
9 Anodd ym aros yn ddiymwared,
5   Yn ddiddawn ddiddym,
4   Heb rodd heb rym
9 Heb addwyn feistr ym | heb dda'n fystred :
9 Mawr ydd wy'n wylo, Merddin Aled !

4° CYHYDEDD HIR et CYHYDEDD NAWBANN (Tudur Aled, *Ceinion*, I, p. 340) :

Nid cwyn, cwyn canwr,
Nid byd, byd heb wr,
Wrth gwyn goncwerwr wythgan caered :
O bwy cawn lunio neb cyn laned ?
O bwy cawn ddethol neb cyn ddoethed.

Nag un o'r sessiwn cyn rasused,
Nag un ar elyn cyn wroled?

5° Distique de TODDAID avec une strophe de *cyhydedd nawbann* suivie d'un *pennill* de CYHYDEDD HIR (Tudur Aled, *Ceinion*, I, p. 339) :

Cywir Esyllt gynt, | Crused — Siwsan
Er cwyn i Drystan, wraig can dristed,
Rhoi elusenau yw rheol Sioned,
Rhoi gynau gwynion rhag ein gwaned ;
Rhoi cyn y ddwyawr, rhai can ddued,
Rhoi cwyr a menig, rhoi cri o'i myned ;
   Rhoi cwyn, rhai a'i cant,
   Araith oer a thant
A wnant, methasant | o'i mwythused.

Les poètes aiment à unir les strophes différentes par la rime, tout en leur laissant leur indépendance. C'est ainsi que chez Lewis Glyn Cothi on trouve unies par la rime dominante -*aidd* : *englyn unodl union* (deux strophes) et *cyhydedd nawbann* (quinze strophes), p. 237-238 ; *cyhydedd nawbann* et *gwawdodyn byrr*, p. 98-99 ; on trouve aussi fréquemment, dans le même poème, des séries de la même strophe ayant la même rime. C'est ainsi que dans un poème de Lewis Glyn Cothi (p. 11) douze strophes de *cyhydedd nawbann* ont la rime dominante -*el*.

CHAPITRE II.

LA CYNGHANEDD.

§ 1ᵉʳ. — *Remarques générales.*

L'étude des poètes montre que les classifications de la *cynghanedd*, les règles qui régissent chacune d'elles, en exceptant quelques subtilités et complications enfantines, sont fondées sur une connaissance approfondie de la littérature poétique des quinzième-seizième siècles.

La *cynghanedd* vocalique, en exceptant la rime finale, est la moins usitée de beaucoup. Lorsqu'il y a deux rimes internes, le troisième membre est toujours relié par l'allitération au deuxième. La *cynghanedd lusg* est d'un emploi assez fréquent; la syllabe qui précède la voyelle de la rime finale rime avec une syllabe finale précédente du même vers : c'est dans les vers où se montre cette *cynghanedd* que l'allitération fait totalement défaut ou se montre le moins.

Sur la coupe ou les coupes des vers à *cyngha-*

nedd vocalique, les observations que j'ai données plus haut (p. 55-56) reposent plus sur une observation personnelle des auteurs que sur les affirmations des grammairiens : je me contente d'y renvoyer.

La *cynghanedd* par *allitération*, comme nous l'avons vu, divise toujours le vers en deux membres. Là où on a la *cynghanedd draws*, la consonne qui précède la voyelle de la rime finale allitère avec la consonne initiale du vers, s'il n'y en a pas d'autre dans les deux membres à allitérer (*h, n* et même *m*, à l'initiale, peuvent *se perdre*).

§ 2. — *La rime*.

La rime, comme nous l'avons vu, comprend l'accord parfait de deux syllabes en ce qui concerne la voyelle ou la diphtongue de la syllabe et la consonne ou les consonnes qui la suivent : c'est la syllabe qui rime.

Il semble qu'aux quinzième-seizième siècles, la quantité ait dû avoir assez peu d'effet sur le timbre de la voyelle, moins qu'aujourd'hui; autrement, on serait obligé d'admettre que les poètes faisaient rimer des voyelles de timbre différent, ce qui est inadmissible dans une poésie fondée sur une si subtile analyse des sons. C'est ainsi que nous voyons rimer :

porthor : dôr (Daf. ab. Gw., p. 50).

nôs : diddos (Daf. ab Edm., *Gorch.*, p. 111).
gwyddoch : coch (Ieuan Du, *Gorch.*, p. 163).
môr : elor (Hywel ab Rhesnallt, *Gorch.*, p. 185) (1).

O sortant de *ā* long vieux celtique et *ŏ* original avaient le même timbre :

darfod : tafod (et *tafawd*) (Daf. ab Gw., *Gorch.*, p. 69).
gwirion : ysgyrion (Daf. ab Edm., *Gorch.*, p. 110).
Einion (Einiawn) : fonn (Ieuan Deulwyn, *ibid.*, p. 130).
cardod : bod (Daf. Nanmor, *Gorch.*, p. 151).
union : fronn (Howel ap. Rheinallt, *Gorch.*, p. 167).
mor : elor (elawr) (Deio ab Ieuan Du, *ibid.*, p. 185).

Aw et *o*, en polysyllabe, sorties de *ā* celtique, riment ensemble.

Il semble aussi qu'il y ait eu fort peu de différence entre *au* et *eu* :

nacau : gwleddeu (Lewis Glyn Cothi, p. 80).
fawrhau : finneu (Daf. ab Edm., *Gorch.*, p. 131).

Gwleddeu et *finneu* ont été rajeunis par les éditeurs en *gwleddau* et *finnau*.

Bon nombre de rimes présentent des irrégularités qui ne sont qu'apparentes et qu'explique la prononciation du temps. Il ne faut pas oublier que l'orthographe des auteurs souvent n'a pas été respectée par les éditeurs.

(1) J. Rhys, *Lectures*, p. 128, s'est posé la question de la valeur de la voyelle suivie de spirante et de la rime *och* et *coch* dans Dafydd ab Gwilym.

1° -*Yw*, -*uw* -*iw* riment ensemble :

ydyw : ffriw (Daf. ab Gw., *Gorch.*, p. 46).
heddyw : rhiw (*Id.*, *ibid.*, p. 55).
heddyw : wiw (*Id.*, *ibid.*, p. 68).
goreudduw : byw (Iolo Goch, *ibid.*, p. 71).
gwiw : ydyw (Iolo Goch, *Gorch.*, p. 78).
wiw : heddyw (Daf. Nanmor, *Gorch.*, p. 148).
clyw : diluw (*Id.*, *ibid.*, p. 153).
Heddyw : lliw (Ieuan Du, *Gorch.*, p. 164).
ffriw : ydyw (Deio ab Ieuan Du, *ibid.*, p. 186).
ydyw : lliw (*Id.*, *ibid.*, p. 186).
lliw : ydyw (Guttyn Owain, *Gorch.*, p. 193).
briw : ydyw (*Id. ibid.*, p. 206).
ydyw : ffriw (Tudur Aled, *Gorch.*, p. 235).
Duw : byw (William Lllyn, *Gorch.*, p. 280).
liw : heddiw (*sic*) (Lewis Glyn Cothi, p. 84).

2° Y final ou en syllabe finale rime avec *i*.

menyg : pendefig (Daf. ab Gw., *Gorch.*, p. 42).
dig : tremmyg (Rhys Goch, *Gorch.*, p. 88).
selsig : tremmig = tremmyg (*Id.*, *ibid.*, p. 97).
lurig : diblyg (Gruff. Hiraethog, *Gorch.*, p. 100).
dig : tebyg (Ieuan Deulwyn, *Gorch.*, p. 133).
diwyg : cig (*Id.*, *ibid.*, p. 138).
gorllewin : dyn (Ieuan Du, *Gorch.*, p. 162).
henwir : ufernwyr (Lewis Glyn Cothi, p. 26).
menyg : coedwig (*Id.*, p. 38).
gwig : annhebyg (*Id.*, p. 32).
cegin : dilyn (Lewis Gl. Cothi, p. 63).
caerfyrddin : Prydyn (*Id.*, p. 63).
llid : y gyd (*Id.*, p. 166).
gwenwyn : gerwin (*Id.*, p. 180).

Chez le même poète *ni* (nota augens) rime (p. 139) avec cydwel*y*, et *i* (f*i*) (p. 374) avec goleun*i*. Nous savons par l'orthographe de poèmes plus anciens (par exemple le *Black Book*) que l'*i* du pronom renforçant était fort atténuée. Sur cette prononciation de *y* en syllabe finale dans les polysyllabes, voir p. 26.

3° *U* rimant avec *y* :

ufudd : gwydd (Daf. ab Gw., *Gorch.*, p. 35).
y foru (y fory) : du (*Id., ibid.*, p. 49).
cudd : Dofydd (Iolo Goch, *Gorch.*, p. 72).
ufudd : hydd (*Id., ibid.*, p. 73).
dyn : lun (Rhys Goch, *ibid.*, p. 96).
ystyn : un (Daf. ab Edm., *ibid.*, p. 115).
dyn : fun (*Id., ibid.*, p. 120).
ty : rydu (Guttyn Owain (*Gorch.*, p. 198).
un : iddyn (Tudur Aled, *Gorch.*, p. 237).
un : creuddyn (*Id., ibid.*, p. 245).
hyll : dull (Lewis Glyn Cothi, p. 281).

Comment concilier ces faits avec l'assertion de J.-D. Rhys, que *ü* et *y* étaient des sons différents ? Il est impossible de voir dans les exceptions qui précèdent des faits dialectaux ; si certains auteurs, comme Lewis Glyn Cothi, sont du Sud, d'autres, comme Dafydd ab Edmwnd et Tudur Aled, sont du Nord. Si on rapproche ce que nous avons dit de la rime de voyelles longues avec voyelles brèves et que, d'autre part, on sait que dans le genre *prost cyfnewidiog*, c'est-à-dire le genre où la syllabe finale du vers a une voyelle différente, les poètes des quinzième-seizième siècles opposent *y* à *u*, une conclusion s'impose : c'est qu'il existait très réellement une différence perceptible de prononciation entre *u* et *y*, mais que leur timbre était *suffisamment* à peu près le même, surtout quand *y* était en monosyllabe ou en syllabe finale dans les polysyllabes.

Exemples de voyelles *différentes* en *prost cyfnewidiog* :

daethum : dim : ym (Daf. ab Edm., *Gorch.*, p. 103).
Rys : weddus (*Id., ibid.*, p. 103).
yw : liw (*Id., ibid.*, p. 120).
drud : lid : byd (Sion Tudur, *Ceinion*, II, p. 103).
ysgud : byd (Lew. Gl. Cothi, p. 260).
Merddyn (écrit Merddin) = hun (Lewis Gl. Cothi, p. 132).

Pour les diphtongues, en général les diphtongues propres ou vraies diphtongues ne riment qu'avec elles-mêmes, au moins dans les monosyllabes. Cette loi, combinée avec celle de l'accent, dans le système du *cywydd*, a eu un effet curieux : c'est de multiplier, pour répondre par un polysyllabe au monosyllabe terminant le vers, les composés ayant pour second élément le monosyllabe lui-même. De là, le très grand nombre de *ydwyd* répondant à *wyd*; *ydoedd* répondant à *oedd*; *ydyw* à *yw*; *ydynt* à *ynt* (1). L'accent, au moins oratoire, était probablement sur *ýd-*.

---

(1) *Gorchest.*, p. 115, 210, 219, 214-216, 223-224, etc. Le souci de

Il y a quelques dérogations à la loi des diphtongues propres. Chez Lewis Glyn Cothi, p. 121, g*w*ydd rime avec new*y*dd; rhw*y*dd avec rh*y*dd; cr*w*yn avec Ben*w*ynn. (Pour la diphtongue dans les polysyllabes, v. plus haut, p. 38.)

Pour la syllabe, il y a une loi qui interdit de faire rimer la *lourde* (syllabe à voyelle suivie de consonne redoublée) avec la *légère* (syllabe où la voyelle n'est suivie que d'une consonne). Cette loi est fortement atténuée par le fait que, dans la dérivation ou la composition, la *lourde* perd de son poids et peut rimer avec la *légère : hên* peut rimer avec *mein-wen* (*gwenn*). Sans cette restriction, fondée sur une observation très juste, la règle qui veut que, dans le *cywydd deuair hirion* ou *fyrrion*, l'accent sur le mot final soit, dans un vers, sur la dernière et dans l'autre sur la pénultième, serait impossible à appliquer. Elle n'est pas toujours appliquée, même dans les monosyllabes :

Ar **dorr** merch y cor y cân.

§ 3. — *L'allitération.*

Les consonnes allitèrent suivant leur nature, leur mode, et leur lieu d'articulation. La sourde

---

faire rimer les diphtongues impropres avec elles-mêmes ou avec des mots à voyelle simple identique a eu des effets analogues : cf. *gweirwellt* et *gwellt*; *gorwyllt* et *gwyllt*.

ne peut allitérer qu'avec la sourde ; la sonore, avec la sonore. L'explosive allitère avec l'explosive ; la la spirante avec la spirante ; *l* avec *l* ; *r* avec *r* (1). L'explosive labiale n'allitère qu'avec la labiale dure. Un seul point peut paraître douteux : l'explosive sourde peut-elle allitérer avec l'explosive sonore homorgane? *B* peut-il allitérer avec *p* ; *d* avec *t* ; *g* avec *c*?

L'orthographe ne peut nous apporter sur ce point aucune lumière. Une des principales préoccupations, en moyen-gallois, a été de différencier, dans l'orthographe, l'explosive de la spirante dentale. En général, dans la prose et dans la poésie des treizième-quinzième siècles (les éditeurs ont tout modifié) l'explosive dentale est écrite *t*, la spirante, *d*. Les autres explosives sont aussi exprimées par la sourde : *c*, *p* (plus de variations pour *p*). Outre l'analogie de *t*, il y a d'autres raisons : il est incontestable que dans les syllabes à voyelle brève (voyelle suivie de deux consonnes ou de consonnes redoublées ou voyelles en syllabe non accentuée), l'explosive finale a une tendance à se rapprocher de la sourde. Elle ne paraît pas cependant y arriver, comme cela se produit en breton : bas-vannetais *béd*, monde ; *é bet*, au monde ; *mâd*, bon ; *den mat*, homme bon. Si l'explosive, dans cette situation, était arrivée net-

---

(1) Quelques exceptions pour *mh*, qui allitère avec *m*, et *rh* qui allitère quelquefois avec *r*.

tement à la sourde, il est sûr que les poètes se fussent gardés, en général, de la faire allitérer avec la sonore.

Il y a d'ailleurs, en dehors de toute supposition, des preuves claires que les poètes ne faisaient pas allitérer la sourde et la sonore homorgane.

D suivi de *h*, c'est-à-dire *t*, ou au moins *d* assourdi, n'allitère pas avec *d*, mais avec *t*, ou avec *d* × *h* :

Ni allwn fod hebot ti (Daf. ab Gwil., p. 3).

Prononcez *fot ebot*.

Enw tefyrn ynad hoyw foes (*Id.*, p. 4).
Weled hoyww gymyred hardd (*Id.*, p. 6).
Och Dduw tad! na chuddwyd hwn (*Id.*, p. 10).

Il en est de même des autres explosives :

Goludog hebog hybarch (1) (*Id.*, p. 3).

Le scrupule est poussé très loin dans cette voie : deux explosives sonores, l'une à la finale, l'autre à l'initiale, ou une explosive sonore suivie d'une sourde dans les mêmes conditions équivalent, en gallois comme en breton, à une explosive

---

(1) Prononcez *goludoc eboc ybarch*.

sourde. Dans ce cas, ce groupe allitère avec une explosive sourde :

> Telais ym fragawd du loyw (Daf. ab Gwil., p. 1).
> Hyd dwyraff o het (1) euraid (*Id.*, p. 9).
> Mwyalchod teg yn mylch ton (*Id.*, p. 10).
> Amrant du ar femrwn teg (*Id.*, p. 10).
> Ond da fardd Glann Teifi wenn (Tudur Aled, *Gorch.*, p. 251).
> O caf finau rhag gofal (Daf. ab Gwil., p. 14).

L'explosive sonore finale plus *r* sourd (rh) équivaut à *tr* :

> Car trugaih cariad rhagor (Daf. ab Gwil., p. 14).
> Pob rhyw adar purpuredig (Lewis Gl. Cothi, p. 256).

Pour les spirantes, les résultats sont analogues : *th* final suivi de *dd* initial allitère avec *th* (2) :

> Ni'th ddeil swyddog na theulu (Daf. ab Gwilym, p. 92).

Pour les spirantes, v. page 28.

L'explosive finale d'un mot polysyllabique allitère, en revanche, régulièrement avec une explosive homorgane dans l'intérieur du mot et dans une situation où cette dernière doit être sonore :

> Ys gwae fy wyneb hebddi (Daf. ab Gwil., p. 60).

---

(1) *Het*, anglais *hat*, se prononce nettement avec voyelle brève et dentale sourde.

(2) *Dd* final + *dd* initial équivalent à *dd* :

> Gwr rhwydd gwnaeth gwryw rhudd ddellt.
> (Iolo Goch.)

On peut donc conclure avec certitude, d'un côté, que même en syllabe finale non accentuée, l'explosive n'était pas complètement sourde, et d'un autre que les poètes gallois ne font pas allitérer l'explosive sourde avec l'explosive sonore, même homorgane.

CHAPITRE III.

EXEMPLES DE CYNGHANEDD ET DES DIFFÉRENTS SYSTÈMES CHEZ LES AUTEURS DES XVe-XVIe SIÈCLES.

Comme résumé et illustration de tout ce qui précède, je donne ici des exemples des différents systèmes chez les poètes de l'époque qui nous occupe. Quand le vers a la *cynghanedd sain rywiog* ou vocalique propre, les rimes et l'allitération du dernier membre sont indiquées par des caractères gras. Pour la *cynghanedd lusg*, dont l'essence est dans la rime de la pénultième du mot final du vers avec la finale du premier hémistiche, l'attention est appelée sur les deux rimes par les mêmes caractères : s'il n'y a pas de consonnes en caractères gras, c'est qu'il n'y a pas d'allitération. Dans les vers à *cynghanedd* par allitération (*cynghanedd groes* ou *draws*), les consonnes allitérantes des deux membres sont toutes en caractères gras. La rime finale n'est ainsi notée que dans certains systèmes dont elle constitue l'originalité. La ponctuation a été souvent modifiée ; pour Iolo Goch, j'ai aussi introduit dans le texte certaines variantes.

Les exemples de *cywydd deuair hirion* ont été multipliés parce que c'est le genre le plus familier aux poètes de cette époque et celui où les caractères essentiels de la métrique galloise apparaissent le plus nettement.

I

CYWYDD DEUAIR HIRION.

Fin du XIV° siècle : Dafydd ab Gwylim, p. 91 (1).

Cywydd i'r Gwynt (*cywydd* au vent).

Yr wybrwynt, helynt hylaw,
Agwrdd drwst a gerdda draw,
Gwr oerias wyd, garw ei sain,
Drud byd heb droed heb adain.
Uthr yw mor aruthr i'th roed
O bantri, wybr heb untroed
A buaned y rhedy
Yr awr hon dros y fron fry.

---

(1) Ce poète est le plus brillant du moyen âge gallois, et peut-être le plus remarquable de l'Europe entière, à cette époque, par la variété et la fantaisie de l'imagination, le pittoresque de l'expression et l'éclat des images. Il est regrettable qu'il n'existe aucune bonne édition de ses œuvres. S'il est de la fin du quatorzième siècle, il appartient à l'école qui a codifié la métrique, sans tomber dans les puérilités et les enfantillages qui l'ont gâtée.

Dywaid im, diwyd emyn,
Dy hynt ogleddwynt y glyn.
Och wr dos o Uwch Acron
Yn glaer deg yn eglur don,
Ac erof fi nac eiriach,
Nag ofna er y Bwa Bach.
Cyhudd gwyn, wenwyn weini,
Caeth yw'r wlad a'i maeth i mi.
Noethid twyn, cyd nithid dail,
Ni'th dditia neb ni'th atail,
Na llu rhagl na llaw rhaglaw,
Na llafn glas na llif na gwlaw.
Ni'th ladd mab mam o amhwyll,
Ni'th lysg tan, ni'th lesga twyll,
Ni boddi ni'th rybuddiwyd (1);
Nid âi yn glyn, diongl wyd.
Nid rhaid march buan danad
Neu bont ar aber na bad.
Ni'th ddeil swyddog na theulu
I'th ddydd, nithwydd blaenwydd blu.
Ni'th wyl drem i'th wal dramawr;
E'th glyw mil, nyth y gwlaw mawr,
Rhad Duw wyd ar hyd daear,
Rhuad blin doriad blaen dar,
Neitiwr wybr, natur ebrwydd,
Neitiwr gwiw dros naw tir gwydd,
Sych natur, creadur uraff,
Serenawg wybr siwrnai gobraff,
Seuthydd ar foreuddydd fry,
Seithug eisingrug son gry (2);

---

(1) Lisez *rybuddwyd*.

(2) Pour *son-gryf* : f final n'était plus prononcé à la finale dans bien des cas, ou au moins pouvait ne pas l'être. Les deux prononciations, la littéraire et la populaire existaient.

Sacr dryghin yn **min** y **mor** (1),
Drythyll fab ar **draethell** for
Hyawdl leidr **hudol** ydwyd,
Hauwr, dyludwr deil wyd !
Hoywddwr breiniwr, hyrddiwr bryn,
Hwyl brenwyllt heli **bronwyn**,
Hydoedd y bydd a **hedy** ;
Hin y fron, bydd **heno** fry.
Gwae fi, pan roddais i serch
Gobrudd ar **Forfudd** f'eurferch,
Rhiain a'm gwnaeth yn gaethwlad !
Rhed fry **rhod** a **thy** ei **thad** (2),
Cur y ddor, par agori
Cyn y dydd i'm cenad i.
A chais ffordd ati, o chaid,
A chân lais fy uchenaid.
Dywaid o'r sugnau **diwael**,
Dywaid hyn i'm **diwyd** hael :
Er hyd yn y **byd** y **bwyf**,
Carodyn cywir ydwyf ;
Ys gwae fy wyneb hebddi,
Os **gwir** nad ang**hywir** hi.
Dos fry tua gwely Gwen,
Dos obry, dewis wybren,
Dos at Forfudd felen lwyd (3),
Debre'n iach, da wybren wyd.

(1) Prononcez *y min y mor*.
(2) Ici le vers est coupé en deux membres qui allitèrent séparément.
(3) Ici la *cynghanedd* serait irrégulière, d'après le Code du seizième siècle ; en effet, la consonne avant la rime n'a pas de *répondante* dans le premier membre.

EXEMPLES DE CYNGHANEDD.

IoLo Goch (Cywydd à Owen Glyndwr quand il disparut, vers 1404, p. 210. Cf. *Gorchest.*, p. 81).

Y Gwr hir ni'th gar Harri,
Adfyd aeth : a wyd fyw di?
Ag od wyd, a gwayw o dan
Dyred, **d**angos **d**y **d**arian ;
O wlad, garw aergad eurgylch,
Rufain dwg cirf yn dy gylch ;
Dwg feddiant Pedr sant dan sel
Drwy iawnswy**dd** **D**uw a'r insel.
Dyred o wlad y **D**wyrain,
Darw mawr, a bwrw **d**yrau main.
Rhwydd i daw **rh**eiddiau o dan
Rhagod ; pawb a'th an**rh**egan.
Dos, eryr glwys, **d**os o'r glyn,
Iarll owchlaif, i dir Llychlyn,
Y gwr a ddwg, arwydd iach (1),
Yn ei darian bedeir ach
Tri llew glas fal yr asur,
Trwy **w**yllt dan a'r tair **rh**wyll **d**ur (2).
Rhown ni ar y paun diwarth (3),
Rhowch rwyf ar yr hwch a'r arth.
Llyna'r tair bwyall unyd,
Lle mae'r gwaith, llu mawr i gyd.
Gollwng yn gynta gellych
Saith long a **s**aith gan llong gwych.

(1) Le *g* de *ddwg* est *dauwynebog* (à deux visages) : il termine le mot de la coupe et commence métriquement le second membre.
(2) Prononcez *wyllt tan* et *rhwyll tur*.
(3) *Cynghanedd* fautive ; texte pas sûr ; il y a une variante *rif* au lieu de *ni*.

Dyred wrth ddamuned Mon
O'r North hyd yn Iwerddon (1).
Rhaid yw i ti, rho Duw tad,
Gael Owtils a'u galw attad.
Cyfod glod o'r Galiod glan
Cawn glywed cyn gwyl Ieuan.
Dyro fflam, bennadur fflwch,
Draw'n Nulun drwy anialwch.
Gwna lynges gain o longwyr
O gynfyl Gwyddyl a'u gwyr.
Tyred wr a draeturwyd
O Fanaw dir : f'enaid wyd.
Gorau arwydd gan Wyddyl
Melyn a choch ymlaen chwyl.
Urdda bensel Llywelyn,
Arddel hwy a'r ddeuliw hyn.
Galw gar bron, gwae Loegr o'r brad,
Lu Brytaen a'i lwybr attad.
Dyre i'n gwlad, dur iawn gledd,
Deyrnaswr drwy ynysedd ;
Cynneu dan cyn oed unawr ;
I oror Mon, eryr mawr ;
Cur gestyll, caerau gystudd,
Cwncwer walau cwn Caerludd ;
Cur a lladd y wadd a'i wyr,
Cyrn aur Mon, cur Normanwyr.
Dir y gwnai, darogan oedd,
Fyd teilwng o fatteloedd.
Gwna frwydr a gwaith ar grwydr groch,
Aerllew Mon, Ior lle mynnoch.
Gwaith dy law a ddaw yn ddig,
Gwyr meirw a gair ym Merwig.

(1) Certains manuscrits ont *nordd*, ce qui va mieux pour la *cynghanedd*. C'est d'ailleurs le mot anglais.

Gwna drwy'r haf, gwn droi y rhod,
Gymmynu brwydr Gwminod;
Gwna gad, fal torriad deri,
Fochno, a hyn fych na hi;
Gwna'r daith yn rhyd Glyn Iaithon,
Gwyr lawer, a Maner Mon;
Gwna naw cad yn daladwy,
Yn un modd, ag aa wna mwy.
Deigr Gadwaladr fendigaid,
Dyred a dwg dir dy daid;
Dyga rann dy gerennydd :
Dwg ni o'n rhwym dygn yn rhydd.

DAFYDD AB EDMWND (*Gorch.*, p. 117).

Bid hyder o'r byd hudol
Blin ei gwrs rhwng blaen ag ôl,
Gwae ni Dduw gann na ddywaid
Gwenn i nêb pa gwyn a wnaid!
Y ddyn fwyn 'oedd ddoe'n f'annerch
Aeth yn fûd weithian y ferch;
A minnau heb law meinwen,
Ar y phordd heb air o'i phenn.
Udo'r wyf, mor fûd yr aeth,
Am y dyn o'i mudanaeth;
Collais o'i phenn bob cellwair,
Canwn gerdd pa cawn un gair;
Gwynedd ni phair ym genau,
Ganu dim os Gwenn a dau
Ni fynn fy nyn ofyn iaith,
Nid ery newid araith;
Cyfarch well, nis cyfarch hi
Caf ferch hawdd cyfarch iddi :
Nôs da yw'ch ferch nis dichon,

Nôs da itt, nis dywaid (1) honn.
Parabl mewn mwnwgl purwyn,
Pa ryw haint sy'n peri hyn?
Iesu nawd os anudon,
Yw llesbâu i allu son?
Àg os dig (2) a'i gostegodd,
A fynn bun ofyn ei bodd.
Mae y nyn a mi'n uniaith,
Ag ni chwyf ei genau chwaith :
Od ydyw yn dawedog.
Is y chwardd eos a chog.
Gwae ni fod y gwŷn a fu,
Gwenn Einion heb gynanu !
O deffry aed (3) i offrwm,
Yr hynn a'i tro o'r haint trwm.
Llun ei genau'n Llann Gynin
Llysiau Mair er lleisio'i min ;
Llûn i Fair fy lleian fwyn,
Lleferydd ei llaw forwynn.
Y ferch nid attebai fi
A ddywaid yn nhy Ddewi ;
Aed i Fynyw bid fwynach,
Ag (4) yno Nonn a'i gwna'n iach.
Gwared a gaffo gwirion,
Gwylio saint y gwelais honn.
Dyro Grist er Duw ar Grôg,
Dy fudes yn dafodiog
I summud ferch os mûd fydd,
Yn ddifud wenn i Ddafydd.

(1) Texte *i ti : t'* est en rapport exact avec *t = dh, dywaid honn*.
(2) Prononcez *os tig*.
(3) D de *aed* est *Dauwynebog*.
(4) Ecrit *ac*.

Gorch., p. 147. DAFYDD NANMOR (â Rhys o'r Tywyn).

Rhys orau 'nhir Is Aeron,
Ar ei fwrdd o Ddofr i Fon;
Gorau perchen a'r wên wiw
Ty o Adda hyd (1) heddyw :
Ty fal ysbytty Ieuan,
Fu ei dai o fwyd i wann ;
I'r tai ynghwrr y tywyn,
Fo a ddaw sy fyw o ddyn :
Pair rannu er nas prynan
Bwyd i'r byd o bedwar bann ;
Fe borthai yn ei dai da,
Wledd Rys luoedd yr Asia ;
Yn hon y dichon yn hawdd,
Badrieirch bod ar wahawdd
Fe a borthes yr Iesu
A llai o wledd ei holl lu.
Y wledd a gad yn adail,
Lleon ar wysg llyn a'r ail ;
Arall a wnaeth Caswallawn,
Yn Nhre Ludd, yn reiol iawn,
Ugain mil o fwystfiledd,
Yn farw o las pan fu'r wledd ;
Mwy'r wyl nag yn y ddwylys,
O gig rhost, gann gogau Rhys,
Tryma hyd y mae tremynt,
Tri eu gwaith hyd y try gwynt ;
Pobydd a cherfydd a chog,
A droes iddo'n dri swyddog ;
A'i fwtler yw'r pedwerydd,

(1) Prononcez *t.*

Mwya'i dasg hyd y mae dydd,
Yn dwyn ni bu newid well
Gwin at hwn o gann tunnell,
Od oes heidiau iscl,
Naw cann myrdd yn cywain mel?
Ei ddwyn y mae'r ddwy ynys,
Is law'r allt i seler Rys.
Ar bob allawr yr awran,
Y gwneir còst o'r gwin a'r cann;
Ei fwrdd tâl a ddyfalwyd
Allor fawr llawer o fwyd.
Y Cymmro roddo ar ol,
Aur na bwyd er enw bydol;
Medd Garmon digon a dâl,
A bair Duw heb roi dial.
Pe bai gann mil, yn ddilys
O erydr rhif ar dir Rhys;
A thrichan gwinllan a gwin,
Ag yn malu gann melyn;
Pe bai'r ddaear yn fara,
Neu flas dwr fal osai da
Yn y wledd rhyfedd barhau,
Dwr a daear dri diau!
Pan fo'rtri llu'n dygnùaw,
Ar drom farn olifer draw;
Y telir er nas talwyd
I Rys faint a roes o fwyd

Gorch., p. 249. MARWNAD DAFYDD AB EDMWND (Tudur Aled).

Llaw Dduw a fu'n lladd awen,
Lladd enaid holl ddwned hen;
Saer nid oes eisiau'r un dyn
Ar goed awdl na'r gwawdodyn;

Un nis cân yn îs Conwy,
Wedi myn'd mab Edmwnd mwy.
Bwrw brawdwr y gerddwriaeth
Beth a wyr neb cittr un aeth?
Bwrw Dafydd gelfydd dann gôr,
Bwrw ddoe'n un meistr bardd Nanmor,
Bwrw Deulwyn y brawd olaf,
Blodau cerdd, ba wlad y câf?
Tair awen oedd i'r trywyr
A fai les i fil o wyr;
Gweddw fu'r allt a gwydd y fronn
Gwarchae ustus gorchestion;
Gwael fu wydd, y gelfyddyd,
Gwedi'r gerdd gadair i gyd.
Cri aml sy'n y côr yma,
Cwyno dwyn y canu da;
Cell a dadl, colled ydoedd,
Cyfryw ddyn, cyfarwydd oedd;
Canu oedd well cynn ei ddwyn;
Clymu gwawd cwlm y gadwyn;
Canu fyth y cawn y fo,
Ag iawn oedd ganu iddo.
Gwae fi unig f'awenydd,
O aros awr er y sydd!
F'ewythr o waed, f'athro oedd,
Fynwes gwawd, fy nysg yd oedd;
Mae somm o'i eisiau yma
Methu'r dysg am athro da;
Mi a gollais fy'm gellwair,
A thrach gefn ddieithrwch gair.
Dafydd a wnai'r gerdd dafawd,
Dyrnod gwnn drwy enaid gwawd!
Dwyn diben dewin deubeth,
Da fu'r air nid â i feth.
Doe bwriodd haint y bardd hen,

Dwrn Dëau dyrnod awen;
Dy frawd tad ei frut yd oedd (1),
Iaith gymraeg a'th gymmar oedd;
Ei ddwned oedd o'i enau,
Ag ir oedd frig y gerdd frau
Praffa dadl prophwyd ydoedd;
Penllâd ar bob pennill oedd;
Pe doi orchest ne gwestiwn,
Ple'i rhoir wedi'r piler hwnn?
Pennod myfyrdod am farn
Pe'mrig awdl, pwy mor gadarn?
Adda Frâs oedd ef ar wawd,
Awn i'w godi'n un giwdawd :
Ni bu fyw neb fwy'i awen,
Ond da (2) fardd glann Teifi wenn,
Mab Gwilym heb gywely.
Heb iddo frawd ni bydd fry.
Yn ei fedd awen a fu,
Awen tafod yn tyfu
Dafydd ar gywydd fu'r gwaith,
Ag a ddêl o'r gwydd eilwaith;
Dyn a dyf dann ei dafawd,
Egin gwydd am ganu gwawd;
Impio sbyrs, gwmpas y bedd,
Ar ganghennau'r gynghanedd.
I'r oedd lwyn irddail ynys,
Awen a'i gwraidd, yn ei grys;
Cyhyd ag oedd y coed gynt
O benn adda bann oeddynt.
Athro oedd ef, uthr ei ddull,
Athronddysg athro henddull.
Fe ddarfu'r canu cenym,

(1) D, t = t (dy frawt tâd).
(2) Onta allitère avec (gla)nn Teifi.

Pe aeth y brut fyth heb rym!
Neb ni chan o benn y chwaith.
Wedi 'i farw wawd oferwaith;
Gweddw yw'r gerdd y gwydd a'r gôg,
Gwedi awdur godidog!
Gwnai fydr am gae neu fodrwy,
Ag ni wyl merch a'i gwnel mwy.
Anfoned o nef annerch,
O radau Mair ar wawd merch;
Gwneled Fair o'i gwen wlad fydd
Roi Paradwys i'r prydydd.

LEWIS GLYN COTHI, p. 389. (Aux Saxons de Flint.)

Daethym ddywsul diwethav
(Dyn wyv a luniodd Duw Nav)
I dre ddwbl gaer gwbl gwyrgam,
Y Flint a welwyv yn flam;
Lle'r oedd neithiawr (heb vawr vedd)
Sais aneglur, seisnig wledd.
Ar oddeu cael yr oeddwn
Herwydd creft hoewrodd orwn.
Dechreuais, frystais yn fraeth,
Ganu awdl i'r genedlaeth.
Gwatwaru, llysu vy llais;
Govid yno a gevais.
Hawdd gan borthmyn haidd ac yd
Vaddau vy holl gelvyddyd;
Ac am vyngherdd ychwerddyn'
Parod gan hawl, prid geny' hyn.
Sôn am bys Wiliam Beisir,
Sôn o'r ail am dail i'w dîr;
Galw i'r vainc, gwaelwr a vydd,
O bawb am Wiliam bibydd;
Dyvod o hwn, devawd hawl,

Ger bron, nid val gwr breiniawl,
A chôd lleddv val perveddvaich,
Wrth fôn, rhwng ei vron a'i vraich.
Hyllu, synndynnu, swn dwg;
Rhwth gaul a rhythu golwg;
A throi ei gorf yma a thraw;
A chwyddo'r ddwyvoch eiddaw;
Chwerw voes! chware â'i vysedd.
A chroen glwth i chwervon gwledd :
Yn mysg rhwtian 'mysg rhawter,
Tynu ei glôg val tin y glêr;
Froeniaw bu; frwynaw a'i ben
Ydd yd oedd at ei ddiden.
Ail sud i varcud yw vo,
Abl awydd i bluo (1);
Chwythu o'r cranc, chwith yw'r cri,
Chwyddo'r gôd a chroch weiddi;
Gwaedd hunlle'n lladd gwydd henllom
Gwaedd gast drist greg dan gist grom;
Gerwingest i grio ungerdd
Gwythi ceg yn gwthiaw cerdd.
Llais garan yn llaes gery,
Gwydd o vrat yn gwaeddi vry;
Gavr yw un llais gyvran llôg,
Glwyvus aviachus veichiog.
Gwedi darvod, gwawd oerverch,
Gwichlais hon gochelai serch
Cael fis o Wiliam, cael fa ;
Lardies nid o law wrda ;
Ceiniogau lle'u cynnygian',
Ac weithiau'r dimeiau mân ;
A'm gollwng yn drablwng draw
O'r goegwledd yn wr gwaglaw.

(1) Texte incorrect.

O ddivriv rhov ddïovryd
I Flint gaeth a'i phlant i gyd ;
Ei fwrn vaith val ufern vydd,
A'i phobl seisnig a'i phibydd ;
Vy holl weddi vo'u lladdiant,
Vy melltith i'w phlith a'u phlant ;
Diau ym oes od âv mwy,
Iddi eilwaith na ddelwy'.

WILLIAM LLYN (*Gorch.*, p. 293).

Y bardd bach uwch beirdd y byd,
Och ! nad ydych yn d'wedyd !
Gryffydd braff, graffaidd brophwyd,
Gweddw yw'r iaith : a'i 'mguddio'r wyd ?
Ba dir hwnt o bait y rhawg,
Bwrdd yr iaith, bardd Hiraethawg ;
Dewi'r beirdd, nid o air bost,
Dyblwr iaith, Duw, ble'r aethost ?
Os i ryw daith, drudfaith dro,
Ond hir yr wyd yn tario ?
O Duw deg, od ydwyd iach
Ddiball, p'am na ddoi bellach ?
Os claf brophwyd braf ei bryd,
Claf yw addysg celfyddyd.
Od aethost i le dethol
Y gwawd a'r dysg aed ar d'ôl.
Hiraethog ddoeth, o doeth d'oes,
Hiraethog fydd rhai wythoes !
Ni welais gam o'th dramwy
Er ys mis nag er ys mwy ;
Gelwais arnad gloes oerni,
Och Fair na attebych fi !

Y Marw yn atteb :

Ni ad ty (1) bedd atteb ym'
Am rann iaith marw a wnaethym
Ti a'm gwelaist ym golud,
Ddoe yn faich a heddyw'n fud ;
A'r pwyll, a'r synwyr a'r penn,
A'r cellwair ynghôr collen
A gro'r llawr, is goror llann
Osodwyd, lle bu sidan.

Y byw yn atteb :

Tyred yma, torr d'ammod,
Drwy dorr y clai, daradr clod :
Ymrwymaist fardd, brau hardd-bris
Yr wyl, a'r doctor Elis.
Od ydoedd i'th fryd adael
Y gwr hwn a ddug air hael?
Ond oedd dost diwedd y daith,
Na chanid yn iach unwaith?

Y marw yn atteb :

Nid oedd modd yn y dydd mau
Y dringodd rhyw daer angau ;
Mewn gwarchae'r mann a gyrcho
Eryr gwyllt ar warr gelltydd
Nid ymgel pann ddel ei ddydd ;
A'r pysg sydd ymysg y mor
A ddwg angau'n ddigyngor ;

(1) *Ad ty* : prononcez *at ty*.

Y byd oll be deallwn,
A'r y sydd a erys hwn.
Aristotlus fodrus fu
A'r ddysg oll urddas gallu ;
Tydain ail tâd awen oedd,
Taliesin teulu oesoedd,
Pob un aeth, mae pawb yn wâr
Ar ei ddiwedd i'r ddaear ;
Minnau nid oes ym annedd
O'r byd ond fy byd o'r bedd.

Y byw yn atteb :

F'athro Gryffydd, o'th guddiwyd
Mewn arch oer di'mannerch wyd ;
Gorwedd ir wyd mewn gweryd,
Gryf wraidd benn digrifrwydd byd
Ond irad myn'd i orwedd,
Awen y byd yn un bedd !
Gwiail a gad, tyfiad da,
Yn wydd o enau Adda ;
Doeth fardd, felly daw o'th fedd
Ganghennau'r groes gynghanedd.
Yn iach yn d'ôl, ni chawn di
Ystyriaeth, chwedl na'stori ;
Ni cheir marw, ni char morwyn,
Ni thy fyth gwmpniaeth fwyn
Och, gloi'r fedd iach gelfyddyd !
Och, roi barn ar achau'r byd !
Beth a dyf, byth o dafawd ?
Blino ffrith gwydd, blaen ffrwyth gwawd ;
Bwrw gwingoed, brig awengerdd,
Braenu un cyff brenin cerdd,
A thy dadl fyth od ydyw,
Odid farn am nad wyd fyw.

Ba fyd ar gerdd seinwerdd sydd?
Byd traffol hebod, Ryffydd;
Daearwyd gwawd eur deg wedd,
Ni's daearwyd nes d'orwedd;
Duw a'th ddug ych bon gwych gwâr,
Is y cwmm eisiau cymmar.
Gwnn na bu er Gwion bach
Gau ar synwyr gresynach.
Llai cefaist, lleddaist ni'n llwyr,
Oes a henaint na synwyr.
Crist roes yt einioes ennyd
Crist a'th ddug hardd benn bardd byd;
Crist enw rhawg gras Duw i'n rhaid,
Ceidwad dyn cadwed d'enaid.

II

ENGLYN PROST CYFNEWIDIOG.

DAFYDD AB GWILYM (p. 327).

Gwae fi weled, trwydded drwg,
Neuaddau milwr twr teg,
Annawn oes, un yn ysig,
A'r llall do gwall, yn dy gwag.

Id., page 328.

Nid diofal ffurf dal ffer
I'r gelyn a wnel galar;
A laddo ddyn a'i loyw-ddur
I luddias hoedl, fo leddir.

DAFYDD AB EDMWND (*Gorch.*, p. 103).

Eurfab i Iôr erfai bwyth,
Aer Lywelyn aur lewlaith;
Wyr Dudur yw'n mur a'n maeth,
Etifedd gynt Dafydd goeth (1)

Doethach, i'w y daethum,
Doethryw, ynad yw, na dim;
Da agwrdd rudd, dihagr ddrem,
Dysg a roes dewis gwr ym'.

Id., p. 220, trois strophes terminées par des monosyllabes.

GUTTYN OWAIN (*Gorch.*, p. 189).

Cynhaliad ffrwyth pob gwythen,
Yw gair teg o gariad dyn (2);
Ar dy wefus a'th gusan,
Y mae oes hir ym y sôn.

Efa bryd fu i brydydd,
Annisyml wyf, nes ymladd;
Gwyno ei boen, cyn y bedd,
Dduw 'ddwyf, pan ddioddefodd.

(1) **t = t, D** dans etifedd, gynt **D**afydd.
(2) $D + d = t$.

Lewis Glyn Cothi (p. 97).

O Wynedd y mae i'wch ennill,
O ddwy Went arvau'n un ddull,
Tri phen saeth a aeth uwch oll,
Tri phen blaidd un wraidd yn well.

Id., page 133.

Y mae i rhai'n byd y môr hwnt
I'r cadben a'r Lutenont;
Mawr yw yn Nghymmru ei rent,
Mwy yw iddo y meddiant.

William Llyn (Gorch., p. 266).

Nai syr Rys, neshâu yr wyd
I roi gwin ag o ryw gwaed;
A'th wraig o lwyth blaenffrwyth blaid
Aeres Gruffydd, gwinwydd goed.

Id., page 274.

Amryw enwog mawr winwydd,
A mawr enw am a rannodd!
A mawr iawn ymro Wynedd,
Am roi i weiniaid Meirionydd!

Pour le *prost cyfn. chwebann* et plus, v. p. 145, 164.

III

PROST CADWYNOG.

DAFYDD AB EDMWND (*Gorch.*, p. 107).

Rhys orau mab rhyswr Mon
Rhull waywlorf rhyw Llywelyn;
Rhydd Dudur wyr Ddafydd Ion,
Rhwydd Ddafydd hil rhoddfydd hyn.

GUTTYN OWAIN (*Gorch.*, p. 201).

Y fendith drwy gyfiawnder
A gafas Nudd ag Ifor,
Ar Ddafydd, rif sydd o ser,
Ag a roir mwy na gro'r mor.

WILLIAM LLYN (*Gorch.*, p. 259).

Mynd er gwann i'n mwyndir goed,
Mae yn dy law, 'mynn Duw lwyd;
Minnau'n gláf, mynnwn gael oed,
Meinwen gorawen gwyr wyd.

LEWIS GLYN COTHI (p. 424).

Y byd aeth, heb wâd, weithian,
Tanad Grufydd y tynwn;
Trwy weywyr trawai Ieuan,
Tydi'n (1) ol tad annelwn.

(1) Texte: *yn ol.*

Id., page 453.

Ei glog val rhyw varchog vydd
Yn aur a'i wn yn un radd,
Ar lyvr Dwned Maredydd
Wedi wisgo y dysgodd.

TUDUR ALED (*Ceinion*, I, p. 347).

Drwy Fablon yn afon wyllt
Dy waew i'n mysg yn dan mellt
Dod in' hwp, d'adain a hyllt
Dynflaidd wyt, yn fil o ddellt.

IV

CYHYDEDD FERR.

LEWYS GLYN COTHI (p. 256-257, douze strophes).

A phenadur du fynedig,
Am oludoedd canmoledig;
Ag o dewrder lys gadwedig;
Ag o Idwal oedd wisgedig.

Pob rhyw adar purpuredig
I'n a nodant yn enwedig;
Sy o vwydau yn savedig
A gai wawdydd vai dysgedig.

Yn vyw rydain yn vawredig,
Yn vawr eidion yn verwedig,

Yn veirw adar yn veredig
Yn vor adar yn vriwedig.

WILLIAM LLYN (*Gorch.*, p. 260).

Dy liw eurvawr yw'n dolurion,
Doe i'th elwais o'r detholion;
Delw o'i mebyd a wyl meibion,
Delw wenn obry dwy lann Ebron.

V

CYHYDEDD NAWBANN.

LEWIS GLYN COTHI (p. 27) (1).

Mae y meistr mau mewn tyrau'r tad
Mwnai'n ei ogylch mwy no Newgad
Meirch a gweywyr onn yn mraich y gâd,
Mwy no rhiv y plwyw mewn arvau plâd.

Mae meistres Alis mewn twr caead
Mwnai a thrysor main a thrwsiad
Hi a wisg ddywllun ddamasc ddillad
Siamled o velved un ddyvaliad.

Ag (2) o arwedd aur uwch grudd a iad
Ag a wisg garlond ag ysgarlad,
Ag a eilw Iesu am oes gleisiad
A naw oes y dwg hono ystâd.

(1) Priodasgerdd i Rhobert Whitnei (Epithalame).
(2) Texte : àc, ainsi que dans les deux vers suivants.

Mastr Rhobert hael a eilw Elvael wlad,
Meistr yw yn rhoi ym ystôr yn rhad;
Mae'n Ustus cyviawn yma'n wastad,
Mae yn eiste ar swrn o'r mastr Siad.

Ni bo a brovo iddo ddim brad,
Ni bydd dragywydd achos, nis gad;
Tra liong ag angor ar vor neu vâd,
Tra vo lliw awyr tra vo lleuad.

Mae'n llys yr arglwydd, pawb a'i gwyddiad,
Hynsmen a Ywmen yn ddiymwad,
Cwrseriaid euraid yn gweryrad,
Cyrn bwa i ryvel, ceirw yn brevad.

Milgwn yn Whitnai, can' bytheiad,
Cynyddion ddigon yn ddiwygiad;
Ceginau Ystwyll, cogau'n wastad,
Bwtri, seleri, seiri'n siariad.

Ac o'r llys gwerin yn chwerthiniad,
Ag o'r twr canwr heb gael cenad,
Ag o'r wraig egin a llin benllad,
Ag o'r gwr eppil a hil a hâd.

VI

HUPUNT BYRR.

WILLIAM LLYN (*Gorch.*, p. 262).

Ymhob ieithiau
O gur deithiau y gwyr doethion,
Ar bob llanerch
A gar d'annerch gwawr y dynion.

DAFYDD NANMOR (*Ceinion*, I, p. 164, douze syllabes).

Megaist ofn mil myrdd megis Dyfnwal Moelmud,
Mal awch awyr taran nawmil a chwarterud;
Miloedd ni'th arhoent mewn ymladd o tharawud,
Mwy na llu adar yn y man y llidud.
Ni bu wayw a chalon neb ochelud;
Ni bu lewach calon, ni bu lai awch cilud;
Ni bu gawr a safn wyneb y gaer y safud;
Ni bu'n oes y cewri un byw nas curud,
Neu belydr nas arhoest ni bu leidr nas rhestud;
Ni bu leisiau gloywon na blisiau a glowud;
Ni bu o'r oes hon wynebwr well ei sud;
Ni bu'r gwr a wnelai er bwrw'r gwyr a wnelud;
Ni bu i'n oes hyd hyn | un bwa nas tynud (1);
Ni bu wr a fwriai'r un bar a arferud;
Ni bu hen Syr Hywel na neb nas arhoud;
Ni bu wn er teir oes, ni bu wayw nas torrud.

VII

HUPUNT HIR (v. *cadwyn fyrr*).

IOLO GOCH (p. 530-534).

Crist audi nos,
Craton Kyrios,
Rag (2) ymaron | ryw gamwryeu;

---

(1) Texte : *yd yn hyn*, faux; une syllabe de trop : *hyd hyn* = *hyt yn* et rime avec **tynud**.
(2) Ecrit *rac*, de même *rac angeu*.

Agnus, leo
Alpha et o
Deus homo | dioes ameu;
Rex redemptor
Reit ytt hepkor
Iawn ryw gyngor ynn rag angeu.
Ef ny ebet
Ef ny anet,
Ef ny welet | yn iawn oleu.
Ar for na thir.
Ef ni welir
Ef yn ddyir | ef yn ddieu.
Ef yw'r dial
Am yr aval
Un anwadal | y annwydeu.
Ef yn uchel,
Ef yn dawel
Ef yn issel | ef yn asseu.
Ef oe awydd
Yn gyfarwydd,
Ef yn ebrwydd | ny vyn obreu.
Yn bwhwman
Yn dra buan
Draw ag yman | drwy y gameu.
Ef ny bydd hyn
Yn y vlwyddyn
Ny wybydd ddyn | ef ny bydd ieu.
Ac ef a grynn
Ac ef ni rynn
Ac ef a dynn | ac ef a deu.
Nyt llesc lle del
Nys llysc uvel (1)
Nys lludd oervel | nys lladd arveu.

(1) Texte : *envel*, var. *euvel*.

EXEMPLES DE CYNGHANEDD.

Nys beidd llwfyr,
Nys ery dilwfyr
Nys bawdd cleuddwvyr | nys beidd cledden.
Nys ret yn dwys,
Nys gorffowys
Nys daw kynnwys | nys dwc heinyen.
Nyt marw nyt byw,
Nys gwnn beth yw;
Dyn nys erglyw | dan eis oergleu.
Nys gwlych kawat,
Nys gwyl llygat,
Yn gwir iawn dat | an gwarendeu,
Gwir vrenhin nef
Yr dy dangnef
Yr dy oddef | yr dioddeu;
Yr dy loessyon
Yr dynyadon
Yr dy goron | wrda goreu;
Yr dy gystudd,
Yr dy gythrudd
Ieith loewrudd | a'tholuryeu (1).
Yr dy unpryt
Yr pobyl y byt
Yr dy benyt | yr dy boeneu;
Yr dy gynneddyf
Ar dengeir deddyf,
Wr diweirgreddyf | yr dy wir greu;
Yr dy seint oll,
Yr dy archoll,
Yr dy vronnholl | yr dy ureinheu;
Yr dy goddet
A'th vronn waetlet,
Wr diweirgret | yr dy wir greu;

(1) Pour a'th ddoluriau (fréquent).

Yr dy bryder
Ar dduw gwener
A'th wiw leuver | a'th wellen;
Yr dy ganmawl
Vrenhin nefawl
Athro gwrawl | a'th ragoreu;
Moes ym deall
Y wrthladd ball,
Ior diweirgall | yr dy wir greu.
Hynn a vynnaf
Hynn a gaffaf,
Hynn a geissyaf | hoew negesseu;
Nawdd y wirgroes
A nawdd Itloes
A roi ym oes | mi a'r rei meu (1);
Nawdd Maria
A nawdd Anna
A seint Assa | a santesseu;
Nawdd seint Enlli,
A nawdd Kybi,
A nawdd Dewi | Nudd y Deheu;
A nawdd Ieuan
A nawdd Katuan
A nawdd Sanan | Nudd y Seinyeu;
Nawdd Mihangel
A nawdd Gabriel
A nawdd Uriel | y nawdd oreu;
Nawdd seint y byt
Ym kymhlegyt
Y ymoglyt | rac y magleu.

(1) A corriger probablement en : *a roi ym moes y'm a'r rhei meu*; var. *a rhoi ym moes un a'r rhai mau.*

VIII

CLOGYRNACH.

Guttyn Owain (*Gorch.*, p. 202)

Aur fynychle yw'r fynachlog
A'i chor sy well na Chaer Sallog,
A drud dorriadau,
Y dail ar delwau
A lleisiau lliosog.

Adeiliadaist, Dduw dyledog
A theg crysau i'w thai croesog (1),
A brynodd brenin
Cywaethog ei win
Ail ei sin neu bowls enwog.

Aur ty Iesu a'r tywysog,
A gyfrennir yn gyfrannog;
Y gwaith main a'r gwydd,
Yr â a llys rhydd,
Os Dafydd sydd swyddog.

O foliannau nef fal Enog,
Y pwysai fydr Powys fadog :
O eiliad Iolo,
Ar fawl y gwyr fo
Weddïo'n addefog.

---

(1) Theg crysau = thecrysau.

Ei dy addas glân diddos glôg,
A'i nenn gywraint a wnai'n gaerog;
Yr haul yn y rhiw,
A'i adail ydyw
A gwynn lliw fal gwenn llôg.

Oes rhyw faenwaith is Rhyfoniog,
A'i wenllys hoyw win llysieuog?
A'r byd o'r bwydau,
A gair o'r goran,
A geiriau trugarog.

O bedwar cwrs yw bwydau'r côg,
A'n gwirodydd o win gwridog;
Ei lynn fal ynyd,
I bob rhai, bob pryd (1)
Oedd hefyd fedd hafog.

Arglwydd grasol, gwleddau gwresog,
A gar dynion yw'r gwr doniog;
Y Gwr i'w garu
A roes yr Iesu
I'w adu'n hir oediog.

WILLIAM LLYN (p. 263).

Lle'r wyd beunydd lliw'r ôd banon
Llyma rinwedd llu morwynion
Llawenydd llannerch,
Llyna sain llawn serch,
Llerch annerch | llwch hinon.

---

(1) Prononcez *I boprhai, bopryd.*

IX

TAWDDGYRCH CADWYNOG.

Lewis Glyn Cothi (p. 135).

Sirig arian sy ragorau
I'r sant gorau o'r saint geirwir;
Sel a tharian sy lwyth orau,
A sias voreu i Sais a vwrir;
Sarf gwirodau,
Saiv ddevodau,
Sy ammodau ni symudir;
Sant aelodau
Sul y blodau
Sydd aelodau swydd Elidir.

Tiriawg ydoedd, tarw i gadau,
Tyr vwriadau trwy ei vrodir;
Tarian hydoed, twrn heb wadau,
Teg ei radau, hwynt a gredir;
Tad caredig,
Tai rhwymedig,
Tervynedig, trev a nodir;
Teyrn gweledig,
Tref gadwedig,
Twr cauedig, traw y cedwir.

Miragl solas, mawrglos Eli (1),
Mab i Veli'n mhawb a volir;

---

(1) C'est ainsi que la strophe est scandée dans l'original. L'autre scansion est la plus usitée.

Mur Nicolas, yn marn Celi
Yn mor heli lle'n rheolir (1);
Mab darogan, mwy'r annogan,
Yw Mynogan o manegir;
Mab Llellogan (2), medd dysgogan,
Mur diogan, mawr y dygir.

Gwirdda adaiu (3),
Gair a dd'wedai,
Ag (4) a redai dros pob grodir;
Gwr goradain,
Gwir a gredai,
Gwir a dd'wedai, garw y ddeudir;
Gwin drwy'r Veri,
Glyn Mieri
Gwyr i beri'r gwyr a burir;
Gwên Eleri,
Gwlad Pryderi,
Yw gwraidd deri, gwrdd o dirir.

Diriai Liwlad, blaid i'r lili,
Ei dwr Fili, draw o faelir;
Dar y wiwwlad, a drwy Wili
Aed aur Ili, ev a dreulir
Dòr meddiannus,
O Yscanus,
Da moliannus, od ymlynir.
Du meddiannus,
Un llwyddiannus,
Du oedrannus, nis didrainir.

(1) Texte: *lle i'n rheolir*, ce qui donne une syllabe de trop.
(2) Probablement *Llallogan* (texte: *lle llogan*).
(3) On peut encore scander ainsi.
(4) Texte: ac.

I'r hael yn rhwydd (1),
Y rhol yn rhydd,
A sei y sydd i'r sawl sy wir;
Er Sais drwy swydd,
Er sias dros wydd,
Ei swydd y sydd | dros wydd | y Sir;
Un iarll ni wnai
Yn ol a wnai;
Y dyn nid âi | na'i dai | na'i dir;
Aed Iarll i'w dai
Am ael mis mai,
Y gwin a gai | ag (2) iawn a gwir.

DAFYDD AB EDMWND (*Gorch.*, p. 104).

Urddas Beli wrddais bolion
O urddolion awr ddialedd,
Ar draws heli, aer drosolion;
A thraws holion aeth Rhys hywledd
Iawn ei huriaw
Wrth ddoluriaw
A'i lân duriaw | alon diredd
Wedi curiaw
A doluriaw
Aerau dduriaw | o'i wir ddewredd.

GUTTYN OWAIN (*Gorch.*, p. 189).

A Duw ddwyfol od addefais
Arno llefais, orn a llifiad;
A mi'n nwyfol ym anefais,
Aml a gefais fal mel gafad;

(1) Ici, pure strophe de *hupunt hir*.
(2) Texte : ac.

Iawn im ganu
Am gusanu
A'th ddiddanu | oth adduniad
Er fy ngwanu
A'm goganu
Ag amcanu | drwg ym cennad.

X

CYHYDEDD HIR.

DAFYDD AB GWYLIM (p. 349).

Trugarog frenhin
Wyt Tri cyffredin
Ac un cyntefin | Dewin diwad !
Ateb a draethaf,
Atat y trosaf,
Iti cyffesaf | naf nefolwlad !
Ac i Fair addef
Tangnefedd dangnef
Ac i holl saint nef | nifer difrad,
A'm holl fyfyrdawd
A'm holl hyawdlwawd
Ac a'm holl geudawd | barawd bwriad.
Canys gwn yn wir
Mewn byd anghywir
Ynghyflwr anwir | , dihir dehad,
Fy mod yn awdur,
Fy nuw benadur
Yn fawr bechadur | o natur nad,
O air anniwyd
A meddwl dybryd,

A gweithred hefyd | i gyd a gad
Cenfigen, balchder,
Rhyfyg creulonder,
Gwenwyn tra digter | fy ner neirthiad
Cybyddiaeth trais, twyll
Cynghorddyn crybwyll,
Chwant rhithiau amhwyll | cymwyll drychiad;
Camgerdded, ceisio
Goganu, tybio,
Meddylio yno | tro trwy fwriad;
Clod orwag wawdwl,
Cenfigenu'n bwl,
A chelu'r meddwl | 'wgwl fagiad;
Meddwdod diwyneb
Methiant glythineb,
Godineb, cudeb | cadarn-ledrad;
Traha, camfalchedd,
Diogi, llesgedd,
Maswedd aniawnwedd | moes anynad;
Coelio breuddwydion,
A chyfareddion,
Rhuddo gwaed gwirion | anudon nad;
Gorwag feddyliau
Cellweirus gredau,
Oferion lyfau | geiriau girad
Gweithio gwaith diau,
Gwadu gorchmynau,
Gwyliau a suliau | , gwael y seiliad;
Cymryd dros gynghor.
Bwyd anmhryd ragor,
Mifiliau cytgor, | por perffeithiad;
Dirmygu heb dawl,
O chwant corphorawl,
Gwasanaeth dwyfawl | Duw deddfawl-dad;
Bod yn aflawen,

Goganu'n absen
Sarhau meibion llên | o'r hen raddiad;
Gosteg anghymwys
Ym mblas yr eglwys,
Bod yn anghyfrwys | ddwys ddeisyfiad;
Tori gorchmynau
Ac iawn gyneddfau.
A gair diammau | Duw diymwad;
Hyny, Duw, y sydd
Rhag dirfawr gerydd
Edifar beunydd, | llywydd llead!

IOLO GOCH (p. 470-483).

Même système que chez Dafydd ab Gwilym : de grandes ressemblances de texte, souvent mêmes expressions.

DEIO AB IEUAN DU (*Gorch.*, p. 168).

Ni welais i lys
A dwy a degllys
Ni welais i lys | mor lwys ednig.
Y Llys a hoffaf
Er lles i'w phennaf;
Nid llaes i molaf | mal Celliwig
Yn llwyr degwch nef,
Yn llawr Bachelldref,
Yn lle bydd dolef | bob nadolig;
A darllain llyfrau,
Llin brenhinllwythau
A chanmawl achau | ucheledig;
A gwybod teiriaith,
A chlawr y gyfraith

A grwndwal pob iaith | yn weithredig;
Ag amlder bwydau,
Melys gwyrdeban,
A thrymmion seigiau | wiw suwgredig;
A chynnal priflys,
I'r holl ynys
Ysbys nad tybys | un lle tebyg;
A llys cyfanedd,
O barch a mawredd
A rhywiog fonedd | diagwedd dig;
A phorthi breisgfeirch
Ar wair a brasgeirch.
Dofi ebolfeirch | meirch mynyddig;
A milgwn hirion,
Cipiaid gafaelion,
Huaid trwyn fyrrion | cigyddion cig;
A thrydar paunod,
A grwn c'lomennod,
A gwg alarchod | eleirchedig,
A descant adar
Tradoeth eu trydar
A gwiw iaith lafar | tra afar trig;
A llu o geraint,
A llynn tra meddwaint
A llawenhau braint | bro hil Feurig;
A lliwgoch baladr,
Gan lin Cadwaladr,
A llafngwaed rhaiadr | coelfeingadr cig;
A llif gwirodau,
A llef gann dannau,
A llafar gerddau | goeddwfnedig;
A llawen crythawr,
A llawer cerddawr,
A llawenydd mawr | uwch llawr llithrig;
A thrydar meibion,

A thro cerddorion,
A thrabludd gweision | gosymddeithig;
A thrallod cegin,
A thrulliaid trablin
A thri lliw ar win | i wan blysig;
Tair cynnydd y sydd,
Tirion lawenydd,
Ar bryflys Dafydd | ,difefl ryfyg :
Newydd o fwydydd,
Henaidd ddiodydd,
Croesaw hir beunydd, | cwrs arbennig.
Pa ddyn bynnag fych,
Pa gerdd a fedrych,
Gyd ag a nodych | yn enwedig;
Tyred pan fynnych,
Croesaw pan ddelych,
A chwedi delych | tra fynnych trig.

LEWIS GLYN COTHI (p. 29).

Nid gwaeth ar draethen,
Tai Nudd Whitnai wen,
No thai elusen | a wnaeth Lasar;
Nid ynt waeth ill dau,
Am win i minnau,
No blodau'r Deau | drwy holl daiar.
Rhwyddach eu rhoddion,
O law hwn val hon,
No dwr yr avon | i'r gwirion gwar;
Teg oedd anrhegu
Aur i Vair a vu
I weled Iesu | o Valdassar;
O'u mwn aur a'u medd,
O'u da ill deuwedd,
O'u gwledd ni'm gomedd | y ddau gymmhar;

Rhent o'u tir hwyntau
A gawn, a gynau,
Amryval lysiau | bwydau ar bâr.

XI

ENGLYN UNODL UNION.

DAFYDD AB GWILYM (p. 7).

Da rhed ar wared | arw oror — olwyn
Neu'r wylan ar rydfor
Deuwell y rhed, buddged bor,
Diwyd wyf, dy wawd, Ifor.

Os da plethiad mâd | ym mor — o hirwlych
Am herwlong raff angor;
Gwell y plethaf, ddewraf ddor,
Gwawd y tafawd yt Ifor.

Ni thyf caen Llenmaen, | llanw mor — rhyferthwy,
Rhwyf Arthur, neu Hector;
Mygr ateb ddihareb ddor
Mal y tyf mawl yt, Ifor.

Cyfyd yt hawddfyd, | f'addien bor — genyf,
Ag anwyl hawddamor;
Cad ddychryn darf ddur arf ddor
Cedyrn ofn cadarn Ifor.

IOLO GOCH (p. 663).

Coffa ben a llen a llywenig — lys
A las nos Nadolig;

Coffa golwyth Amwythig
O dan a neidiodd naid dig.

I Riccard uch Olwin arglwydd Dinas Reidin.

Ni chiliodd Richard | uch Olwin — eurglod
Arglwydd Dînas Reiddin
Vylchiwr câd vaeddiad vyddin
Erioed led i droed o'r drin.

Page 665. — *Englyn ar Feddfaen D. ab G. ym mynwent Tal-y-Llycheu.*

Hardd lasnen ywen | llwyn Eos — Dyfi
Mae Dafydd i'th agos;
Mae'n y pridd y gerdd ddiddos
Diddawn yw pob dydd a nos.

DAFYDD AB EDMWND (*Gorch.*, p. 102).

Clawr Gwynedd glas gledd | glos glan glwys — wewyr
Glod eryr gloyw ei darian;
Gwrdd yw Rhys, garw ddur hosan,
Gwres mynych les, Mon achlân.

Llaw wir, Ion heudir | yw'n hydab — osgordd
Ymhob ffordd botffordd bab;
O'i rwydd-don a roe rydd-dab,
I'w roi yn fudd, er yn fab.

Dans le premier englyn, le mot *achlân* n'est pas en contradiction avec la loi de l'accent : *hôsan* a l'accent sur la pénultième; *achlân*, sur la dernière.

DAFYDD NANMOR à RHYS O'R TYWYN (*Gorch.*, p. 150).

Anhawdd bod hebod | uwch ynys — dywyn
Deau, Gwynedd, Powys;
Y mae'n oll mewn ewyllys
Yn dri llu yn dy dair llys.

Llys i'r holl ynys | yn rhoi llynn — ag aur
Ag arian a berthyn;
Lletty ieirll o bob lle tynn
Llu daear oll i Dywyn.

GUTTYN OWAIN (*Ibid.*, p. 200).

Oediog fo'r enwog o fronnydd — y Groes
Mewn gras a llawenydd;
Oedran addaf ar Ddafydd,
Y rhoer, y fwyalch a'r hydd.

TUDUR ALED (*Ceinion*, I, p. 347).

Syr Bwn nerth dragwn | wrth drangc — y deyrnas
Dyrnod syr Rhys ieuangc;
Sarff cryf syr waew Ffwg crafangc,
Syr Rhys ffraw ar asau Ffrangc.

Cyrch Ffraingc i'w thalfaingc | wrth wys — neu farddas
A wnai Fyrddin Emrys;
Ag enw groeg yn y gwregys,
Yn amser An am syr Rhys.

Lewis Glyn Cothi (p. 44).

Olau dy leiviau | val dail ir — ar wydd
Arweddiad byth yn hir ;
Olau dy veirch a welir
Hyd yr aeth oll dwr a thir.

Dwr yn wir a thir | i'th ol, — a nadredd,
Y neidr o Gaer Lincol ;
Ni thrig y rhai dig ar d'ol
Na'th gonyn tu a'th ganol.

Canol llu breiniol, | barwniaid — drichant
Dyrchaïv groes vendigaid
Cenyd o radd cawn dy raid,
Veirch a gwyr varchawg euraid.

William Llyn (*Gorch.*, p. 273).

Bon gwreiddiau Nannau | uwch naint — a brynniau
Breinied Duw a'r hollsaint ;
Beth i'r brig, byth a yrr braint ?
Bodhyn a byw at henaint.

At henaint oed saint | dan sel — goreuffawd
Aed Gruffydd ap Hywel ;
A dringed y dewr angel
A gras Duw ymhob gris dêl.

Reprises de *at henaint* ; de même, dans les strophes qui suivent.

Englyn Crwcca.

Mêmes lois.

XII

Toddaid.

Dafydd ab Gwilym (p. 8).

Ner byd, wryd bedeir | oror — giwdawd
A naf olygawd nef oleugor,
Neirthiad fo efo | ar for — a llawr llen
Nen y ffurfafen i ffurf Ifor !

Newidiwr trwsiwr | trysor — y moliant,
Normant glud goddiant glod egwyddor ;
Naddiad arf oergad | deirf eurgor — Eingl giawdd,
Nawdd mur a rwyfawdd Mair ar Ifor.

Toutes les strophes ont quatre vers : chaque vers de la strophe commence par la même consonne, excepté au deuxième vers de la première strophe. Dans la deuxième strophe, le troisième vers commence par *a*, qui ne compte pas, étant enclitique ; la consonne suivante est *n*, qui commence tous les vers de la strophe.

Page 324. Même système, avec plus de variété à l'initiale. Généralement, au premier vers, on a plus souvent la *cynghanedd* vocalique.

Lewis Glyn Cothi (p. 46).

Pan ddelon' veilchion i vylchau — lle y bych
Edrych a'u gwelych yn lle golau;
Ymogel, angel! | rhag angau — trwy dwyll,
Gwell pwyll nog amhwyll ar ryw gamau.

Sion Tudyr (*Ceinion*, II, p. 103-104).

Angheuol yw'r byd, | anghywir — yw'r daith
Y gau lawer gwaith a gâ le'r gwir.
Gwyr yr eglwys lwys | a lysir — am chwant,
Ariant a gadwant ag a'u gwedir.
Bugeiliaid deilliaid a dwyllir — rhoddion
Angylion, person tyn y pyrsir;
A'r bugail di sail dwys holir — am hyn,
Y Cnu a ofyn ac a'i cneifir.
Fe a'r blaidd truanaidd | at'r wyn — i geubant.

Dafydd Nanmor (*Gorch.*, p. 154).

Mab Rhys aeth o'i lys | i lawr — yr Erwlg,
Mewn gro a cherrig mae'n garcharawr;
P'an aeth, gwrolaeth | ar elawr — o'r llys
Bu bobl ei ynys heb eú blaenawr.
Aeth braw am guddiaw | egwyddawr — pobloedd
A dagrau miloedd hyd gwrr Maelawr;
Aml rhyngom och drom, | dramawr — o noddef
A gwae a dolêf, gyd a'i elawr.

XIII

GWAWDODYN BYRR.

Iolo Goch (p. 269).

Da iawn fu Fordaf naf nifeiriawg;
Da fu Nudd o fudd wrth anfoddawg;
Da fu Run ei hun |.fu heniawg — o serch;
Da fu Rydderch gwr ardderchawg;

Os rhaid manegi pwy rhi yrhawg :
Dafydd ap Bleddyn yw'r dyn doniawg,
Gwr perffaith iawn waith | enwawg — sancteidd bryd,
Gwr o lwyth Uchdryd, nid bryd Branawg (1).

Dafydd ab Gwilym (p. 320-321).

Ni chân fy nhafawd wawd wenieithaidd,
Ni chair llinodr wr yn ochr lluniaidd,
Ni chel i Hywel | loyw garuaidd — lwybr,
O bu'r ddawn ewybr barddoniaidd
Neirthiad a gefais didrais dwy draidd,
Ni'm gâd gan ruad gad gymroaidd,
Nis erfyn o brudd | ac nis arfaidd — draw
Naw o praw lidiaw, ner preladaidd.

Dafydd Nanmor (*Gorch.*, p. 151).

Oesed yr unduw y sy Drindod
Yt gyd oesi a'th wraig briod;

---

(1) A corriger en *bradawg*.

O'ch meibion o hon | cewch hynod — wyrion
A mil orwyrion mal eryrod.
Anos, ddydd a nôs, wrth ymosod
Yw taro wrthych, na'r twrr arthod;
Ofer dann faner | i fynnod — gwladoedd
Ymwasg a lluoedd ymysg llewod.

TUDUR ALED (*Ceinion*, I, p. 348).

Ni phery onen yn ei pheirianau
Dan d'ewin ddyrnod ond yn ddarnau;
Ewinawg osawg | asau — braich a bron
A nyddai linon yn ddolenau.

LEWIS GLYN COTHI (p. 34).

Lle y rhoddo'r gwalch balch vlaen ei big
Y ffy'r adar yn gyffroedig;
Ein hebog nid oedd | annhebyg — benrhaith (1)
Hwn nid â ymaith o'i hen dymhig.

WILLIAM LLYN (*Gorch.*, p. 268-269).

Awn ar frys i'th lys a'th ddilyswch
Mal yr â o'r glynn gwenyn i gwch;
Chwithau gwrdd gorau | gerdd garwch — trwyadl
Gyda chywirddadl a gyd chwerddwch.

---

(1) La coupe dans le vers à *toddaid* de dix syllabes est toujours à la cinquième syllabe comme nous l'avons vu. Quand elle n'y est pas, on peut conclure à une faute. Ainsi pour ce vers de Daf. Nanmor, Gorch., p. 152 :

Nid un dadau yn iau, | wr nod a mannau

est à corriger en :

Nid un dadau'n iau | wr nod a mannau.

XIV

GWAWDODYN HIR.

Iolo Goch (p. 274).

Gwr dwyfawl i hawl hwyl anlufoddawg (1)
Gwr celfydd dedwydd a godidawg
Gwr atto meir gair gorfodawg
Gwr iawn hoiw radlawn 'n hirhoedlawg
Gwr hyborth i borth | aberthawg — gwisga
Gwrda'n lle Assaf iawn lluosawg.

Dafydd ab Edmwnt (*Gorch.*, p. 107).

(Cité par J.-D. Rhys.)

Deio ab Ieuan Du (*Gorch.*, p. 172).

Meredudd ddeurudd y cerddorion,
Arno, gwyl Iago mae golygon;
Gwirod taladwy a gae'r tlodion,
Gwin, osai a fydd gann ei weision,
Gwin o Gaerfyrddin | i feirddion — a chlêr
Gwedi ir haedder gydâ rhoddion.

Tudur Aled (*Ceinion*, I, p. 339).

Llawen yw cedeirn llawn hocoediaeth;
O'i rym y dygent rwymedigaeth;

---

(1) Barbarisme évident; à corriger en *anlloeddawg*, opulent?

A llawer eraill o herwriaeth,
A gyrchai o'r coed i garchar caeth;
Yn nghred ni weled | unoliaeth — Gwalchmai
Wr well a fedrai roi llyfodraeth.

SION TUDYR (*Ceinion*, II, p. 211).

Poen oer i filiwn pan ryfelodd,
Poen uffern agos pan ffyrnigodd;
Poen aml iddynt oedd pan ymladdodd,
Poen o'i ddwrn wedi pan ddyrnodiodd;
Daear yn gynar | pan gwnnodd — ddyrnod
Ag e'n ei arfod pan gynhyrfodd.

LEWIS GLYN COTHI (p. 49).

Y gwr gwinau sy gar i Gynog
A goreu ydyw o Garadog,
Aed ar uchelwaed a'i dri cheiliog
A'i dair neidr rhiv drwy weundir havog,
A'i darian lydan | ddyledog — drevtad,
A'i dai o'r winwlad hyd ar Wenlog (1).

XV

BYRR A THODDAID.

LEWIS GLYN COTHI (p. 324).

Nodded sant Bened beunydd — o'i dymhor
Wyr Domas ab Davydd,

---

(1) Souvent, chez ce poéte, il n'y a pas de *cynghanedd* vocalique au vers à *toddaid*.

E wna ovn i un anuvydd,
Ni wna e ovn i un uvydd ;
Nid ovna ev bedwar devnydd
Nes yw in ddwyn y nos yn ddydd ;
Ni ddarvu ei aur, ni ddervydd — ei air
Wyr Elystan glodrydd.

Dans les autres strophes, *allitération* ou *rime* avec le dernier *toddaid :*

       Vo
    Ev
      Agos
Llan Egwad
      Ev
Ivor.

XVI

HIR A THODDAID.

DAFYDD AB EDMWNT (*Goroh.*, p. 121-123).

Gwenn a wyr gwybod gain eiry gobant,
Gallu o'r nefoedd golli aur nwyfiant
Gwiw dyry giried, géd aur ag ariant,
Glauar hardd eneth glir ei hardduniant.
Gwnn dew ddatganu | gann dant — goleuber
Gwas wyf a maeler, gwiw saif ei moliant.

Gwawdwyr i geinwen gwawd wir a ganant
Gair oedd o degwch gwir iddi dygant

Gwnn fod teuluwyr gwynfyd diliwiant (1)
Gwynedd i'w moli gwnn iddi maelant
Gorau i minnau | gwir o mynnant — gwnâf (2)
Ganu i'r deccaf gwenna o'r deucant.

WILLIAM LLYN (*Gorch.*, p. 268).

Pob llid arferoedd, pob lleidr a fwriwch,
Pob cywir gariad, pob car a gerwch,
Pob bardd diogan, pob rhodd o degwch (3),
Pob moliant, pob can a phob diddanwch,
Pob mawredd, rhinwedd, | lle rhennwch — win per
Pob hoyw a freuder mewn pob hyfrydwch (4).

(Cf. TUDUR ALED, *Ceinion*, I, p. 347).

XVII

ENGLYN UNODL GYRCH.

WILLIAM LLYN (*Gorch.*, p. 259).

Gywired byth mae'n gryd bâr,
Gair o'th fynwes gwyrth feinwar ;

---

(1) Prononcez *foteuluwyr : -fytiliwiant*.

(2) Plus bas, au cinquième vers, le *gair toddaid* (expression exométrique) allitère avec le deuxième membre du vers où il se trouve :

Gwiriau cas dyddiau | cystudd — calon.

(3) Prononcez *popardd* ; *pop rhodd* ; cf. vers 2, *Pop cywirr* : *pop car*.

(4) Prononcez *pop hoyw* : *pop hyfrydwch*.

Gwrando deg air unduw doeth,
Gwenn iaith goeth, y gwann a'th gar.

XVIII

AWDLGYWYDD OU CYWYDD ODLIAIDD.

WILLIAM LLYN (*Gorch.*, p. 260).

A'th liw calch ar dy falch fodd
A brifiodd fal berw afon;
Bun olau ba na welid?
Brad oeddid i brydyddion.

RHYS NANMOR (Prys, *Hanes*, p. 198).

Yn arglwydd Rhismwnt Ior bwnt y rhedd
Yn arglwydd Swmrsed a gred i'r grog
Yn farchog urddol y detholwn
Yn eurlliw i wn yn iarll enwog.
Yn ddug i weled, newydd goler,
Inni dewiser (1) yn dywysog
Ag yn frenin gorllewin llywi'awdr
Ag yn ymerawdr y gwna mwrog.

(1) *Ddewisir*.

CHAPITRE IV.

LES DIVERS SYSTÈMES DANS LE MÊME POËME.

§ 1ᵉʳ. — *La variété des strophes dans le poème chez les auteurs.*

Les Gallois donnent généralement le nom d'*awdl* au poème à strophes variées. Cette variété est plus ou moins grande chez les auteurs. Je donne, pour plus de clarté, la succession des strophes dans le même poème chez les auteurs les mieux connus des quinzième-seizième siècles (Iolo Goch, p. 354-356).

IOLO GOCH (p. 354-356).

Gwawdodyn byrr (sept strophes).
Gwawdodyn hir.

DAFYDD AB GWILYM (p. 320-321).

Englyn unodl unsain.
Gwawdodyn byrr (huit strophes).

Du même (p. 326-330).

Englyn unodl unsain (dix strophes).
Englyn prost cyfnewidiog.
Englyn unodl unsain (quatre strophes).
Englyn prost cyfnewidiog.
Englyn unodl unsain (six strophes).
Englyn prost cyfnewidiog.
Englyn unodl unsain (onze strophes).

DAFYDD AB EDMWND (*Gorch.*, p. 107).

Englyn unodl unsain.
Englyn prost cadwynog.
Englyn unodl unsain.
Englyn prost cyfnewidiog.
Englyn unodl unsain.
Englyn prost cyfnewidiog.
Englyn unodl unsain.
Gwawdodyn hir.

GUTTYN OWAIN (*Gorch*, p. 200).

Englyn unodl unsain.
Englyn prost cyfnewidiog.
Englyn unodl unsain.
Englyn prost cyfnewidiog.
Englyn unodl unsain.
Englyn prost cadwynog.

Englyn unodl unsain.
Clogyrnach (huit strophes).

(Page 188, même disposition; mais *six* strophes de *tawddgyrch cadwynog*).

Tudur Aled (*Ceinion*, I, p. 338-340).

Englyn unodl unsain.
Englyn prost cyfnewidiog.
Englyn unodl unsain.
Englyn prost cyfnewidiog.
Englyn unodl unsain (trois strophes).
Englyn prost cyfnewidiog.
Englyn unodl unsain (deux strophes).
Un *pennill* de *cywydd deuair hirion*.
Un *englyn unodl unsain*.
Gwawdodyn hir.
Gwawdodyn byrr.
Gwawdodyn hir.
Cyhydedd nawbann.
Strophe type *toddaid*.

Sion Tudur (*Ceinion*, II, p. 210-211).

Englyn unodl unsain (neuf strophes).
Hir a thoddaid (six strophes).
Gwawdodyn hir.
Hir a thoddaid (quatre strophes).
Gwawdodyn hir.

Lewis Glyn Cothi (p. 24-26).

Englyn unodl unsain (cinq strophes).
Toddaid avec *cyhydedd hir*.
Hir a thoddaid.
Toddaid.
Hir a thoddaid..
Cyhydedd hir.
Gwawdodyn byrr.
Englyn unodl unsain.

Du même (p. 29-30).

Englyn unodl unsain (deux strophes).
Englyn prost cyfnewidiog.
Cyhydedd nawbann (huit strophes de même rime).
Englyn unodl unsain.
Cyhydedd hir (huit strophes).
Englyn unodl unsain.

Du même (p. 44-46).

Englyn unodl unsain (huit strophes).
Toddaid (trois strophes de quatre vers).
Gwawdodyn byrr.
Hir a thoddaid.
Englyn unodl unsain.

Du même (p. 58-64).

Englyn unodl unsain (trois strophes).
Englyn prost cyfnewidiog.
Englyn unodl unsain (quatre strophes).
Gwawdodyn byrr (neuf strophes : rime en -*ar*).
Cyhydedd nawbann (quinze strophes en *prost cyfnewidiog*).

Du même (p. 97-99).

Englyn unodl unsain.
Englyn prost cyfnewidiog.
Englyn unodl unsain.
Englyn prost cyfnewidiog.
Cyhydedd nawbann.
Gwawdodyn byrr.
Cyhydedd nawbann.
Gwawdodyn byrr.
Cyhydedd nawbann.
Gwawdodyn byrr.
Cyhydedd nawbann.
Gwawdodyn byrr (trois strophes).
Toutes les rimes sont en -*aidd.*

WILLIAM LLYN (*Gorch.*, p. 25).

Englyn unodl unsain (huit strophes).
Englyn prost cyfnewidiog.

Englyn unodl unsain.
Cyhydedd hir (trois strophes).
Toddaid.
Hir a thoddaid (deux strophes).
Gwawdodyn hir.
Gwawdodyn byrr (quatre strophes).

DAFYDD NANMOR (*Ceinion*, I, p. 161).

Englyn unodl unsain (six strophes).
Gwawdodyn byrr.
Série de *gwawdodyn hir*.

§ 2. — *Exemples.*

Je prends comme exemple un poème de Tudur Aled et un autre de Lewis Glyn Cothi, les deux poètes de cette époque qui montrent le plus de variété dans l'usage ou la combinaison des types de strophes.

TUDUR ALED (*Ceinion*, I, p. 338).

Awdl farwnad Thomas Salsbury, Marchog urddol.

Englyn unodl unsain (1).
> Gwae holl Gred, trymed | tromwedd — am erchwyn
> Y marchog o'r Gogledd,
> Cloi'r bwrdd a'r clai ar y bedd,
> Cau Lleweni, cell Wynedd !

---
(1) Les indications de strophes sont de moi.

Prost cyfnewidiog.
- Gwynedd am ein gwledd mae'n gloff;
- Marw llew'r prince mae'r lloer heb priff;
- Marw'n pen a'n cadben a'n cyff;
- Marw Salbri ym a'r sel braff.

Englyn unodl unsain.
- Marw syr Thomas | mae oerion — fronau
- Am frenin marchogion;
- Marw iachoedd mawr Marchudd Môn,
- Marw edryd ymerodron.

Prost cyfnewidiog.
- Os marw ef, Iesu! mae'r wyd,
- Yn llwyn o ynnill ei waed;
- Mae o'r un cyff mawr o'n coed,
- Yn wydd iefainc ymddifaid.

Englyn unodl unsain.
- Ymddifad o'r tad | yw'r tir — a'r cestyll
- Rhag gostwng (1) y teir sir;
- O flodau afalau dir
- Impier o'r rhyw emprwr hir,

Englyn unodl unsain.
- Emprwr o eryr | Aram — sy egin
- Siacop, Isaac, Abram;
- Oes merch, arglwyddes hi mam;
- Oes meibion, dynion dinam.

Englyn unodl unsain.
- Tad, brodyr, neiaint, | plant aeth mewn hiraeth — a cheraint (2),
- Chwiorydd i'm penaeth;
- Cwyn am ei ddwyn i'm oedd waeth,
- Cwyno adladd cenedlaeth.

(1) Prononcez *rhacostwng*.
(2) Ce vers a trois syllabes de trop.

LES DIVERS SYSTÈMES DANS LE MÊME POÈME.

Prost cyfnewidiog.
Bu adladd 'n awr radd o'i nerth
Bu ddwr Noe yn boddi'r north :
Ba ryw swn? a'i wybr a syrth?
Bu ddiaspad heb ddosparth.

Englyn unodl unsain.
Diaspad gwaeddiad dygwyddaw — tyrau
A'r carteri yn syrthiaw ;
Daiar oedd yn diwreiddiaw
Dan ebwch drom Dinbech draw.

Englyn unodl cyrch.
Draw yr aeth dirwy ar wyth win,
Darfu oeri'r dorf werin ;
Darfu pen y dref a'i post,
Darfu'r gost ar fara gwin.

Cywydd d. hirion.
Darfu'n diarfu, Deo, ir-fyw !
Darfu am barch dra fo'm byw ;

Englyn unodl unsain.
Dra fo'm byw, deryw | dwyrain — a gogledd
Diryfedd hyd Rhufain,
Doe'n dirwywyd yn druain :
Dinbech drist dan y baich drain.

Englyn unodl unsain.
Ar ddrain ac ar fain | er f'anwyl — yr wyf :
I ba le yr af uchelwyl?
Dydd oer ydoedd ei arwyl,
Dydd Ystwyll gwin distill gwyl.

Gwawdodyn hir.
Llyma oer wyliau lle mae'r alaeth,
Llwyr yw briw adfyd llawer brawd-faeth ;
Lle odidogach, lle daw dugiaeth
Ni chae iarll i'w roi na chôr lle'r aeth,
Na brenin yn syn | wasanaeth — harddach
Na gwledd degach na'i gladdedigaeth.

Gwawdodyn byrr.
Mae aro yn taro, mae anturiaeth,
Maneg ar aliwns mewn gwroliaeth?
Methodd, maluriodd | milwriaeth — y byd;
Mae'n erchwyn i gyd mewn arch yn gaeth.

Gwawdodyn hir.
Llawen yw cedeirn, llawn boccediaeth,
O'i rym y dygent rwymedigaeth,
A llawer ereill o herwriaeth
A gyrchai o'r coed i garchar caeth :
Yn nghred ni weled, | unoliaeth — Gwalchmai,
Wr well a fedrai roi llyfodraeth.

Cyhydedd nawbann.
Am ei fawr golled mae f'arglwyddiaeth,
Am rydid im oes, am ryw dadmaeth,
A'm hen a'm perchen a'u nenbren aeth,
A'm hoedyl wedi a'm hadeiladaeth.

Toddaid.
Y'mherigl yr wyf | o'm hiraeth — bob awr,
Yr af ar f'elawr o'i farwolaeth ;

Gwawdodyn hir.
Mae'r fynwes im ar fon y saeth
Heb fy stor Wyliau, heb feistrolaeth,
Heb allu dros byn, heb well dros waeth,
Heb windai mawrdrai | mordraeth — longlwythau
Heb aml ffrwythau, heb fwythau, heb faeth.

Gwawdodyn hir.
Yn iach na helwyr na chynaliaeth,
Na meirch o arial na marchwriaeth,
Na gweilch i'w harwain na gwalchwriaeth,
Na chwn awyddus na chynyddiaeth,
Na cheision mwy son | am wasanaeth — gwledd,
Na chog i Wynedd na cheginiaeth.

LES DIVERS SYSTÈMES DANS LE MÊME POÈME.

Englyn unodl unsain.
Gwynedd anrhydedd, | rhedwn — etto, wyr,
At ei aer y cyrchwn;
Os ber fu oes y barwn,
Oes hir i arglwyddes hwn!

Cyhydedd nawbann.
Am hwn y gwaeddwn, am ei gweddwed,
Ni bu lawenydd yn y blaned;
Ni roed o'm synwyr y Dâme Sioned,
Gwyn i dri marchog gan dair merched.

Toddaid.
Cywir Essyllt gynt, | crused — Siwsan
Er cwyn i Drystan, wraig can dristed.

Cyhydedd nawbann.
Rhoi elusenau yw rheol Sioned,
Rhoi gynau gwynion rhag ein gwaned,
Rhoi cyn y ddwyawr rhai can ddued,
Rhoi cwyr a menig; | rhoi cri o'i myned.

Cyhydedd hir.
Rhoi cwyn rhai a'i cant,
Araith oer a thant
A wnant; methasant o'i mwythused.

Cyhydedd nawbann.
Gwae eigion y'mron i merwined!
Gandryll o waeddi gan dra lludded;
O'm dwyais heddyw y'm diswydded;
Anodd ymaros yn ddiymwared.

Cyhydedd hir.
Yn ddiddawn ddiddym
Heb rodd [a] heb rym,
Heb addwyn feistr ym, heb dda'n fystred.

2 vers de 9 syll.
Mawr ydd wy'n wylo, Merddin Aled!
Mawr ydyw'r achos, Mair edrychod (1),

(1) Les vers de neuf syllabes sont souvent unis au genre dit

Cyhydedd hir (pennill).
Myn Crist, manau croes;
Man trist ym troes,
Mae oriau f'einioes im fyned.

Diryfedd trostaw (1)
Trwy fodd tristed,
Oedd im gwynaw
Dydd ym ganed.

Cyhydedd hir (pennill).
Duc hwn, Deo! cwynwn,
Deo! oll, dyallwn,
Deo! ni a'i gallwn dan y golled.

Cyhydedd nawbann.
Ni bu rym aruthr heb roi ymwared,
Gandryll o weiddi gan dra lludded,
Can awyr wyth-ryll cyn aruthred,
Can eirth o'u rhwymau cyn orthrymed,
Can Droia unwaith cyn druaned.

Cyhydedd hir (pennill).
Nid cwyn, cwyn canwr,
Nid byd, byd heb wr,
Wrth gwyn goncwerwr wythgan caered.

Cyhydedd nawbann.
O bwy cawn lunio neb cyn laned?
O bwy cawn ddethol neb cyn ddoethed,
Nag un o'r sessiwn cyn rasused (2),
Nag un ar elyn cyn wroled?

cyhydedd hir (v. t. II). Ceux-ci unissent la strophe précédente à la suivante.

(1) Ces quatre vers de quatre syllabes, ou plutôt ces deux vers de huit syllabes doivent être joints à la demi-strophe suivante.

(2) Le *g* de *nag* allitère avec *c* de *cyn*, qui devait se prononcer *gyn*. Cf. dernier vers :

        O gwyn ei briddq cyn ebrwydded.

Le *g* de *gwyn* pour *cwyn* est certain.

Cyhydedd hir (penill).
> Ni bydd hydd (1) na hawc,
> Na llew galluawc,
> Na blaidd cynddeiriawc, blwydd cyn ddewred.

Cyhydedd nawbann.
> Yn ei arwyddion un a rodded,
> O fewn y darian faen a dorred,
> Lleuad newyddian, llew dinodded,
> A'i thynu deirgwaith yn y darged.

Cyhydedd hir (penill).
> Am nad oedd mewn dur,
> Teirmil côt armur,
> Accw'n nydd arthur cyn ddiwarthed,
> . . . .
> O gwyn ei briddo cyn ebrwydded (2).

LEWIS GLYN COTHI (p. 131-137).

Awdl i Gruffydd ab Nicolas o Dre Newydd.

Englyn unodl unsain.
> Gwin llawn, gwir a iawn, | llyna'r gras — a gawn
> Y gan vab Nicolas;
> Ei ddarogan hyd Wanas
> Ydd wyv ar ol Adda vras.

Prost cyfnewidiog.
> Adda vardd a'r ddau Verddin
> Iddo wyv heno vy hun;
> Chwannog wyv ei ddarogan,
> Gwr yn benaig o Urien;
> Y gwr hwnw a garwn
> A dry gwyr gyda'r goron.

(1) Le texte a *ni bydd na hydd na hawc*, ce qui donne une syllabe de trop.

(2) Le texte, en plusieurs endroits, dans ce poème, est douteux.

Englyn unodl unsain.
> Coron yr haelion yw'r hydd-o'r deau
> Dwyoes vo i Rufydd;
> Ev a wna arvau newydd,
> Mewn rhôd o'r mwnai y rhydd.

Englyn unodl unsain.
> Grufydd ev a rydd dair o vrain — unlliw
> A llew gwyn i Owain;
> Llawer mab a wisg lliain
> Dan yr haul yn dwyn y rhai'n.

Prost cyfnewidiog.
> Y mae i rhai'n hyd y mor hwnt
> I'r cadben a'r Lutenont;
> Mawr yw yn Nghymmru ei rent,
> Mwy yw iddo y meddiant.

Englyn unodl unsain.
> Ei veddiant val sant y sydd — o'r Deau
> I Dywyn Meirionydd,
> O Vynwy i Vevenydd;
> A vyno vo i Von vydd.

Cyhydedd hir.
> Ni bydd ac ni bu | dim well no'r gwr du
> Y sy'n magu llu | 'n y gorllewin;
> Ni bu un benach, | na vu, a Duw'n vach (1),
> Na urddawl o'i ach | mor ddilychwin.

Cyhydedd hir.
> Evo o Waithvoed | yw yr ail a roed,
> Rhoed Iesu ei oed | megys Edwin;
> Cenedl mewn cynnydd | i'r gwr val Gweirydd,
> O Vynyw y sydd | i Von a sin.

Cyhydedd hir.
> Mynu'r tân maent (2) hwy | o Gaer i Lan Gwy,
> A mwy o Gonwy | i Lan Gynin;
> Ev a aeth val udd | ei enw ev val Nudd,
> Grufydd o Vor udd | hyd ar Vreiddin.

(1) Texte: *yn vach.*
(2) Texte: *mynu y tan y maent hwy.*

LES DIVERS SYSTÈMES DANS LE MÊME POÈME.

Cyhydedd hir.
Nid âd ev o'i dy | gamrent ar Gymmry,
A hwy y pery | hyny no'r hin ;
Trevi a biau | daiar y Deau
A'i da a'i thyrau | byd Wytherin.

Cyhydedd hir.
Iddo ev ydd aeth | ddwy arglwyddiaeth,
Nid gwaeth no Dugiaeth | lle caid ei win ;
Arberth a erbyn, | amlwg yw Emlyn,
Hyn ato a dyn | val Custenin.

Cyhydedd hir.
Ni âd hwn a'i wyr | un lle o Lan Llyr
I Aber Ysgyr | heb oresgyn ;
Novies Dinevwr | yni aeth yn wr,
Val y gwnaeth Tewdwr, | mewn twr meinin.

Cyhydedd hir.
Craf y dwg Grufydd | ystâd nos a dydd,
Val y bydd y gwydd | yn dwyn y gwin ;
Cywir a gwirion | yw'r gwr i'r Goron ;
Cynghor vydd i hon | ger bron brenin.
Ar ol Nicolas, | gwr a oedd mewn gras,
Evo yw urddas | sir Caervyrddin.

Englyn unodl unsain.
Eryr Caervyrddin, | mae warant — evo
O Vristo i Benvro bant :
Eiste, cael crestio cant,
Hyn vydd heno'n ei veddiant.

Englyn unodl unsain.
Meddiannus ac Ustus | yw — o ddwy Went
I dy Ddewi Mynyw ;
Brawdwr gwlad Gamber ydyw
Yn rhoi barn ar y rhai byw.

Be byw yn Neheubarth heddyw Arthur (1)
Val y bu a'r llu llawer,
Ev a alwai ei vilwyr
Yn blaid i vab Elidir,
A'i blaid ev yn Ninevwr,
Ill dau (2) a gais gwyllt a gwâr.

Englyn unodl unsain.
> Gwyllt a gwâr a gâr, | ni ddigerir — awr
> Ar orwyr Elidir;
> Arno mae pwys y ddwy sir,
> Danaw y saiv deunaw sir.

Le reste du poème est en *tawddgyrch cadwynog*.

(1) V. pour la strophe, p. 145.
(2) Prononcez Illtau : gwyllt.

CHAPITRE V.

SCANSION.

§ 1ᵉʳ. — *Contraction et élision ou synizèse.*

1° Pronoms personnels ou possessifs contractés avec un mot précédent terminé par une voyelle :

Iʳᵉ *personne :*

mae yno'nghorf a'm enaid (*Flores*, p. 6) (1).
mae'm cyhuddaw (*Ibid.*, p. 39).
i'm arglwydd (Lewis Gl. Cothi, p. 33).
mae'm (2) ynau pân, mae'm naw pais (*Id.*, p. 69).
erchi'm (3) hevyd (*Id.*, p. 94).
a'm daint (*Id.*, p. 105).
a'm mhap (4) (*Id.*, p. 140).

---

(1) Les exemples des *Flores* vont presque tous du quinzième au dix-septième siècle.
(2) Pour **mae i'm** (g)ynau ; **mae i'm** naw pais.
(3) Pour **erchi i'm** hevyd.
(4) Et mon pape.

E'm magodd (*Id.*, p. 189).
E'm gwnaeth (*Id.*, p. 189).
Drwy'ngherdd (1) (Gwil. ab Ieuan H., *Gorch.*, p. 146).
Torres Duw'm braich (Deio ab Ieuan, *Gorch.*, p. 183).
a thorri'n hy a thre'n had (Deio, *Gorch.*, p. 183).
yw'nymuniad (Gutt. Owain, *Gorch.*, p. 190).
ni'm ettyl (Ieuan Deul., *Gorch.*, p. 136).

II° *personne* :

cabla'th fro (*Flores*, p. 33).
Ef a'th dwyllir (*Ibid.*, p. 35).
na'th (*Ibid.*, p. 38).
i'th ddinas (*Ibid.*, p. 52).
a'th glafychai'th ddiglwyfo (*Flores*, p. 55).
ni bu i'th erbyn (Lewis Gl. Cothi, p. 152).
a'th osmeitha (Daf. Nanmor, *Gorch.*, p. 97).
Mae't (2) law drom (Lewis Gl. Cothi, p. 72).

III° *personne* masculin et féminin :

i'w ddydd (*Flores*, p. 1).
Dwr a'i bawdd (*Ibid.*, p. 1).
a dreissio'i wyr a'i drassau (*Ibid.*, p. 4).
a rydd hael yw'r eiddo'i hun (*Flores*, p. 10).
na'i phryd (*Ibid.*, p. 14).
na'i golli (*Ibid.*, p. 29).
a gaffo'i dwyn o gyff da (*Ibid.*, p. 32).
methu'i ofyn (*Ibid.*, p. 55).
a'i hil (Lewis Gl. Cothi, p. 2).
o'i gwaed (*Id.*, p. 2).

---

(1) Pour *Drwy yn* gherdd = Drwy fyngherdd.
(2) Pour mae i't (*itti*).

i'w gylch (*Id.*, p. 4).
mae'i hwythran (*Id.*, p. 9).
yntau'i hun (*Id.*, p. 18).
a'i weled (*Id.*, p. 38).
a'i (1) wyr (*Id.*, p. 49).
marchogion vu'i veibion (*Id.*, p. 196).
na'i phlaid (Iolo Goch, *Gorch.*, p. 74).
i'w barth (*Id.*, *ibid.*, p. 81).
Pwy mwy'i swydd (*Id.*, *ibid.*, p. 81).
o'i wisg (Daf. ab Edm., *Gorch.*, p. 106).
honni'i cherdd (*Id.*, *ibid.*, p. 113).
i'w chadw hi (Ieuan Deul., *Gorch.*, p. 129).
wystlo'i dir (Will. Llyn, *Gorch.*, p. 271).
mwya'i (2) dasg (Daf. Nonmor, *Gorch.*, p. 149).
drwy'i elor (Deio, *Gorch.*, p. 185).
a fynnai'i ddwyn (Tud. Aled, *Gorch.*, p. 231).
da'i grefydd (Will. Llyn, *Gorch.*, p. 281).
o gorfu'i blygu (3) (*Id.*, *ibid.*, p. 139).

Pluriel Ire *personne* :

a'n pryno (*Flores*, p. 8).
o'n rhwysg a'n ynni (*Ibid.*, p. 12).
Iesu'n gwynfyd (*Ibid.*, p. 51).
Fe'n carodd (*Ibid.*, p. 52).
aros Pasc vu'n tasg a'n taith (Lewis Gl. Cothi, p. 176).
yw'n gwaith (Gwilym ab Ieuan H. (*Gorch.*, p. 146).
a'n gwirodydd (Gutt. Owain, *Gorch.*, p. 203).
yw'n Ior ni (*Id.*, *ibid.*, p. 207).
i nodi'n rhyw (Tud. Aled, *Gorch.*, p. 227).
Och, Dduw'n bod uwch y ddaear (*Id.*, *ibid.*, p. 255).

(1) *Avec ses* hommes.
(2) Pour *mwyaf*.
(3) Texte : gorfu *ei* blygu : une syllabe de trop.

II° *personne :*

> mae'ch aur a'ch arian (Lewis Gl. Cothi, p. 51).
> eisiau'ch tad (Ieuan Deul., *Gorch.*, p. 127).
> a'ch anrhydedd (Will. Llyn, *Gorch.*, p. 274).
> gyda'ch cledd (Deio, *Gorch.*, p. 180).
> dyn o'ch iaith (Gutt. Owain, *Gorch.*, p. 194).
> yn myw'ch dynion (*Id., ibid.*, p. 229).
> bwrw'ch ynys (*Id., ibid.*, p. 231).
> hir a fo'ch oed (Will. Llyn, *Gorch.*, p. 267).

III° *personne :*

> i'w dau wely (Lewis Gl. Cothi, p. 38).
> eu rhif, i nodi'u rhyw (Tud. Aled, *Gorch.*, p. 227).
> weithio'u mawl (Will. Llyn, *Gorch.*, p. 280).
> a'u cartrefydd (*Id., ibid.*, p. 281).

Les contractions de pronoms personnels et possessifs commençant par une voyelle sont régulièrement faites avec les mots terminés par une voyelle *dont ils dépendent;* par exemple avec les prépositions, conjonctions. Si ce sont des mots avec lesquels ils n'ont que des rapports fortuits de prononciation ; si c'est par accident qu'ils se trouvent en contact, la contraction se fait ou non, suivant les besoins de la métrique, quoique la tendance naturelle porte à la contraction :

> lleia i barch (*Flores*, p. 39).
> a assiai i farn (*Ibid.*, p. 48).
> egr fu ei barn (*Ibid.*, p. 53).
> gwae ei wraig (Daf. Nanmor, *Gorch.*, p. 153).

(même ligne gwae'i famm).
lle ei enau (Hywel ab Rhein., *Gorch.*, p. 166).
yna i leas (Tud. Aled, *Gorch.*, p. 235).
wedi i wledd (*Id., ibid.*, p. 239).

yn pour *fyn*, souvent ne se contracte pas; *fyn* est souvent intact;

fi, *nota augens*, réduit à *i* se contracte ;
y rhodia'i mwy (*Flores*, p. 16).

2° Article, préposition *yn*, particules verbales *ydd*, *yr*, contractés avec mot précédent terminé par voyelle :

ARTICLE :

yw'r oed (*Flores*, p. 2).
para'r hwya o'r rhai'n (*Ibid.*, p. 2).
daw'r angau (*Ibid.*, p. 2).
a'r eiry (*Ibid.*, p. 3).
a wna'r gwr (*Ibid.*, p. 3).
gyda'r Efengyl (*Ibid.*, p. 5).
mae'r ddihared (*Ibid.*, p. 5).
colli'r clustiau (*Flores*, p. 6).
trwy'r gwynnas (*Ibid.*, p. 10).
i'r ddaiaren (*Ibid.*, p. 26).
o'r da (*Ibid.*, p. 29).
y ffy'r adar (Lewis Gl. Cothi, p. 34).
iddaw'r aeth (*Id.*, p. 128).
gwae'r wlad (*Id.*, p. 175).
udo'r wyf (Daf. ab Edm., *Gorch.*, p. 118).
Piau'r dorf (Will. Llyn, *Gorch.*, p. 280).

Préposition *yn* :

iddo'n ufydd (*Flores*, p. 6).
anturio'n ddoeth (*Ibid.*, p. 6).
coelio'n bell (*Ibid.*, p. 9).
y pery'n y wedd (*Ibid.*, p. 20).
byw'n y nef (*Ibid.*, p. 26).
sy'n mynydd (*Ibid.*, p. 62).
yw'mhob (1) pen (Lewis Gl. Cothi, p. 107).
heddiw'mhob lliw (Lewis Gl. Cothi, p. 139).
rhedai'mlaen (*Id.*, p. 36).
a rhodia'mysg y rhedyn (Daf. Nanmor, *Gorch.*, p. 91).
am lin Conwy'mlaen (Gr. Hiraethog, *Gorch.*, p. 99).
oedd doe'n f'annerch (Daf. ab Edm., (*Gorch.*, p. 119).
Pe'mrig (Tud. Aled, *Gorch.*, p. 251).

Particules verbales *yr*, *ydd*, *yr* :

ble'dd â (*Flores*, p. 42).
lle'r êl (*Ibid.*, p. 32).
lle'dd oeddid (Lewis Gl. Cothi, p. 167).
Doe'r aeth (*Id.*, p. 175).
o dderi'dd ys (Ieuan Deul., *Gorch.*, p. 136).
lle'dd ai (*Id.*, *ibid.*, p. 140).
lle'dd wyf (Deio, *Gorch.*, p. 183).
Duw'dd wyf (Gutt. Owain, *Gorch.*, p. 189).
i'r fangre'dd el (*Id.*, *ibid.*, p. 208).
tynnu'dd wyf (*Id.*, *ibid.*, p. 215).
talu'dd wyt (Tud. Aled, *Gorch.*, p. 231).

Ces contractions ne sont pas obligatoires. On

---

(1) Texte : *yw'n mhod.*

comprend, d'ailleurs, que l'accent oratoire sépare les éléments en présence. De plus, il faut compter avec les exigences du mètre :

a gwayw sy **ym** mhob gewyn (*Flores*, p. 17).
ni nofla **yn** un afon (*Ibid.*, p. 21).
yfory **yn** farw (*Ibid.*, p. 27).
caru **ydd** wyf (Daf. Nanmor, *Gorch.*, p. 90).
i dringo **ydd** a (Lewis Gl. Cothi, p. 13).
eb **yr** Adda (*Id.*, p. 149).
y sy **i'th** law (Gwil. ab Ieuan H., *Gorch.*, p. 143).
gwedi **i'r** haedder (Deio, *Gorch.*, p. 172).
sy **yn** natur (*Id.*, *ibid.*, p. 179).

3° Élisions de mots autres à initiale vocalique après des mots à terminaison vocalique :

Byth a'mddirietto (*Flores*, p. 28) : *a ymddirietto*.
ei'tifedd (*Ibid.*, p. 32) : *ei etifedd*.
eisieu'gino (*Ibid.*, p. 46) : *eisieu egino*.
i'mlowio a'r byd (*Ibid.*, p. 58) : *i ymlowio*.
mae'sgriven (Lewis Gl. Cothi, p. 20) : *mae ysgriven*.
tri'gain (*Id.*, p. 31) : *tri ugain*.
dy'mddygiad (*Id.*, p. 53) : *dy ymddygiad*.
ni bu'leni (*Id.*, p. 76) : *ni bu eleni*.
lle'mgymmharant (*Id.*, p. 78) : *lle ymgymmharant*.
a'sgrivenwyd (*Id.*, p. 84) : *a ysgrivenwyd*.
vu'mryson (*Id.*, p. 162) *vu ymryson*.
o'ryri (Daf. Nanmor, *Gorch.*, p. 90) : *o Eryri*.
o'i'staffell (Ieuan Du, *Gorch.*, p. 236).
neu'deryn (Will. Llyn, *Gorch.*, p. 267) : *neu ederyn*.
ba'rioed (*Id.*, *ibid.*, p. 267) : *ba erioed*.
trwy'nyssoedd (*Id.*, *ibid.*, p. 287).

Ces élisions, naturellement, ne sont pas obligatoires ; elles sont accidentelles.

4° Pronoms possessifs et personnels de la première et de la deuxième personne (*fy*, *dy*) et pronom personnel neutre *fe*, élidés devant mot commençant par voyelle.

Ire *personne :*

f'enaid (*Flores*, p. 6).
f'ais (*Ibid.*, p. 45).
yn f'ol (*Ibid.*, p. 54).
v'enaid (Lewis Gl. Cothi, p. 25).
v'eryr (*Id.*, p. 25).
f'wyneb (Iolo Goch, *Gorch.*, p. 91).
f'arwain (Deio, *Gorch.*, p. 182).

II° *personne :*

yn d'ol (*Flores*, p. 4).
d'ofn (*Ibid.*, p. 5).
ac na wna'n t'ol (*Ibid.*, p. 10).
d'elyn (Lewis Gl. Cothi, p. 57).
yn d'adu (*Id.*, p. 98).
yn d'ogylch (*Id.*, p. 142).
d'wr di (Daf. ab Gwil., *Gorch.*, p. 40).
d'eiriau (Daf. ab. Edm., *Gorch.*, p. 112).
yn d'ogylch (Daf. ab Edm., *Gorch.*, p. 113).
ar d'ol (Gutt. Owain, *Gorch.*, p. 194).
d'air (*Id.*, *ibid.*, p. 195).
d'wylofen (*Id.*, *ibid.*, p. 211).
Duw'n d'ol (Will. Llyn, *Gorch.*, p. 265).
oedd d'orwedd (*Id.*, *ibid.*, p. 280).

III° *personne* :

f'aeth rhwn f'ais (Daf. ab Gwil., *Gorch.*, p. 44) : **fe aeth**.

A citer dans ce genre :

n'âd (*Flores*, p. 35) : *na ad*.
s'uchod (*Ibid.*, p. 53) : *sy uchod*.

Souvent ces élisions ne sont pas faites.

Lewis Glyn Cothi : p. 3, dy arglwyddes.
— p. 36, o ystlys.
— p. 53, vy erchwyn.
— p. 82, 90, vy enaid.
— p. 99, dy adar.
— p. 112, dy arian.
— p. 155, drwy ystlys.
Gorchestion : p. 46, dy ael.
— p. 125, fy wryd.
— p. 177, dy eidion.
— p. 228, ba ysgwydd.
— p. 281, dy aer.
— p. 132, dy wg.

Remarque I. — La préposition *yn* syncope parfois sa voyelle même après mots terminés par consonne :

ei gorph'n ol (*Flores*, p. 53).
na llu ar y mynydd 'n y lle yr ymwanud (Daf. Nanmor, *Ceinion*, I, p. 164).
yr wyv'n erchi i'r grog (Lewis Gl. Cothi, p. 122).

Dans ce dernier exemple, il est possible qu'il faille prononcer wy'n erchi. Le texte a une syllabe de trop avec *yn erchi*.

Quand *yn* se syncope ainsi, l'*n* se rattache au mot suivant commençant par voyelle.

Cf. dans cet ordre de phénomènes :

Marc vengelwr (Lewis Gl. Cothi, p. 95).

§ 2. — *Particule verbale* a.

A est très souvent exprimée sans élision ni contraction après des mots à terminaison vocalique. Elle est supprimée même après des mots à terminaison consonnantique :

torri a gaiff (Ieuan Du, *Gorch.*, p. 129).
ti a wely (Daf. ab Gwil., *Gorch.*, p. 34).
myfi a wyr (Iolo Goch., *Gorch.*, p. 86).
Bro wysg a aeth (Lewis Gl. Cothi, p. 6).
gwyr a aned (*Id.*, p. 6).

mais :

mi archaf (Deio, *Gorch.*, p. 188).
mi gerais (Daf. ab Gwil., p. 43).
mi ddywedaf (*Id.*, *ibid.*, p. 40).
Efe biau (Daf. ab Edm., *Gorch.*, p. 104).
ni aetham (Lewis Gl. Cothi, p. 107).
Gwell vydd (*Id.*, p. 92).
Pwy mwy biau (*Id.*, p. 125).

La particule verbale *yr* est aussi supprimée, ou

plutôt se rattache par sa consonne au mot suivant.

'r **wyl** y beirdd ar ol y byw (Lewis Gl. Cothi, p. 6).

Avec *yr* on a une syllabe de trop (cf. § 2 : *yn*).

§. 3. — *Syncopes dans l'intérieur du mot.*

cruaidd (*Flores*, p. 52) : *caruaidd*.
dwedyd (*Ibid.*, p. 15); Lewis Gl. Cothi, p. 39 : *dywedyd*.
dwedynt (*Ibid.*, p. 39) : *dywedynt; dwedaf* (*Gorch.*, p. 116).
dwedai (Lewis Glyn Cothi, p. 136); *dwettwn* (*Gorch.*, p. 133); *dwetto* (*Gorch.*, p. 160).
cwilydd (*Flores*, p. 58) : *cywilydd*.
twysogaw (*Ibid.*, p. 49) : *tywysogaw; twysog* (Lewis Gl. Cothi, p. 114).
trawyd (*Ibid.*, p. 53) : *tarawyd; trawai* (*Gorch.*, p. 59).
Mredydd (at *Vredydd*) (Lewis Gl. Cothi, p. 11) : *Meredydd* (*Gorch.*, p. 171, 172).
cweiria (Lewis Gl. Cothi, p. 25) : *cyweiria*.
cweiriant (*Gorch.*, p. 184); *cweiriwyd* (*Gorch.*, p. 185).
dryslwyn (Lewis Glyn Cothi, p. 196) : *dyryslwyn*.
cyd (*pe cyd y nos*) (*Gorch.*, p. 60) : *cyhyd*.
ple (*Gorch.*, p. 74, 145) : *py le*.
gosmeithia (a'th osmeithia) (*Gorch.*, p. 97) : *gosymeithia, gosymdeithia*.
gwasnaethu (*Gorch.*, p. 161) : *gwasanaethu*.
clomenod (*Gorch.*, p. 170) : *colomenod*.
clennig (*Gorch.*, p. 186) : *calennig*.
uchneidion (*Ibid.*, p. 261) : *ucheneidion*.
tragwyddawl (*Ibid.*, p. 300) : *tragywyddawl*.

L'initiale non accentuée dans les mots de trois

syllabes a une tendance à s'affaiblir ou à disparaître (aujourd'hui *menyn*, beurre, pour *ymenyn*).

Le groupe *consonne + y + w*, avant l'accent, se contracte en *consonne + w*.

Dans les mots de quatre syllabes, la syllabe avant l'accent principal s'affaiblit ou disparaît (*clomenod* s'explique par *clomen = colómen*).

§ 4. — *Mots terminés par* w *ou* y *précédés de consonnes.*

1° *W*, en général, ne compte pas pour une syllabe. Voici les mots où je l'ai constaté :

acw (Lewis Gl. Cothi, p. 83 ; *Gorch.*, p. 140).
bwrw (*Flores*, p. 8, 20 ; *Gorch.*, p. 143, 180, 191).
bedw (*Flores*, p. 36 ; *Gorch.*, p. 20, 129).
berw (*Gorch.*, p. 91, 211).
carw (*Flores*, p. 2 ; *Gorch.*, p. 162, 176, 270).
ceirw (*Gorch.*, p. 15, 270).
cadw (*Flores*, p. 9, 45, 47 ; Lewis Gl. Cothi, p. 22, 103, 173, 195 ; *Gorch.*, p. 103).
ceidw (*Flores*, p. 18, 32 ; *Gorch.*, p. 180).
cwrw (*Gorch.*, p. 78).
cyfenw (*Gorch.*, p. 47).
delw (Lewis Gl. Cothi, p. 53, 62 ; *Gorch.*, p. 131, 260).
derw (*Id.*, p. 195 ; *Gorch.*, p. 29).
dielw (*Gorch.*, p. 211).
chwerw (*Gorch.*, p. 22, 228).
enw (*Flores*, p. 28, 30, 175 ; Lewis Gl. Cothi, p. 139, 149, 173 ; *Gorch.*, p. 79, 91, 175).
erw (*Flores*, p. 29 ; *Gorch.*, p. 134).
elw (Lewis Gl. Cothi, p. 190).

garw (Flores, p. 20, 24 ; Lewis Gl. Cothi, p. 46, 136 ; *Gorch.*, p. 22).

geirw (Gorch., p. 157).

galw (Lewis Gl. Cothi, p. 2, 94; *Gorch.*, p. 185).

gwelw (Gorch., p. 52).

gwdw (Gorch., p. 176).

gwedw (Gorch., p. 233).

herw (Gorch., p. 40).

hygarw (Gorch., p. 270).

llanw (Flores, p. 2, 31 ; Lewis Gl. Cothi, p. 193 ; *Gorch.*, p. 22, 181).

lledw (Gorch., p. 108).

lleisw (Gorch., p. 125).

marw (Flores, p. 23, 24, 50 ; *Gorch.*, p. 26, 72, 219, 255).

meirw (Gorch., p. 83).

meddw (Flores, p. 75 ; Lewis Gl. Cothi, p. 29) ; *Gorch.*, p. 19).

salw (Gorch., p. 211).

tarw (Lewis Gl. Cothi, p. 47, 94, 103).

twrw (Gorch., p. 63) = *twrwf, twrf.*

Il y a peu d'exceptions ; voici les seuls exemples que j'aie relevés dans lesquels *w* forme syllabe :

cadw (Tudur Aled, *Flores,* p. 7 ; Lewis Gl. Cothi, p. 55).

llanw (*Flores*, p. 75 ; Lewis Gl. Cothi, p. 55).

enw (Lewis Gl. Cothi, p. 173).

acw (Lewis Gl. Cothi, p. 83).

2° Mots en *y* (*y* représente une spirante gutturale sonore ancienne).

Dans *daly y* ne compte pas :

Daly hwswold **drwy** wroldeb (Lewis Gl. Cothi, p. 195 ; vers de sept syllabes).

Eiry :

Os gwen **eiry** bellen neu beilliaid drosto (dix syllabes ; Lewis Gl. Cothi, p. 91).

Ailleurs *eiry* vaut deux syllabes (Iolo Goch, *Flores*, p. 3; Dafydd ab Gwil., *Gorch.*, p. 50 ; Dafydd Nanmor, *Flores*, p. 29).

hely vaut deux syllabes (Guttyn Owain, *Gorch.*, p. 206, 207).

§ 5. — *Gwn-, gwl-, gwr-* (*vieux brittonique vn, vl, vr*) *ne forment pas syllabes.*

Toutes les formes du verbe *gwneuthur* (*gwnaeth, gwnaei, gwnel*, etc.) sont dans ce cas, sans une seule exception. De même :

gwlad.
gwres.
gwledd.
gwlith.
gwlaw (1) (Dafydd ab Gwil., *Gorch.*, p. 41).
gwrandaw.
gwraig, gwragedd ; gwrach.
gwrysg.
gwregys.
gwlych.
gwridog.
gwrid.
gwlan.

(1) Doit s'écrire et s'écrit régulièrement *glaw* en moyen-gallois : *gwlaw* a été écrit à la moderne.

gwreichion.
gwrychio.
gwlydd.
gwniad.
gwraidd (racine).

Y- prosthéthique *(ysp, yst, ysc; ysb, ysd, ysg)* compte pour une syllabe, en dehors des cas d'élision.

Ys, même devant les adjectifs, compte toujours :

er ys blwyddyn (Dafydd ab Gwil., *Gorch.*, p. 57).

Tyno compte pour deux syllabes dans un exemple de Iolo Goch *(Gorch.*, p. 86).

Dans les formes de *dylu (dyly, dylent)*, l'*y* forme syllabe; de même dans *dyled* et ses dérivés *(dyledog, Gorch.*, p. 202).

§ 6. — *Mots en hiatus par suite de la chute d'une consonne brittonique (ou en composition).*

1° Les voyelles restent séparées et il n'y a pas de *synizèse* :

arhoed (*Flores*, p. 22).
arhoant (*Gorch.*, p. 205).
buan (*Flores*, p. 16).
buarth (*Flores*, p. 42; Lewis Gl. Cothi, p. 71).
bual (Lewis Gl. Cothi, p. 86; *Gorch.*, p. 196).
bwa (*Gorch.*, p. 35).
Buellt (*Gorch.*, p. 137).

buent (Ibid., p. 137).

buost (Lewis Gl. Cothi, p. 283).

cyfroi (Lewis Gl. Cothi, p. 3).

cuall (*Flores*, p. 22).

cymmraes (Lewis Gl. Cothi, p. 164).

diau (sans doute) (*Flores*, p. 8 ; *Gorch.*, p. 145).

diau (jours) (Lewis Gl. Cothi, p. 5, 106 ; *Gorch.*, p. 150).

dial (*Flores*, p. 22 ; Lewis Gl. Cothi, p. 17 ; *dialedd, id.*, p. 14).

deau (*Ibid.*, p. 22 ; Lewis Gl. Cothi, p. 4).

diengir (*Flores*, p. 23 ; *diangc, Gorch.*, p. 145).

diwg (*Flores*, p. 39).

diolch (*Ibid.*, p. 56 ; *Gorch.*, p. 133 ; *diylch*, Lewis Gl. Cothi, p. 69).

diovn (Lewis Gl. Cothi, p. 32).

dyogant (*Id.*, p. 41).

doent (*Id.*, p. 71).

diawd (*Id.*, p. 112 ; *diod, Id.*, p. 191).

daed (*Id.*, p. 179 ; *Gorch.*, p. 111, 258, 278).

dieithr (*Gorch.*, p. 131).

diog (*Gorch.*, p. 134).

diofer (*Ibid.*, p. 267).

dioddefodd (*Ibid.*, p. 189).

deallwyd (*Ibid.*, p. 85 ; *deallym, Flores*, p. 10).

dued (*Ibid.*, p. 111).

diffuant (*Ibid.*, p. 126).

deol (*Gorch.*, p. 107).

eos (*Ibid.*, p. 118).

eang (*Ibid.*, p. 146).

eog (*Ibid.*, p. 244).

ffiaidd (*Ibid.*, p. 93).

gweliau (*Flores*, p. 42).

gwniad (Lewis Gl. Cothi, p. 109, deux syllabes : *w* ne compte pas).

galluawg (*Id.*, p. 120).

gweddiau (Gorch., p. 39).
gweddiwn (Ibid., p. 69).
gweddio (Ibid., p. 69, 122).
gweliau (Ibid., p. 104).
gwiail (Ibid., p. 124).
groeg (Ibid., p. 199).
hual (Ibid., p. 124).
heol (Ibid., p. 39; *heolydd, ibid.*, p. 225, 281).
hau (1) (*Ibid.*, p. 184 (Braenaru a *hau* henn).
hwyaf (Ibid., p. 209).
Lleon (Ibid., p. 148).
lleon (p. 108).
Lleyn (Ieuan Gethin, 1450; *Gorch.*, p. 126 : rime avec *hyn*).
lluyddwyr (Gorch., p. 161).
lliosydd (Ibid., p. 168).
lliosog (Ibid., p. 171).
lleas (Ibid., p. 235).
Llion (caer) (Lewis Gl. Cothi, p. 94).
mwya (Gorch., p. 135).
niwl (Lewis Gl. Cothi, p. 173).
piau (Flores, p. 14, 26, 30; *Gorch.*, p. 70, 79, 104, 227).
pliant (Gorch., p. 187).
priod (Flores, p. 52; *Gorch.*, p. 193).
reol (Ibid., p. 41; *Gorch.*, p. 144).
reoli (Lewis Gl. Cothi, p. 85).
rhieni (Id., p. 109).
rhianedd (Gorch., p. 124).
teyrn (Flores, p. 14, 32; Lewis Gl. Cothi, p. 121; *Gorch.*, p. 212, 228).
teyrnedd (Lewis Gl. Cothi, p. 87; *Gorch.*, p. 108).
teyrnaidd (Lewis Gl. Cothi, p. 98; *Gorch.*, p. 109).
teyrnedd (Lewis Gl. Cothi, p. 87).
teyrnwalch (Lewis Gl. Cothi, p. 82; *Gorch.*, p. 207).

(1) Verbes en *áu* généralement ont *áu* valant une syllabe.

teyrnaswr (Gorch., p. 83).
teyrnas (Ibid., p. 136).
toed (Ibid., p. 126).
toer (Ibid., p. 126).
truan (Lewis Gl. Cothi, p. 30 ; *Gorch.*, p. 136).
ysgwier (Gorch., p. 102).

2° Les voyelles forment diphtongue et font partie de la même syllabe (*synizèse*).

awn (allons) (Lewis Gl. Cothi, p. 15).
aed (Gorch., p. 126).
aer (héritier) (Lewis Gl. Cothi, p. 101 ; *Gorch.*, p. 192).
ael (Gorch., p. 46).
adael (Ibid., p. 111).
bae (Ibid, p. 137 ; *boed*, Lewis Gl. Cothi, p. 91).
baet (Gorch., p. 152).
baedd (Ibid., p. 197).
croes (Flores, p. 53).
caeau (deux syllabes, *Gorch.*, p. 77).
caed (Ibid., p. 200).
caer (Ibid., p. 114).
caet (Ibid., p. 152).
cael (Ibid., p. 162).
caffael (Ibid., p. 185).
diawl (une syllabe, *Flores*, p. 13 ; *Gorch.*, p. 147).
diawlaid (Ibid., p. 56).
dewr (Lewis Gl. Cothi, p. 11 ; *Gorch.*, p. 47, 90, 1° l., 228.
dewredd (Gorch., p. 104).
daed (Lewis Gl. Cothi, p. 105, 127, 190, v. plus haut ; *Gorch.*, p. 285).
down (Gorch., p. 183).
doed (Lewis Gl. Cothi, p. 200).
diwrnod (Gorch., p. 101).

erioed (*Flores*, p. 3).
einioes (Lewis Gl. Cothi, p. 89).
eiriol (*Gorch.*, p. 132).
gwarhau (*Ibid.*, p. 130).
gwaed (Lewis Gl. Cothi, p. 2).
hael (*Flores*, p. 10).
lloi (*Gorch.*, p. 177).
llawnhau (*Gorch.*, p. 275).
Lloegr (*Ibid.*, p. 196).
maes (Lewis Gl. Cothi, p. 5).
Maelgwn (*Gorch.*, p. 140).
nesâu (Lewis Gl. Cothi, p. 147; *neshâu*, *Gorch.*, p. 266).
niwl (*Gorch.*, p. 57, 238; v. plus haut, 1°).
oddiar (Lewis Gl. Cothi, p. 158).
oddiyno (*Id.*, p. 186).
oddiyna (*Id.*, p. 191).
parhâu (*Id.*, p. 113, 138).
rhoed (Lewis Gl. Cothi, p. 3; *Gorch.*, p. 112, 151, 220).
rhown (*Gorch.*, p. 82).
rhoe (*Ibid.*, p. 111).
rhoit (*Ibid.*, p. 130).
rhoes (*Ibid.*, p. 150, 220).
rhoer (*Ibid.*, p. 200).
trown (*Flores*, p. 36).
troir (*Ibid.*, p. 42).
troes (*Gorch.*, p. 149).
troell (*Ibid.*, p. 166).
teyrnasu (Lewis Gl. Cothi, p. 43).
teyrnas (*Id.*, p. 43; ailleurs toujours deux syllabes).
tristaa (*Id.*, p. 37).

Les verbes au prétérit dit *passif*, écrit *-iwyd*, sont, en réalité, en *-wyd :* je n'ai pas trouvé une seule exception (*darniwyd :* prononcez *darn'wyd*).

De même *digiwyf* (Lewis Glyn Cothi, p. 27) vaut deux syllabes.

Les mots terminés par *voyelle* + *f(v)* laissent souvent tomber leur consonne finale, à tel point que la contraction est possible avec la voyelle qui précède :

hwya (*Flores*, p. 2).
mwya (*Ibid.*, p. 10 ; *Gorch.*, p. 149. Dafydd Nanmor).
wy' : ydd **wy'n** wylo (Tudur Aled, *Ceinion*, I, p. 339).
rhodia : y rhodia'i : y rhodi*af* i (*Flores*, p. 16).
lleia'i barch (*Ibid.*, p. 39).
songry = *songryf* (Dafydd ab Gwilym, p. 92 : en syllabe finale, rime avec *fry*).

LIVRE III.

LA MÉTRIQUE GALLOISE DEPUIS LE XVIᵉ SIÈCLE JUSQU'A NOS JOURS.

CHAPITRE PREMIER.

LE DIX-SEPTIÈME SIÈCLE.

§ 1ᵉʳ. — *Remarques générales au point de vue du bardisme.*

Ce siècle ne mérite guère d'occuper l'attention. La décadence, qui avait commencé depuis la perte complète de l'indépendance galloise (v. p. 7-10), s'était accentuée surtout sous Henri VIII par l'union complète du pays de Galles avec l'Angleterre. L'aristocratie s'anglicise complètement. Elle devient étrangère, en grande partie, à la littérature galloise. Les grandes maisons n'entretiennent plus ni *barde* ni *musicien*. Les portes se ferment aux poètes et musiciens errants, si nombreux encore dans le pays au quinzième et même dans la première moitié du seizième siècle. La lettre de la reine Elisabeth, en 1568, aux autorités du pays, contre les *ménestrels vagabonds*, qui constate et proclame leur dégradation, semble leur avoir porté le dernier coup.

Les grandes assises poétiques et musicales, les *eisteddfodau*, ont disparu. En exceptant la petite réunion des tenants du système de Glamorgan, en 1681 (v. p. 131-132), qui n'eut aucun retentissement, la première *eisteddfod* dont il soit fait mention après l'*eisteddfod* de Caerwys, en 1568, est celle de 1798, à Caerwys également.

Il y a une autre cause encore, d'une tout autre nature, qui devait détourner les esprits du bardisme et les entraîner vers un genre de poésie plus populaire et plus libre. Entraînés dans le grand mouvement de la Réforme, les littérateurs gallois consacrent leur talent à la vulgarisation de leurs idées religieuses et font œuvre de propagande poétique par des hymnes et des chants d'allure libre. Plusieurs d'entre eux se servent des systèmes figurant parmi les *mesurau caethion*, mais sans s'embarrasser des entraves de la *cynghanedd*. Aussi ce siècle ne nous retiendra-t-il pas longtemps.

Pour le système de Glamorgan, les auteurs qui nous l'ont fait connaître et les poètes qui en ont fourni la matière appartenant en grande partie au dix-septième siècle, nous n'avons pas à y revenir.

Pour l'autre système en renom, le seul faisant autorité, il n'y apparaît aucun changement.

§ 2. — *Exemples.*

En voici quelques exemples qui suffiront. Le *cywydd deuair hirion* et l'*englyn unodl unsain* paraissent, en dehors des poèmes qui sont des exercices de métrique, avoir été à peu près seuls, de tous les systèmes, très usités.

CYWYDD DEUAIR HIRION.

Huw Morus (Elégie sur la mort d'Edward Morus (1), *Ceinion*, II, p. 29).

> Briw gofid, braw a gefais,
> Brwyd a fu yn brydio f'ais ;
> Briw' sgymyn, braisg anmharch,
> Braidd wr byw o briddo'i barch ;
> Bu arw saeth i berl son
> Braenaru bronau oerion ;
> Y gair sy' garw ysywaeth,
> O bur wir, ni bu air waeth !
> Och na bae, gwae wyneb gwir
> I ni unwaith yn anwir !
> Marw Edward, mawr awdwr,
> Morus, oedd dymherus wr ;
> Llafurwr lles, llyfrwr llon,

(1) Huw Morus, 1622-1709. V. Prys, *Hanes*, p. 470.

Lliwdeg o'r Perthi Llwydion ;
Yn ben bardd, ni bu ni bydd,
Afiaeth brwd, y fath brydydd ;
Brwd oedd ei ffrwd, brydydd ffraeth,
Aber ddeunydd barddoniaeth ;
Aer y muses, air moesawl,
Am arfer mwynder a mawl.
Ei hawl ddeddfawl oedd seddfed
O Helicon, haela ced.
Ni wnai anrbaith, braswaith brys,
Neu duchan, enaid iachus ;
Per air wr, puror araith,
Parod o rym purder iaith.
Ni bu naid i'w bennodau,
Boniwr oedd dan ben yr iau ;
Ag (1) os adwaen gwys Edwart,
Ail y ddur yn ol ei ddart ;
Uchel nerth uwchlaw y naill,
A'i wych araith uwch eraill.
Pa brydydd, pybur aden,
A hed i'w nod hyd y nen?
Gwaith ofer i'm gaeth ofyn,
Heb neb i'm hatteb am hyn !
Bardd od ar y beirdd ydoedd,
Blysiais ei waith, blasus oedd.
Gogoniant a gae Gwynedd,
Cyn ei fod acw'n ei fedd :
Ein seren yn y siroedd,
Ein tés gwyn, ein t'wysog oedd.

(1) Texte : ac.

EDWARD MORUS (mort en 1689. Cf. Ashton, *Hanes*, p. 103) :

Cywydd moliant i'r anrhydeddus Thomas Mostyn, Ysw.
(*Ceinion*, II, p. 35).

Mi âf i'r llys, mwy fwy'r llwydd,
Daith hwylus odiaeth hylwydd ;
Lles yr iaith, llys orau oedd,
Llys Gloddaeth, lles y gwleddoedd.
Llys orau sydd, lles yw'r serch,
Llys awenydd, llais annerch ;
Llys orau fydd, lles ar faeth,
Lles beunydd, llys i bennaeth,
Sgwier Mostyn, ais grymusder (1),
Llys y Glyn, lluaws o gler ;
Llys Tomas a llys twymyn,
Yw'ch llys bras uwch llawes bryn.
Llys da i glod, lluest y gwledd (2)
Llys hynod, lles i Wynedd.
Mae'n lles yr hwyl, mae'n llys rhydd
A lle anwyl llawenydd.
Llys gorau dawn, llys gwr da,
Gwiw rywiogddawn a gwreig-dda ;
Llys gwrda, llys y gardod ;
Llys da i gla, llys diau glod ;
Llys Ifor a llys afiaeth,
Llys yn min môr, lles mewn maeth ;
Llys rhoddion, llys yr haeddiad
Yw'r llys hon, orau llesâd ;
Llys amlhau, lles mil yw hwn,

---

(1) Prononcez *grymuster : mostyn*.
(2) Prononcez *llys ta : lluest y*.

Llys gorau llys a garwn.
Llys y fawl wyllysiaf fi,
Ddedwyddawl, ddwad iddi.
Llys a ddysg a lle sydd dda (1),
Lle gwir addysg, lle gwreiddia ;
Llys ffynon, lle hoff i ni (2)
Llys gar bron, lles gwyr a'u bri ;
Llys gwir gerdd, llais ag ergyd,
Llys y gerdd a'i lles i gyd ;
Llyfrdy y ddawn, llafur da i ddysg,
Lle breuddawn llwybrau addysg ;
Llys gras mawr, llys groesaw mwyn,
Llys raddfawr, lles wyr addfwyn ;
Llys gwyn maeth, llys gwin a medd,
Llys benaeth, llys y bonedd ;
Llys seigiau lluosogion,
Llys gwr brau a lles gar bron ;
Llys enwog allo synwyr,
Llys aml cog, llys mel cwyr ;
Llys biroedd, lle syberwyd,
Llys a bioedd rhoi lles bwyd ;
Llys dedwydd, lles da ydyw,
Llys a lwydd, a llesol yw ;
Llys gwr mawr, wyllysgar mwyn,
Llys graddfawr, lles gwareiddfwyn ;
Llys bendith, llys byw undod,
Llys fel gwlith, wyllys (3) fawl glod ;
Llys rhad Duw (4), lles i'r tai,
Llys un duw ail lusendai (5) ;

(1) **dd dd** = *dd*.
(2) Texte : *mi*.
(3) Pour *ewyllys*.
(4) Prononcez *rhatuw* : '*r tai*.
(5) Pour *elusendai*.

Llys gair mwys, llys garw mawl,
Llys baradwys, lle ysbrydawl ;
Llys abertu, lles ei wybod,
Llys aer y north, lle sai'r nod ;
Llys hwyr y cei lles aer call
Llys aeres yw'r llys arall,
Llys dilys lles adeilad,
Llawer llys i'w liwyr wellhad,
Llys iach hwyl, llys wych yw hon,
Llys dau anwyl, lles dynion
I'w llys dalio lles dilyth,
Llaw Dduw fo i'w llwyddo fyth.

Englyn unodl union.

Huw Morus : *Cyffes y bardd ar Wely clefyd* (Prys, *Hanes*, p. 478-479).

Meddylion trymion | a'm troes — i wylo,
    O weled term hiroes ;
  Tra dinerth yw troed einioes,
  Tarfu wnaeth at derfyn (1) oes.

Gan bechod arw nôd, | 'r wy'n un — i'w dybied
    Yn debyg i eilun ;
  I ddiwarthu'r wedd wrthun,
  Nid oes help ond Iesu'i hun.

A gweled fyred | wyf fi — o fuchedd,
    Afiachus ddiriedi ;
  O gwel achos i'm golchi,
  Oen Duw Tad, yn dy waed di (2).

(1) Prononcez *atterfyn : tarfu*.
(2) Prononcez *dy waetti : duw tad*.

Mwyaf clod hynod | i henwas — beidio
    A bydol gymdeithas ;
Goreu mawrddawn grym urddas,
Groyw'mroi i grio am ras.

Am ras, hoff urddas, | mae ffydd — i'm henaid,
    Mae hyny'n llawenydd ;
Mae'n dda odiaeth, mae'n ddedwydd,
Mai'mhrynwr yn farn'w'r fydd.

Prynwr, Iachawdwr, | a cheidwad — odiaeth,
    Ydwyt o'r dechreuad ;
Duw ddyddiwr diddiweddiad,
Dydi foddlonaist dy dad.

Duw feddyg diddig | fu'n diodde' — hyd farw,
    Dy fawredd a brifiai ;
Codaist, nodaist eneidiau,
Goleu nôd i gael y ne (1).

Gogoniant, moliant | am eli — o'th waed,
    A'th wiwdeg oleuni ;
A'th rinwedd, nerthwr i ni,
I fynu dwg f'enaid i.

    HIR A THODDAID.

HUW MORUS : *I syr William Williams, o Glasgoed* (2).

Cymro dewr gwrol cymmer di'r goran,
Cyfiawnder fyni, cyfan derfynau ;

(1) *Ne* et *diodde*, comme le fait remarquer Prys, prouvent que l'auteur a dû écrire ou prononcer brisie, eneidie.
(2) Prys, *Hanes*, p. 478.

Rhai eisiau synwyr yn rhuo sasiwnau,
O egin y cedyrn yn weigion eu codau ;
Salmon y doethion, | dithau — 'n rhoi gwinoedd,
A thirion diroedd a'th aur yn dyrau.

Gwawdodyn Hir (1).

Am wawr oleuni i'r marwol anian,
Am rodd o addysg, mawredd ddiddan,
Am wir olud, mwya'r a welan',
Amledd melus, miloedd a'i molan',
Mawr yw ym mysg mawr | a mân — ymwared
Mawr ged, fyw uched, Marged Fychan.

§ 3. — *Système mixte*.

Au point de vue métrique, Huw Morus mérite une mention particulière. Comme le montrent les exemples ci-dessus, il était fort versé dans la connaissance des systèmes et de la *cynghanedd*. La plus grande partie de son œuvre est un compromis très curieux entre le système bardique et le système libre. Il adopte, dans ses chants d'amour, des strophes qui appartiennent à la poésie libre, surtout, semble-t-il, celles qui se prêtent à l'accompagnement de la harpe ou au chant, et y introduit la rime et l'allitération, une sorte de *cynghanedd*, en un mot, tout en ne se pliant

---

(1) Prys, *Hanes*, p. 478 : à Margaret Fychan, qui lui avait donné un livre à traduire de l'anglais en gallois.

pas à toutes les exigences des métriciens. Voici quelques exemples de son genre :

Strophe de six vers de treize syllabes (1).

Meillionen burwen beredd, o fonedd, rinwedd ryw,
A luniodd Duw yn lana' hawddgara', fwyna' fyw ;
Gwech raddol rasol rosyn. Hiw plisgyn irwyn wy,
Un dyner, cofia amdana' bryd Efa, noddfa nwy,
Yn hardd fel gardd deg urddol o lesol nefol nod,
Ail Fenws, oleu, fwynwar, lon, glaear, lawn o glod.

Strophes de huit vers de dix et onze syllabes (2).

Fy nghalon i sydd | yn danfon bob dydd
At flodau brig dansi, lon ffansi, lawn ffydd ;
Mor bêr yw dy bryd | fel rhos ar lan rhyd,
Neu loew wen lili, neu deg bwysi'r byd,
Dy gusan digel | yw'r mwsg ar y mêl,
Cnewyllyn dy ddeufin i'm dilyn y dêl ;
Mwy braint a mwy bri | cael ymwasgu a thydi,
Na chyweth brenhinieth, gwen eneth, gen i !

Strophe de huit vers de onze syllabes (3).

Pob glanddyn cariadus, afieithus yr fwyn
Gwrandewch ar fy hanes, a'm cyffes, a'm cwyn ;
Rwy'n dangos hysbysrwydd wych hylwydd i chwi,
Na welsoch chwi haeach ynfytach na m'fi ;
Mi a fum mewn oferedd yn hoewedd yn hir,

---

(1) W. Lewis Jones, *Caniadau Cymru*. Bangor, 1896, p. 1.
(2) *Id., ibid.*, p. 3-4.
(3) *Id., ibid.*, p. 14-15.

Ac weithiau'n byw'n boenus, awyddus yn wir
I ennill y geiniog mor gefnog a'r gwynt,
Er cynted y'i 'nnillwn mi a'i gwariwn yn gynt.

Il y a aussi des poèmes, en vers de douze et treize syllabes, du même type.

Strophe de quinze vers de longueurs variées (7, 12, 10, 7, 12, 10, 7, 6, 7, 12, 10, 8, 6, 8, 12, 10) (1).

Y gangen gain, | foddol, fain,
Gwyraidd, gywrain, | riain reiol, seren siriol,
Wiwddoeth, weddol, o rasol freiniol fron ;
Derbyn di, | yr oreu'i bri,
Yn ddiwegi genni' ganiad, | arwydd tyfiad
Gwrol gariad y wastad leuad lon.
Un feinir glir ar dir nid oes
A gara'i'n f'oes yn fwy
Na thi, lliw'r don, lili lon,
Dirion, wenfron, wiwlon, olau, gwenlliw'r blodau,
Pwy na'i hoffai a'i gwelai'n nyddiau'i nwy ?
Fy lloer naturiol, arnat ti
Y syniais i fy serch,
O ran dy fod | a'th rudd fel 'r ôd,
Feingan, barod, hynod, | hoenus, ddinam, ddawnus,
Lawen, liwus, y fedrus, foddus ferch !

Huw Morus reste fidèle à l'esprit sinon à la lettre des règles de la *cynghanedd* vocalique. Les deux ou trois membres de ses vers sont toujours reliés par la rime ou l'allitération. La partie qui

---

(1) W. Lewis Jones, *Caniadau Cymru*, Bangor, 1896, p. 7-8.

suit la dernière syllabe interne rimante est rattachée à la précédente par l'allitération.

Gwrandewch ar fy hanes a'm cyffes a'm cwyn.

C'est la principale loi de la *cynghanedd* vocalique, en exceptant le genre *llusg*. Il passe pour l'inventeur d'une *mesure* célèbre connue sous le nom de *tri tharawiad*, ou *trois ictus*, très usitée en poésie libre; il a exercé une grande influence sur l'évolution de la poésie libre.

CHAPITRE II.

LE DIX-HUITIÈME SIÈCLE.

§ 1ᵉʳ. — *Remarques généraux.*

Le dix-huitième siècle est une époque de renaissance pour la littérature galloise en général. Quant à la poésie, elle ne se ranime que vers la deuxième moitié de ce siècle, sous l'influence de sociétés patriotiques, comme la société des *Cymmrodorion* (1), celle des *Gwyneddigion* (2) (hommes de *Gwynedd,* Nord-Galles), la société des *Cymreigyddion* (3) (*Wallisants*).

Le plus grand poète de cette époque, un des

---

(1) L'âme de cette société a été le patriote éclairé Richard Morris d'Anglesey. Dissoute en 1787, elle fut rétablie en 1820, et de nouveau tomba en 1843 ; elle a été rétablie sur de nouvelles bases en 1843 et dure encore pour le plus grand bien du pays de Galles.

(2) Fondée en 1771, a subsisté jusqu'au milieu du dix-neuvième siècle ; a rendu de grands services.

(3) Fondée en 1793.

mieux doués qu'ait produits le pays de Galles, c'est Goronwy Owen, de son nom bardique *Goronwy Ddu o Fon*. Pour la vie aventureuse et accidentée de ce *clergyman*, je renvoie à sa *vie et correspondance*, formant le deuxième volume de ses œuvres (1). Il naquit en 1722 et mourut entre 1767 et 1770. C'est un lettré, très versé dans la connaissance des littératures grecque et latine, nourri notamment d'Horace, passionné pour l'étude de la langue et de la littérature de son pays, en même temps qu'un vrai poète. Il n'est pas douteux qu'il n'eût pu figurer au premier rang des poètes gallois, à côté de Dafydd ab Gwilyn, si les loisirs et les moyens de cultiver son art ne lui avaient fait défaut.

Rien de plus instructif que sa correspondance pour apprendre comment, avant la publication des vieilles poésies galloises, se formait un lettré gallois. Il écrit (II, p. 126) à son ami Morris qu'il n'a lu, en dehors de la Bible, aucun livre gallois qui valût la peine d'être cité, en dehors du *Bardd cwsg* d'Ellis Wyn. Et cependant, sa langue est des plus pures déjà à cette époque, et des plus souples.

Quant au bardisme, avant d'avoir eu entre les mains la grammaire de John Dafyd Rhys, il ne connaît rien de l'ancienne poésie. Les seuls sys-

---

(1) Rév. Robert Jones, *The poetical works of the Rev. Goronwy Owen*. 2 vol., Londres, 1876.

tèmes qu'il connaisse sont le *cywydd deuair hirion* et l'*englyn unodl union*. C'est Lewis Morris qui lui a enseigné l'*englyn milwr* et le *gwawdodyn byrr* (1).

Pour lui, il n'y a pas de poésie galloise possible sans *cynghanedd* (2) ; mais les systèmes ont été compliqués outre mesure. Il n'admet comme systèmes dignes d'être cultivés que les *englynion, cywyddau, odlau, gwawdodyn, toddaid, trybedd y meneich, clogyrnach* (3). Il condamne comme des dépravations des anciens systèmes le *gorchest y beirdd*, en quoi il a raison, et les *huppynt hir* et *byrr*, en quoi il se trompe : ce sont des systèmes anciens.

La science bardique de Goronwy Owen repose, en somme, sur la grammaire de John David Rhys. Ses poèmes les plus compliqués se composent de deux, trois ou quatre systèmes différents au plus, en exceptant un poème sur les vingt-quatre *mesur*, véritable exercice d'écolier *ès-bardisme*.

(1) Tome II, p. 62 (c'était en 1753). Cf. II, p. 90.
(2) Tome II, p. 53.
(3) Tome II, p. 128-131.

§ 2. — *Exemples.*

CYWYDD DEUAIR HIRION (I, p. 13).

Ymddiddan rhwng y bardd a'i awen (commencement de lettre à Wiliam Elias d'Anglesey).

Goronwy.

Dos, fy nghân at fardd anwyl ;
O byddi gwan na bydd gwyl ;
Bydd gofus, baidd ei gyfarch,
Dywed dy bwyll a dod barch.

Awen.

Os i Fon y'm danfoni,
Pair anghlod i'th dafod di ;
Bu gyfarwydd dderwyddon,
Gwyr hyddysg ym mysg gwyr Mon (1).
Priawd iddi prydyddiaeth ;
Cadd doethion ym Mon ei maeth ;
Mon sy ben, er ys ennyd,
Ar ddoethion a beirddion byd.
Pwy un glod â'i thafodiaith ?
A phwy yr un â'i pher iaith ?
Tithau waethwaeth yr aethost ;
Marw yw dy fath, mawr dy fost.
Nid amgen wyd, nad ymgais,

---

(1) La *cynghanedd*, d'après les lois des quinzième-seizième siècles et l'usage, manque de variété et serait considérée par les *bardes* de cette époque comme *négligée*.

Dirnad swrn darn wyd o Sais,
A'r gwr i'r hwn y'm gyri,
Nid pwl ful dwl yw fal di;
Ond prif-fardd yw o'r harddaf :
Am dy gan gogan a gaf.
Hawdd gwg a haeddu gogan :
Deall y gwr dwyll y gân :
Un terrig yw; nid hwyrach (1),
Gwn y chwardd am ben bardd bach.

Goronwy.

O Gymru lân yr hanwyf,
Na cham ran, a chymro wyf;
A dinam yw fy mamiaith;
Nid gwledig na chwithig chwaith.
Bellach dos ac ymosod,
Arch dwys, atto f'annerch dod ;
A gwel na chynnyg Wiliam
Elïas na chas na cham.

Poëme en *englynion (unodl unsain* **et** *prost cyfnewidiog).*

I ofyn cosyn llaeth geifr dros Domas Huws (p. 104).

Dynyn wyf a adwaenoch — er ennyd,
    A yr annerch attoch;
Rhad a hedd ar a feddoch,
I'ch byw, a phoed iach y boch.

I chwi mae, i'ch cae uwch cyll,
    Geifr, hyfrod, bychod, heb wall;

(1) *d + h,* dans nid hwyrach valent *t.*

Llawer mynnyn, milyn mwll,
Rhad rhwydd a llwydd ar bob llill.

Mae iwch gaws liaws ar led — eich annedd,
  A'ch enwyn cyn amled ;
Y mwynwr, er dymuned,
Rhowch i'm gryn gosyn o ged.

Cosyn heb un defnyn dwfr,
Cosyn ar wedd piccyn pefr,
Cosyn o waith gwrach laith, lofr,
Cosyn o flith gofrith gafr.

Blysig, anniddig | ei nâd — yw meistres,
  A mwstrio mae'n wastad ;
Ni fyn mwy un arlwyad
Na gwledd ond o gaws ein gwlad.

Myn Mair, onis cair y caws
Ar fyr, y gwr difyr dwys,
Ni bydd swydd na boddio Sais,
Na dim mwy hedd i Dwm Huws.

Os melyn gosyn | a gaf — nid unwaith
  Amdano diolchaf ;
Milwaith, wr mwyn, y'ch molaf,
Hau'ch clod ar bob nod a wnaf.

AWDL Y GOFUNED, p. 14-16 (le système est le *gwawdodyn byrr*).

O chawn o'r nef y peth a grefwn,
Dyma o archiad im a erchwn,
Un rodd orwag ni ryddiriwn — o ged ;
Uniawn ofuned, hyn a fynnwn :

Synwyrfryd doeth a chorph anfoethus,
Cael o iawn iechyd calon iachus ;
A pheidio yno | â ffwdanus — fyd
　Direol, bawlyd, rhy helbulus.

Dychwel i'r wlad lle bu fy nhadau,
Bwrw enwog oes, heb ry nac eisiau,
Ym Mon araul ; a man orau — yw hon,
　Llawen ei dynion a llawn doniau.

Rhent gymhedrol ; plwyf da'i reolau ;
Ty is goleufryn ; twysg o lyfrau ;
A gwartheg res-a buchesau (1) — i'w trin,
　I'r loyw wraig Elin rywiog olau.

Gardd i minnau; gorau ddymuniad,
A gwasgawdwydd o wiw gysgodiad,
Tra bwy'n darllain cain | acceniad — beirddion
　Hil derwyddon, hylaw adroddiad.

Ac uwch fy mhen, ym mysg cangenau,
Bêr, baradwysaidd, lwysaidd leisiau
Ednaint meinllais, adlais odiau — trydar
　Mwyn adar cerddgar, lafar lefau.

A thra bo'r adar mân yn canu,
Na ddeno gwasgawd ddyn i gysgu,
Cydgais â'r cor meinllais manllu — fyngbân
　Gwiw hoyw a diddan gyhydeddu.

Minnau a'm deulangc mwyn i'm dilyn,
Gwrandawn ar awdl arabawdl Robyn

---

(1) Le *toddaid* est irrégulièrement coupé, comme d'ailleurs en d'autres endroits.

Gân dant Goronwy gywreinwyn — os daw
  I ware dwylaw ar y delyn.

Deued i Sais yr hyn a geisio
Dwfr hoff redwyllt ofer a ffrydio
Drwy nant a chrisiant, a chroeso — o chaf
  Fon im, yn bennaf henwaf honno.

Ni wnaf f'arwyrain yn fawreiriog,
Gan goffau tlysau, gwyrthiau gwerthiog,
Tud, myr, mynydd, dolydd deiliog — trysor
  Yn India dramor, oror eurog.

Pab a gâr Rufain, gywrain gaerau,
Paris i'r Ffrancon, dirion dyrau,
Llundain i Sais, lle nad oes eisiau — sôn
  Am wychder dynion : Mon i minnau.

Rhoed Duw im adwedd iawnwedd yno,
A dihaint henaint na'm dihoeno,
A phlant celfyddgar a garo — eu hiaith,
  A hardd awenwaith a'u hurdduno.

CHAPITRE III.

LE DIX-NEUVIÈME SIÈCLE.

Les poésies les plus remarquables de ce siècle ont été écrites en *mesurau rhyddion*. Les critiques gallois s'accordent cependant à admirer à divers titres les œuvres de *Dewi Wyn o Eifion* (1) et *Eben Fardd* (2), dont les meilleures compositions sont en *mesurau caethion* et à les regarder, le dernier surtout, comme les plus brillants représentants du bardisme à notre époque.

§ 1er. — *Les systèmes réguliers.*

Voici les systèmes en usage chez ces deux

---

(1) Son nom de famille était David Owen. Il naquit en 1784 et mourut en 1841. Ses œuvres ont été publiées sous le titre de *Blodau Arfon*, en 1869, par Cynddelw. Sa façon de composer et son style ont été l'objet de critiques sévères (v. Ashton, *Hanes*, p. 566).

(2) De son vrai nom *Ebenezer Thomas*, né en 1802 et mort en 1863. Ses œuvres ont été publiées, en 1836, par Howell Roberts et William Jones (v. Ashton, *Hanes*, p. 583).

poètes, d'après lesquels on peut juger tous les *bardes* du siècle.

Premier groupe.

Cywydd deuair fyrrion (Dewi Wyn).
Cywydd deuair hirion (Dewi Wyn, Eben).
Englyn prost cadwynog (Dewi Wyn, Eben).
Englyn prost cyfnewidiog (Dewi Wyn).
Cyhydedd ferr (Dewi Wyn).
Cyhydedd nawbann (Dewi Wyn, Eben).
Hupunt byrr.
Hupunt hir (Dewi Wyn, Eben).
Cadwyn fyrr (Dewi Wyn, Eben).
Clogyrnach (Dewi Wyn).

Deuxième groupe.

Englyn unodl union (Dewi Wyn, Eben).
Englyn unodl crwcca (Dewi Wyn, Eben).
Toddaid (Dewi Wyn, Eben).
Gwawdodyn hir (Dewi Wyn, Eben).
Byrr a thoddaid (Dewi Wyn, Eben).
Hir a thoddaid (Dewi Wyn, Eben).

Troisième groupe.

Englyn unodl cyrch (Dewi Wyn, Eben).
Awdl gywydd ou *cywydd odliaidd* (Eben, neuf et huit syllabes ; Dewi Wyn, p. 119).

Eben Fardd a écrit un poème curieux sur les vingt-quatre mesures que nous donnons plus bas.

§ 2. — *Systèmes modifiés.*

I. — *Vers de mêmes longueurs homœorimes.*

1° Tirades de quatre vers homœorimes de dix syllabes, suivant des strophes de système différent et de rime différente (Dewi Wyn, p. 46, 48, 105).

> Er tan fflammawg deirt anhoff lymion,
> A heigr ruthriadau gwyr athrodion,
> Y lleill â'u miniawg gyllyll meinion,
> Uthr y bradwriaeth i'r brodorion.

2° Strophe de quatre vers de douze syllabes, sans les coupes du *hupunt byrr* (Dewi Wyn, p. 49; p. 108, six vers du même type).

> Amryw negesyddion, mor enwog eu swyddau;
> Gwyr cywir heb oedion yn gyru cerbydau;
> Ar brif-ffyrdd ein bro, gorodidog rediadau,
> Trafaelio trwy'r ynys a'u twrf fal taranau.

Le vers est coupé à la sixième syllabe généralement (cf. p. 205).

Du même poète (*Attodiad*, p. 139), strophe de vers de douze syllabes rimant deux à deux; au moins deux rimes internes dans chaque vers.

3° Strophe de quatre vers de sept syllabes de

même rime (Dewi Wyn, p. 105 ; cf. p. 204 ; Eben, p. 59).

4° Triplets homœorimes de sept syllabes (Dewi Wyn, p. 174-175 ; imitation du genre dit des *gnodau*. Cf. p. 104 : c'est une sorte d'*englyn milwr*).

5° Strophe de six vers de onze syllabes : la sixième syllabe rime généralement avec la neuvième, ou parfois avec la septième ; la partie portant la rime finale est reliée à la partie de la deuxième rime par la *cynghanedd* qui est, en somme, réduite à sa plus simple expression (Eben Fardd, p. 388 ; cf. p. 344).

Hir oes i Glwb Llifon, | un ffyddlon, hoff yw,
Pa le mae gwell dyfais | am fantais i fyw ;
Rhaid gadael yn ufudd | i gystudd ei gwrs,
Ond rhag bod mewn tlodi, | doed pawb i wneud pwrs ;
Gall salwch ddod heibio | ryw dro ar awr drist,
Ond byddwn galonog, | cawn geiniog o'r gist.

II. — *Genre toddaid*.

1° Deux distiques *toddaid* avec trois vers de neuf syllabes entre les deux (Dewi Wyn, p. 48).

Banerawg benau oerion — llawn geiriau,
Ond eu tafodau ydynt fudion ;
Etwa nhwy waeddant y newyddion
Mor uchel nes êl | yn son — goffrydiawl
Am eu hydreiddiawl ymadroddion.

Chez Eben Fardd, p. 24, strophe de douze vers avec deux toddaid.

2° Genre *byrr a thoddaid*, mais le dernier vers de dix syllabes est suivi d'un vers de neuf syllabes au lieu de six (Dewi Wyn, p. 71 ; cf. Eben Fardd, p. 171).

 Mae bwytawyr, meib tewion — yn trwytho
  Eu trythyll goluddion ;
 Golwythaw eu boliau glythion,
 Byw o'r brasaf, heibio'r briwsion,
 Gormodedd gwrw a mwydion,
 Gosiglant megys Eglon ; — eu hangau,
 Ddaw o'u moethau, eiddo Amaethon.

3° *Paladr* d'*englyn unodl unsain* avec un distique *toddaid* (Dewi Wyn, p. 83).

 Iawn y dysg in ; Dos a gwerth — a feddych :
  Dod wirfoddol aberth,
 I'r tylawd un gnawd gwan nerth — newynog,
 Anwydog, ofnog, hen, digyfnerth.

Du même poète, page 91, une strophe du même genre, avec, en plus, un distique *hir a thoddaid*.

4° Strophe *hir a thoddaid* de sept vers (cf. p. 204).

5° *Englyn unodl union*, avec quatre vers au lieu

de deux de sept syllabes suivant le *paladr englyn* (Dewi Wyn, p. 84).

6° Strophe de vingt-cinq vers à rime en -*a*, formée d'une série de *hir a thoddaid* (Dewi Wyn, p. 91).

7° Strophe de huit vers (Dewi Wyn, Attodiad, p. 130) : quatre riment deux à deux (neuf, huit et dix syllabes), puis quatre vers du genre *toddaid;* le premier et le troisième vers ont quatorze syllabes, le deuxième et le quatrième en ont huit (le sixième en a aussi neuf).

1 **Arfon gaerog 'r wyf fi'n gyru,**
At fwyn wladoliaeth fy hen deulu,
Fy llinellau mewn llon'wyllys
Iddeu cyfarch mewn modd cofus,
Er nad wy'n nabod eu wynebau, | yr wy'n garennydd,
O goeth ddeunydd | eu gwythenau ;
Er mewn dwy dalaeth ein didoli, mae doeth gymdeithas
Y berthynas | heb wrthuni.

Les quatre derniers vers pourraient se couper ainsi :

Er nad wy'n nabod eu wynebau
Yr wy'n garennydd
O goeth ddeunydd
        eu gwythenau ;

> Er mewn dwy dalaeth ein didoli
> Mae doeth gymdeithas
> Y berthynas
> heb wrthuni.

C'est une variété du genre *hupunt byrr*.

III. — *Genre cyrch*.

1° Strophe de vers de neuf syllabes rimant deux à deux ; l'un des vers couplés rimant a huit syllabes et est suivi d'un vers à rime différente de huit syllabes, suivie d'un *llosgwrn* (queue) de six syllabes du type *cywydd llosgyrniog*, avec une syllabe en moins ; ce *llosgwrn* est suivi de deux vers de neuf syllabes qui riment avec lui (Dewi Wyn, p. 176-181 ; tout le poème est de ce type).

> Aeth Robert Roberts o fro'r trwbl
> Medd ein gobaith heddyw'n gwbl,
> I wlad y wledd sy le diludded,
> Yn gu a thawel heb gaethiwed.
> Y doniol athraw da ni lithiodd,
> Enwog diwyd a'n gadawodd,
> Fe gynt a gaid, | rhag bleiddiau'n blaid
>   I'r defaid, wr dyfal,
> Y da weinidog dianwadal ;
> Wyn Duw arweiniodd drwy dir anial.

2° Série de vers de six syllabes à rimes alternantes, du type *awdl gywydd* : c'est à peu près le *trybedd y meneich* (cf. plus haut, p. 87; Eben, p. 180).

> Oen Pasg nid oes eisiau
> Yn nyddiau ein hoes ;
> Caed Iawn dros rai athrist,
> Trwy grist ar y groes ;
> Sicrwydd sydd, | daw y dydd,
> Pan na fydd | poen neu fai ;
> Moli'n rhwydd | fydd ein swydd,
> Yna'n llwydd | nid â'n llai.

3° Strophe composée de quatre vers : le premier et le troisième de neuf syllabes ; le deuxième et le quatrième de six syllabes rimant entre eux ; le premier et le troisième riment avec la cinquième syllabe du vers qui les suit (Eben, p. 197).

> Boed ieuengtid | yn troi'n astud,
> Y cyfnod hyfryd | hwn,
> Gan wneyd edrychiad | craff yn llygad
> Prif ffeithiau'r cread | crwn.

Généralement, le vers de neuf syllabes est coupé à la cinquième syllabe, qui rime avec la dernière du vers.

§ 3. — *Systèmes combinés et strophes.*

1° Strophe de huit vers de sept syllabes suivis d'un distique de *hir a thoddaid* uni par la rime principale aux deux derniers vers de sept syllabes

(Dewi Wyn, p. 84 ; page 87, quatre vers de sept syllabes avec un distique de *toddaid*).

2° Strophe de six vers : un distique de *cywydd deuair hirion*, un distique de *hir a thoddaid*, puis un distique de *cywydd deuair hirion :* même rime, en dehors du *gair toddaid* (Dewi Wyn, p. 85).

3° Strophe de six vers : *paladr* d'*englyn unodl unsain ;* distique de *toddaid*, puis distique de *hir a thoddaid :* même rime (Dewi Wyn, p. 91).

4° Strophe de quatre vers : un distique de *hir a thoddaid* avec un distique d'*awdl gywydd :* même rime (Dewi Wyn, p. 119).

5° Strophe de trente vers : cinq distiques de *cywydd deuair hirion*, puis un distique *toddaid* se reliant au dernier distique par la rime ; puis deux vers de sept syllabes rimant également avec le second vers du *toddaid*, suivis de quatre vers, rimant entre eux, de sept syllabes ; le reste des vers est composé de distiques de *cywydd deuair hirion*.

6° Strophe de huit vers de même rime de dix syllabes : les quatre derniers sont un *hir a thoddaid* (Eben, p. 89).

7° *Paladr* d'*englyn unodl union* suivi d'une

strophe d'un distique de *hir a thoddaid :* même rime (Eben, p. 151).

§ 4. — *Les systèmes dans le même poème.*

Les poèmes de Dewi Wyn sont, en général, assez longs. L'analyse d'un d'eux donnera une idée de tous (p. 29-53).

Trois distiques de *cywydd deuair fyrrion.*
Englyn unodl unsain.
Englyn crwcca.
Englyn unodl unsain.
Cinq distiques de *cywydd deuair hirion.*
Cyhydedd nawbann.
Cinq *englyn unodl unsain.*
Deux *hir a thoddaid.*
Quatre *englyn unodl unsain.*
Série de *cywydd deuair hirion.*
Hir a thoddaid.
Englyn unodl unsain.
Englyn prost cadwynog.
Série de *cywydd deuair hirion.*
Hir a thoddaid.
Série de *cywydd deuair hirion.*
Trois *englyn unodl unsain.*
Série de *cywydd deuair hirion.*
Quatre *englyn unodl unsain.*
Trois *englyn unodl cyrch.*
Deux *cyhydedd nawbann.*

Englyn unodl unsain.
Englyn unodl cyrch.
Englyn unodl unsain.
Gwawdodyn hir.
Cyhydedd nawbann.
Trois *englyn unodl unsain.*
Hir a thoddaid.
Englyn prost cadwynog.
Série de *cywydd deuair hirion.*
Englyn unodl crwcca.
Hir a thoddaid.
Deux *englyn unodl unsain.*
Série de *cywydd deuair hirion.*
Englyn unodl unsain.
Série de *cywydd deuair hirion.*
Englyn unodl crwcca.
Strophes de vers de dix syllabes.
Cyhydedd nawbann.
Hupunt hir.
Un distique de *cywydd deuair hirion.*
Strophe en *toddaid.*
Quatre vers de dix syllabes de même rime.
Quatre vers de douze syllabes de même rime.
Cyhydedd nawbann.
Englyn prost cyfnewidiog.
Série de *cywydd deuair hirion.*

Il y a moins de variétés de systèmes chez Eben Fardd. Voici une analyse d'un de ses poèmes les plus étendus (Job, p. 83-106).

Distique de *cywydd deuair hirion*.

Huit *englyn unodl unsain*.

Hir a thoddaid (douze vers et quatre vers).

Distique de *cywydd deuair hirion* relié à *englyn unodl unsain*.

Strophe de quatre vers de dix syllabes de même rime reliée par la rime à une strophe de *hir a thoddaid*.

Neuf *englyn unodl unsain*.

Série de *cywydd deuair hirion*.

Englyn unodl unsain.

Toddaid.

Série de *cywydd deuair hirion*.

Les seuls systèmes qui leur paraissent véritablement familiers sont le *cywydd deuair hirion*, l'*englyn unodl unsain*, le *hir a thoddaid* et les strophes de vers de même rime de longueurs diverses.

§ 5. — *Exemples de poèmes avec cynghanedd indiquée.*

Dewi Wyn.

Awdl yr adebau (p. 100-104) (1).

Aeth f'oes wan eisoes | yn isel — adyn
Yn edwi ar ymgel ;

---

(1) C'est une satire contre des juges d'un de ses poèmes, notamment contre Owen Pughe.

Ffroenochi, a'i ffriw'n uchel,
Arnaf mae'r byd gaufryd gwei.
Be digiai y byd ogylch,
A mi'n ymboeni i'm bylch,
Ni wnawn ar ddaear ddywerdd,
Gyfarfod âg oferfeirdd ;
Er hyn 'r wy'n gofyn ar gerdd,
Gwaetha'r byd ag eitha'r beirdd,
Heb lafur, â hoyw blyfyn,
Heb braidd (1) gamp ar ddu a gwyn,
Gyru dirmyg ar deirmil,
Trechwn o'u math trichan mil ;
Cyfeirio dyrnod â dur,
Taro'r dulafn trwy'r dolur ;
Anfon saeth na fai un swyn,
Gyru gwinegr a gwenwyn ;
Medru anelu iawn nôd,
Yn greulawn, mewn Grealod ;
Dal i'r genedl aur ganwyll
Ar benau tai'n erbyn twyll ;
Goleuo, gwae i lawer ;
Gwirio'r son drwy gaerau'r ser,
Nes bo yn arseinio'r son,
Ceryg adail Caergwdion ;
Nodi'n g'oedd ynadon gau
Nes crinais eu coronau ;
Dryg-noethwn dri gwenieithwr,
Ho ! pydrai gamp pedwar gwr ;
Ysmaldod drwy (2) glod tra glew,
Iro pedwar â'u pydew ;
Cymyredd y'w camwri
Wnai blaid fy meirniaid i mi.

---

(1) Prononcez *heppraidd* : gam | p ar ddu.
(2) Prononcez *ysmaldottrwy* : *glot tra*.

Rhwydd hynt fu'r helynt fawr hon,
Digrifawd, gware Eifion,
A mwy fwy i mi o fawl,
O'mrwydrau ymerodrawl,
Adgofio a dygyfarth.
Pob darn o'u gŵyr-farn i'w gwarth.
A'u tenynod (1) hunanawl
Crogaf hwy uwch creig o fawl.
Gwingant, o meiddiant, am hyn,
Tynach tynach eu tenyn.
Beirdd beilch, dig weilch, beirniaid gau,
Ebychant wrth y bachau.
Ow! 'n gwyr da'n gwaeo o'r dydd,
Euro gem i rigymydd;
Byr a diddim brydyddawd,
Tenyn pabwyryn pen bawd :
Fath na roesai erfai wr
Fathodyn fyth i'w awdwr.
Ni fynynt hwy, er hwy rhin
Roi y tlws i'r Taliesin.
Ni chaid gan fy meirniaid myg,
Da'u darmerth, ond y dirmyg;
Ond Eifion, a da wiwfoes,
Goreu ar awdl gwyr yr oes.
Ac o l 'r cof hyd y brofydd,
O'r awdl fawr, o l r edliw fydd.
Rhagor im oedd rhoi gair mawr,
Na glain ac na main mynawr,
A thriwriaeth Eryri,
Yw'r gair mawr a geir i mi.
Naturiolaeth nwyd dryien (2),
Triwri, campwri pen

---

(1) *Tenyno* | *tunanawl.*
(2) Prononcez *nwyt trylen : naturiolaeth.*

Urddas gwiw, arddysgywen — gofnodau,
Gemau, pwysiau y gampus awen.

Sôn dan fawl ysnoden fydd,
Eirionen i'r awenydd;
Dawn llén nas diwyna llaid,
Eirionen wiw yr enaid;
I dras Hu wedi'r oes hon
A'u llawrwydd yn llaw wyrion;
Plu du goron pleidgarwch,
Hesg, doniau llesg dan y llwch :
Ceingciau'r dryw, cangcr a drewiant,
Dom yr oes, i'r dim yr ânt.
Pe bai'n swmp neu un twmpath,
Eirion byd, a'i arian bath;
Hardd-deg urddid âg eurddellt,
Gwyr a wnaid o gŵyr neu wellt,
Ac aur yn dorch, cywrain did,
Am golwyn yma gwelid;
A chymhwysach am asyn,
Na rhyw dwrch o haner dyn.
Er tlws, mwnws a manaur,
Twrch yw ef mewn torch o aur.
Dyn awdl dlawd nad ail i dlws;
Dyn didlawd yw'n dwyn deu-dlws,
Pe tri-thlws yn gwylws gaid,
Naw eirionen arianaid,
Ai'n ofer hyn i fawrhau
Enw bardd yn wyneb urddau.
Pond y gamp, awen dêg wedd,
A theganau iaith Gwynedd.
Ys Powys i'w hepaod
A roi yr aur eiry'r ôd;
Ni wnai'r aur yn Eryri
Dim mwy mawl na'r dom i mi.

Nid manaur ond ymenydd
I'n gwlad falch yn glod a fydd ;
Maen llwyd yw aur man lle dêl
Dawn Nâf yn dywyn ufel.
Myrierid trum Eryri
Gribwen yw ei hawen hi.
Os tlawd, nid tlawd am ddwyn tlws,
Bryn nesaf i Barnasswa,
Bid aneirif ei phrif-feirdd ;
Bo yno byth Ben y Beirdd,
Henadur i'w hynodi
Yn oes haul a'i hanes hi.

Galwaf yn awr bob gelyn,
A ddêl, doed, o ddiaw? a dyn.
Byddwch, o ! deuwch, 'r wy'n dod
Ben boreu bawb yn barod ;
Troed rhingyll drwy'r gwersyll gau,
Tabwrdd anorfod dybiau (1),
Rhybudd i Gaer Ludd a'r wlad
Roi mawr gyrch i'r ymwrgad,
Heriaw ar g'oedd wyr i'r gamp,
Dyn Southcott (2) dom ei seith-gamp (3) ;
Er iddo anturio twyll,
Gwrthodi gwir iaith ddidwyll ;

---

(1) Prononcez anorfottybiau : tabwrdd.

(2) Siwan Southcott, espèce d'illuminée illettrée qui commença à prophétiser à l'âge de vingt ans. A l'âge de soixante, elle passa pour être la femme prédite par l'Apocalypse, XII, et enceinte de Siloh. Grande fut l'attente des disciples ; mais au lieu d'accoucher, elle mourut en 1814. O. Pughe était un des principaux dignitaires de son église et passait pour arranger ses prophéties (*Blodau Arfon*, II, p. 37).

(3) Prononcez *seith-camp* : *southcott*.

Datod a cham osod main
Ieithadur Hu a Thydain ;
Llusgo'r aeg yn llesg o'i rhod,
Och, och ! mynd â'i chymhendod.
Prawfiedydd, diwygydd da,
Llaw fawr iawn, llyfr Ioanna ;
Er dwned ei syfrdanedd
B'ai bla'n iaith a'n Beibl un wedd ;
A thori prif lythyreg
Llyfr Duw oll o Efrai deg.
Gwell y medr drin gwallau mân
Twyll Southcott wallus, wyth-gant (1),
Na thrin gwaith yr enwog wyr,
Ein doethion a'n da ieithwyr ;
Ac nid efe, gwnaed a fyn,
Na'i wrach oedd oruwch iddyn'.
Byd gwell be diwygiai o
Y Geiriadur a'i Gredo.
Pond gwell i'r awdur bellach
Dynu ei Gred o din gwrach ?
Poed in' oll, rhag pyd un wedd,
Weld ei frad a'i led-frydedd,
A'i ffiaidd wrachiaidd chwedl,
Gwnai byg wyneb i'w genedl ;
Ys awdur Geiriadur a
Gwallgo' ynfyd Goll Gwynfa (2)
Llef hogi llif ei Goll o,
Caingc a nâd ci'n cynudo.
Gan ddychryn ar hyn y rhed
Doniau byrion dan bared.

(1) De même *wyth-cant : southcott.*
(2) La traduction galloise du *Paradis perdu* de Milton a été très vivement critiquée : Iolo Morganwg l'appelait plaisamment *Coll Milton* (la perte de Milton).

Eben Fardd (p. 187-199).

Awdl barddas.

Discussion sur les *systèmes enchaînés* et *libres*. Les personnages sont : *Plenydd* (Lumière), *Alawn* (Harmonie) et *Gwron* (Energie), au dix-neuvième siècle. Les bardes gallois sont au milieu du cercle, assistent à l'entretien et le commencent (1).

Crebwyll yw prif **bwyll** y bardd,
Y cryfaf yw y creu-fardd ;
Dawn euraidd yw dynwared,
Ond llai yw mewn hyd a lled.
Eilfydda rhyw wyl feddwl,
Yn lled deg, â'i ddawn llwyd, dwl,
Gan ddilyn sawdl hen awdlau — neu gerddi,
Gwrddodd â hwynt droiau ;
Ystrydebir gwir neu gau
I feddalion feddyliau ;
Hwt ! dynwared hen wireb,
Sy'n wan iawn, ni synna neb ;
Creu mawr, nwyddfawr, newyddfyd
Sy'n rhyw bwngc a synna'r byd.
Onid creu wna enaid cryf
O honoï hunan'n heinyf (2) ?
Goreu yw creu, feirdd gwir cred,
Yn wrol, na dynwared.

(1) C'est une discussion sur l'essence de la poésie. Un des interlocuteurs passe en revue les vingt-quatre mesures : deux ou trois trouvent grâce devant lui.

(2) Texte : hunan *yn* heinyf, ce qui donne un vers faux.

Alawn.

Son am greu? Swniai mwy gras — d'weid llunio,
    Dodi llanwad addas
    Gordaflu y gair diflas,
    A chyfleu un gwych ei flas.
Creu? creu yw dechreu o'r dim,
    Cyn-ddyddio cân o ddiddim!
    Pwy a droes, yn ein hoes ni,
    Niwl anian yn oleuni?

Neu a alwodd yr anelwig — dryblith,
    Drwy abledd cyntefig,
    Ar ddull traith, neu gerdd, lle trig
    Adlun at bob ôl-odlig?

Lliw dwl hen feddwl a fydd — gennym ni
    Yn gân mewn awdl beunydd;
    Gan bwy mae swyn er dwyn dydd
    Mewn awen ar ddim newydd?

Cyfrolau'n cyfri' eilwaith — eu hoesoedd
    Trwy asiad celfyddwaith;
    Gwynnu'r hen feddwl ganwaith,
    Yn nwydd o wedd newydd waith.

I swyddo un ymosodydd — neu feirniad,
    A furnio waith prydydd,
    Ni cheir un cawr, yn fawr fydd,
    Nag (1) eiliwr uwch na' i gilydd.

(1) Texte : *nac.*

Bu hlaenafiaid o hen bobl nefol,
Do, cawri hedegog, creadigol,
A'u heinyf awenau'n nofiannol (1),
Ger iach nennau goruwch anianol,
Eryraïdd feirdd arwrol — anorfod ;
Ninnau, cywennod wnawn 'n eu canol (2).

Bu ryw deilwng ysprydoliaeth-o'r Crewr
    Er creu'r hen farddoniaeth,
    Tra bu'r hyd yn mebyd maeth,
    I'w swyno i uwch-syniaeth.

Grymmuswyd y gwr Moesen, — a'i chwaer,
    Uwch eraill mewn awen,
    I greu iaith ag aur wythen
    Prif odlau, cynlluniau llên.

Gwnai Dafydd gywydd yn gu — hwn wyddai
    Awenyddiaeth canu ;
    Hwn greodd salm y salmu ;
    Pob ol wr, eilfyddwr fu.

Eilfyddu yw'r hawl fuddiol — sy gennym,
    Os gwn y gamp farddol ;
    Na wridwn, dynwaredol
    Ydym ni, a dim yn ol.

Aeth awen accw at yr ethnicwyr ;
Awduron Grywaidd a droai'n grewyr ;
Eryrog urddas yr arwr-gerddwyr
Nodai linell i ni eu dilynwyr ;
A wnelo gân ail i'w gwyr — wna fawredd,
A daw anrhydedd i'w dynwaredwyr.

(1) Texte : *yn* nofiannol.
(2) Texte : *yn* eu canol.

Ar ol Duw i ni'r ail dad'
Oedd Homer, yn ddiymwad ;
Homer ydyw'r mawr awdwr,
A phob bardd byw'n gyw y gwr ;
Ei Iliad ef eiliwyd oll,
A'i brawddegau'n ber ddigoll ;
Ag (1) ynddynt y caed ganddo
Reol i'r byd, ar lawr bo ;
Drwy gred, ïe, daear gron,
Sefyll y mae yn safon.
Wedi Homer, diambau,
Gwyr o feirdd fu'n ymgryfhâu ;
Efe oedd boncyff cyff cân,
Tew fon i attwl anian ;
A Hwn a Hwn honna hawl,
Trwy ddidor rin tarddiadawl,
I nodd ir yr hen dderwen
Ag aeron brig yr hen bren.

Fyrsil, wedy'n, fu wr o sylwadau,
A fawr ryfeddir am hyf arfeiddiau ;
Ei fawredd resir gan feirdd yr oesau
Yn raddiad awen o urdd y duwiau ;
Daliodd i'w antur ; ond ail oedd yntau ;
Yn el Æneid efe, fel ninnau, — ellfyddodd,
Hwn ddynwaredodd hen ddawn a'i radau.

Tasso ganmolir, twysog cîn miloedd,
Sefir i ddwedyd, o'n his-feirdd ydoedd ;
Arddelai i'w arwain feirdd laweroedd
A'i rhagflaenasent ar goflen oesoedd.
Mwya o'r rhai'n Homer oedd ; — ond etwa,
Onid dull Troia feddynt ill trioedd ?

(1) **Texte** : ac.

Ein Miltwn, bengrwn, bongryf — ei dalent
　　Dylem oll ei deisyf;
　O! na bai tân ei gân gennyf!
　Medrwn greu a mydru'n gryf.

Etto Miltwn, gwn, ganodd — lawer rhes
　　Ar liw yr hyn welodd
　Yn ereill a'i blaenorodd;
　Gwyddai hawl eilfyddawl fodd.

Daccw Wiliams Pantycelyn — yn grewr
　　Unig rywiaeth emyn;
　A daw o gerdd Du a Gwyn
　Adail congl awdl ac englyn.

Ond er hyn, onid yw'r hawl
A feddant, yn eilfyddawl?
Saif bardd syber ger ein gwydd,
Er hyf erchi rhyw forchwydd,
A chreu 'storom drom ei drych
Drwy wyntrwyll du yr entrych;
Pob elfen o'r nen a naid
Yn dwymnol gyd â'i amnaid;
Gweryrant ar hagr oror
Agen y mellt, eigion mor;
Rhigolant drwy eu gilydd,
A'u twrw'n fawr fal taran fydd,
Blith draphlith yn ymrithiaw
O bebyll llid ar bob llaw;
Dyrch ewyn mor drochion mawrion,
I nef e deifl nawf ei dôn,
Gan boeri'r heli i'r haul,
A fferru ei gorph araul,
Nes y dua'n nos dywyll,

A'r lleuad dawdd, trwy'r llid hyll (1);
Yn y dryob hwn o dwrw a châd,
Arwyddir allan ryw ddrylliad,
Yn gwywo ben ag ieuangc,
Gan droi ugeiniau i drangc!
Tybiwn i hyn fynd heiblaw (2),
Daw'r ail wr i dreio'i law,
A chryn fyd o ddychrynfaau
Baentir gan ei dyb yntau;
Ei newydd awen a ddeall
Mai da fai darllen llên y llall (3);
Ond, gosteg! onid yw gwestiwn
I ni o hyd ai hwnnw ai hwn,
Sydd o'r creol, wreiddiol, radd?
Dechreu a noda uwchradd,
Onite? gan hynny twng — y blaenaf
Hwnnw fo'n olaf yn fwy annheilwng.

O ran hynny'r un ohonom — nid ym
Na da na drwg rhyngom;
Canolig yw a wnelom,
Gwyneb teg oni bai tom.
Anenwog yn nawn anian
Ydym i gyd am y gân;
Gwawdyddion diddrwg didda,
Syml a dof a symol da;
A dinod y'n hadwaenir
Am oesau rai, amser hir;
Oni ddeuwn yn ddioed,
Yn neddlf deg ein baddfed oed,

---

(1) *lleuat tawdd : llit hyll.*
(2) *Tybiwn : fynt eibiaw.*
(3) Vers faux et altéré : supprimez *llen*.

I brysur weithio'n barhaus ar wythen
Dra amrywiog holl drummau'r awen,
Dirwyn heibio i fydrau anniben,
Nôd ein hymgais am enaid, yn amgen ;
Taro bai, torni ei ben, codi'r nôd,
Sarnu sorod o seren i seren.

Myn rhai nad oes yn ein hoes ni
Fawr o ddawn at farddoni ;
Dim ond yr hyn erioed oedd,
Cynnwysion y cyn-oesoedd.

Diddanwch undydd un-nos — yw'n cân ni,
 Pwngc nawn a dechreunos ;
 Meiriol wna'n ddiymaros,
 Treulio'n wael tu a'r ail nos.

Fe sieryd rhai am fesurau — caethion,
 Y coethant y feddyliau ;
 Hwrtiant allan gyngau gau,
 Prudd hustyng y pryddestau.

Pur ddiystyr o'r pryddestau — ydyw
 Awdwr y caeth-odlau ;
 E gyrch hwn i agor a chau — yn chwyrn,
 Y taclau cedyrn, pwynt y clecciadau.

Eilwaith fe ddaw rhyw elyn — gwthia'i fys
 Trwy gaeth fesur wedy'n ;
« At y bryddest, » ebe rhywddyn, — « nid cleccian
 I godi cliccied englyn,
 Trwy ragwant a gwant, mewn gwyn,
 Rhyw abl antur i blentyn. »

« Llethir anian â'r llythrennau » — meddai,
   « Maeddir meddylddrychau ;
  « Cablu sydd, mai pwngc heb lesâu
  « Y cadw swn ar y cydseiniau. »
Y plisgyn yn destyn dwg
Y sylwedd sy o'i olwg.

Rhywun o ganol y cylch.

Englyn unodl unsain.
{ Anadl wan « *unodl union* » — a ballo
{ Bellach o blith dynion ;
{ Cam yw ar les Cymru lon :
{ Aed yn fwyd i ynfydion !

Englyn unodl crocca.
{ Nid yw'n deg i un dyn da
{ Hadl greccian « *unodl Grwcca* ; »
{ Y synwyr ar wyr yr â — o'r englyn
{ Neu'r rhimyn oer yma.

Englyn unodl cyrch.
{ Bwy garodd, o bai gywrain,
{ « *Unodl Gyrch* » yn ei awdl gain ?
{ Ow ! eiddil iawn, yn ddilys,
{ Yr erys mewn arwyrain.

Prost cadwynog.
{ « *Proest cadwynog*, » baglog bill,
{ A wada'r beirdd, aed ar ball ;
{ Na bo yn son heb un sill
{ Am hwn i'w gerdd mwy na gwall.

Prost cyfnewidiog.
{ Y *Proest* arall, dall yw'r dyn
{ Yr hwn fyddo'n geirioli gân ;
{ Aed i'w fedd, gynghanedd hen,
{ Poenus yw 'm pen ei swn.

Cywydd deuair fyrrion.

Ber odl byr air
Dwyodl *deuair*,
Yn fwyn ni fydd,
Gauad gywydd.

Cywydd deuair hirion.

Deuair hirion, da'r haeriad,
Ni all ei swydd un llesâd ;
Ei holl fri yw poeni pen,
A chaethiwo chwyth awen.

Awdl gywydd ou cywydd odliaidd.

Awdl gywydd, derfydd ei dwrf,
A godwrf ei wag aden ;
Pwy byth gâr y trydar trwch
Yn ei ebwch anniben?

Cywydd llosgyrnog.

Y Llosgyrnog oll sy garnedd
O ryw goegion eiriau gwagedd
Heb sylwedd ; be'sy waelach ?
Yr odl-honwyr a'i dilynant,
I loes warthus, wele, syrthiant,
Ni sythant dan ei sothach.

Toddaid.

Hwt! *Doddaid*, nid rhaid ond rhydd — fesurau
Dawn a golau, i danio'u gilydd ;
Plethiadau, diau nad ynt — ond ofer,
Yn hwy na nodder un onaddynt.

Byr a thoddaid.

Torri hwn etto a raid, — a dryllier
Ei droellau mân, gweiniaid ;
Bo warth addef *Byr a Thoddaid*,
I gamarwain y Gomeriaid ;
Daliwn efrydd odlyn afraid
A'i ddull llegus o wydd llygaid ;
Daw hyn â gwres doniau graid, — a sylwedd,
Dda rinwedd, i'r enaid.

Hir a thoddaid.
> Ond *Hir a thoddaid*, nid diwerth eiddo,
> Nag annymunol i ganu mono;
> Sain roed er addurn a synwyr drwyddo;
> Ag nid cwyn oerrych yw gwneyd cân arno;
> Nid anhardd i fardd yw fo, — rhydd, tybiaf,
> Ryw nwyd o'r llonnaf i'r hwn a'i darlleno.

Gwawdodyn byrr.
> Y *Byr Wawdodyn*, ba raid ydoedd
> Yma ei leisiau am aml oesoedd?
> Nychu'r gân a wnewch ar g'oedd — trwy arfer
> Ei fer sain ofer is y nefoedd.

Gwawdodyn hir.
> Am *Hir Wawdodyn*, Gymry, dwedaf
> Nad yw e ddifyr; ond addefaf
> Ei ryw yn burach na'r un *byrraf;*
> Oni ddaw eisiau, ni ddewisaf
> Hwn at gerdd, un etto gaf — yn fwy pur,
> A goreu mesur yw y grymmusaf.

Huppynt byrr.
> Y *Byr Huppynt*
> Geir ohonynt, garw ei henwi!
> Yn gwneyd anghlod
> Afrwydd hynod, i farddoni.

Huppynt hir.
> *Huppynt* arall
> Gâr beirdd anghall;
> Aed ar aball, wedi'i reibio;
> Na chlyw urddawl
> Awdwyr barddawl
> Sain mwy deuawl, son am dano.

Cyhydedd ferr.
> *Ber Gyhydedd* omedd immi
> Wiw brydyddiaeth, abred iddi!
> Daw ar bennill i'm dirboeni,
> Nychwyd anian â'i chadwyni.

Cyhydedd hir.
> Rhydlawd oer odlig,
> Swm o dagwm dig,
> Ceir o ganedig *Hir Gyhydedd*;
> Gwael, orwael eiriad,
> Ffol, afreidiol frad,
> Ydyw i odliad a hyawdledd.

Cyhydedd nawban.
> Gâd, ddawn wiwber, *Gyhydedd Nawban*,
> A dal ei sillau diles allan;
> Na wnawn ei oddef yn anniddan,
> Neb, ar ddalennau barddol anian.

Clogyrnach.
> Golwg arnat, o Glogyrnach!
> Yn ymrygnu, wna im rwgnach;
> Hen achlwm nychlyd
> At gerdd wyt i gyd,
> Llerw hefyd llwyr afiach.

Cyrch a chwtta.
> *Cyrch a chwtta*, Gwalia, gwel,
> Anurddas in ei arddel;
> Briwiodd achos beirdd uchel;
> Daw ei amgen, od ymgel
> Iawn i wychion ei ochel,
> Wan fesur o nwyf isel;
> Y dygn bill aed o gân bêr
> Beth ofer, i boeth ufel.

Gorchest y beirdd.
> Gwarchau Gorchest
> Bruddwan bryddest,
> Anian onest wenwyni;
> Iaith gawn o'th gôl
> Hoff iawn i ffol;
> Min dawn mewn dol mynni di.

Cadwyn fyrr.
{ Codwn farrau *Cadwyn ferraf*
A rhown anaf ar hen enwau :
Meinwasg geiriau mwy ni's caraf,
Ag ni hidlaf egwan odlau.

Tawddgyrch cadwynog.
{ Tuedd gorchwyl y *Tawddgyrchiad*
Yw rhoi rhwymiad, ar warr emyn ;
I gân anwyl, o! gwenwyniad
A dirymiad yw ei rwymyn ;
Cynghaneddiad caeth ei blethiad
O genhedliad egwan odlyn,
Aed o'r caniad, gyfyng eiliad,
A'i arw nyddiad, i'r anoddyn?

Plenydd.

Hust! dwrw anystyriol,
Odli ffug anwadal, ffol ;
I ddamrio bardd mwy na bo
Hyn a gynnen, pan gano ;
Pa foesau? 'waeth pwy fesur,
Os unir pwyll synwyr pur.
Nithier y gân, na thrig us
Yn ei phentwr ffuantus ;
Yna ceir yn ddinaccâu,
Ryw fesur a fo eisiau ;
Pur ddeunydd yw camp barddoniaeth,
Enaid i gerdd, *mesur* nid gwaeth.

Mawr yw na bai ymroad
Yrrai fardd glew ar fwrdd gwlad,
A roddo inni farddoniaeth
O radd uwch oll na rhydd na chaeth,
Un gano, ohono'i hunan
Fywyd cerdd o hanfod cân.

Boed ieuengctid | yn troi'n astud,
    Y cyfnod hyfryd hwn,
Gan wneyd edrychiad | craff yn llygad
    Prif ffeithiau'r cread crwn :
Boed gwlad ein tadau, | iaith ein mammau,
    Yn dwyn testunau 'stor;
A'u hanadl hwythau'n genedlaethol
    Yn ferw o fôr i fôr;
Boed iddynt yn ddiball
    Wneyd lles y naill i'r llall,
Ac wrth brydyddu, | gwyliant bennu
    Y dall i dwysu'r dall;
Na chaffed dyfnder, | gwefr, nac ager,
    Nac uchder ser y nen,
Na haenau creigydd, maen na mynydd,
    Ddim llonydd am y llen;
Gwyr ieuaingc goreu'r oes
    Fo'n chwilio meusydd moes
Wrth reolau gwir athrylith
    A'i thawel lith ddiloes;
Caed y celfau a'r gwyddorau
    Nerth eu cynneddfau'n awr,
A doed y meddwl | sy dan gwmmwl,
    I oleu'r Meddwl Mawr.

Nawseiddiol gyfansoddi
    Yn oleu a chain wneloch chwi;
Ar wech len pan rowch linell,
    Trowch y gwaith, treiwch ei gwell;
Dilynwch odlau anian,
    Am y bo modd, ym mhob man.
Na fo ergyd hyf, wyrgam,
    Neu goeg lw, i lanw gwag lam,
Neu rith dammeg, na bo werth dimmau,
Na bottwm, i neb, at ei mwynhâu.

Caeth neu rydd, ooethwn yr iaith,
A bardd luniwn gerdd lanwaith
Yn ddiwall; rhown iddi wynt,
Delweddau â hoedl iddynt;
Ac na fwriwn gân farw,
Pob pen ddim yn werth pw pw!
I fraenu, drwg-sawru'r siroedd,
Drewi o gylch y wlad ar g'oedd;
Ysgerbwd o segurbeth,
A dim byw, yn dom o beth!
Ysbïwn a oes bywyd
O awen ffraeth yn ei phryd;
Onid oes, trown hi naill du,
A chloddiwn fedd i'w chladdu.

Yn awr, os bardd, bardd o'r bôn,
Os cân, cân yn llawn ceinion;
Os pryddest, swp o riddyn,
Yn wydn ei gwedd, nid ewyn gwyn;
Llun y gerdd fo'n llawn o gorph,
Arwrgerdd gref a hirgorph;
Ffyrfach a ffyrfach fo'i ffurf,
Anffawd yw dernyn unffurf;
Glob aur o gerdd, heb glebr gwan,
Fferf ei henaid, ar ffurf anian
Yn trochioni trwy'i chanol,
Awenawl lif, nid hen lol.

Dowch, feirdd, ac na adewch fod,
Mwy, dlws aur am awdl sorod,
Neu bryddest am wobr ruddaur,
A'i gwyrth hi'n llai na gwerth aur,
Hyn sy wrthun, mae'n serthedd;
Arweinia bur awen i'w bedd.

> Marw wylder marwoldeb
> Yn nychu'r nwyf, ni châr neb ;
> Na wnewch ryw wachul gul gân,
> Un deneu a dianian,
> Yn brin o dân, bery un dydd
> Yn loywder ar ein haelwydydd ;
> Na ! cân a ddeil accen ddilyth,
> A bri i'w bardd a bery byth ;
> Dyna'r gân dywynna ar g'oedd,
> Yn llusern i'r holl oesoedd ;
> Nefol haul fydd cân fel hon,
> Trig i ddal trag'wyddolion.

La *cynghanedd* n'est pas toujours absolument régulière chez ces deux poètes. On pourrait relever souvent la faute *prost i'r awdl* en matière de *cynghanedd* par allitération, ou le *gormodd odlau* (trop de rimes) ; mais, en somme, elle repose sur les mêmes principes et obéit aux mêmes lois. La coupe, dans les vers de dix syllabes à *gair toddaid*, lorsqu'il y a *cynghanedd* consonnantique, n'est pas toujours régulière.

Ce qu'il y a à retenir de cette discussion poétique, c'est que le plus brillant représentant des *mesurau caethion* admet sur un pied d'égalité tout genre de poésie pourvu que le poème soit irréprochable au point de vue de la pensée et de la langue. Les excès des métriciens et des poètes qui les suivaient avaient eu pour effet, en grande partie, de tarir l'inspiration. A la pauvreté du *bardisme savant*, la poésie libre, religieuse ou profane, dès le dix-septième siècle, pouvait opposer des œuvres d'une inspiration élevée et d'un art quelquefois raffiné. Par une évolution logique, du dix-huitième au dix-neuvième siècle, la poésie savante, tout en conservant l'essentiel des principes, devint plus libre et dans ses systèmes et en matière de *cynghanedd*. En revanche, par un penchant invincible sorti de la constitution intime de la langue, la poésie libre tend à faire usage de la rime et de l'allitération dans une mesure plus ou moins large, sans s'astreindre aux règles compliquées de l'ancienne *cynghanedd*. Elle prend même à la poésie bardique ses systèmes sans admettre ses entraves. Il est à prévoir que les barrières déjà bien faibles parfois qui séparent les deux systèmes tomberont d'elles-mêmes et qu'il n'y aura plus, en Galles, de poésie *esclave* ou *enchaînée* et de poésie *libre*, mais des poètes plus ou moins *libres*, ou plus ou moins *compliqués*.

S'ils sont fidèles au génie de leur langue, une sorte de *cynghanedd* atténuée, plus libre, discrète, tenant compte de l'accentuation et observant la cadence naturelle de la langue, sera toujours un des principaux charmes de cette poésie essentiellement musicale (1).

(1) Voir tome II, livre III.

APPENDICE

Les systèmes dits LIBRES *(mesurau rhyddion)*.

Le développement de ces systèmes coïncide avec la décadence de la métrique bardique. Les *mesures libres* viennent en grande faveur au dix-septième siècle, grâce au talent de certains poètes populaires, comme Huw Morus, et surtout sous l'influence de la poésie sacrée, de l'*hymnologie* du protestantisme gallois qui, s'adressant au peuple, avait besoin d'un instrument de propagande plus simple et plus intelligible que la versification bardique (1).

(1) L'*hymnologie* galloise a compté des poètes de grande valeur, en particulier *Williams Pant-y Celyn*, né en 1717, mort en 1799. V. Ashton, *Hanes*, p. 259 et suiv.

CHAPITRE PREMIER.

DE LA FIN DU QUATORZIÈME AU DIX-SEPTIÈME SIÈCLE.

De cette période, il nous est resté assez peu de documents, quoique nous sachions par les grammairiens que certains genres populaires comme les *carolau* (carols) devaient être de système libre.

Dans les œuvres de Iolo Goch (1), on remarque une sorte de pastorale (*y tri brenin o Gwlen*, les trois rois de Cologne), en systèmes *libres* ou sans *cynghanedd*. Les deux strophes qui forment en grande partie ce poème rappellent l'une le type *englyn unodl cyrch*, l'autre le *cywydd deuair hirion*.

La strophe la plus fréquente a quatre vers de sept syllabes, le premier, le deuxième et le quatrième étant de même rime, tandis que le troisième est de rime différente : sa dernière syllabe rime avec la coupe du quatrième (2).

> Edryched pawb ywch i ben ;
> Chwi a gewch weled y seren
> Yn wyneb y gorllewin
> Ir tri brenin o Gwlen.

(1) *Gweithiau*, p. 584 et suiv.
(2) *Ibid.*, p. 534-538, 541-544.

L'autre genre de strophe se compose de vers de sept syllabes, rimant deux à deux ; la loi de l'accent du *cywydd deuair hirion* n'est pas observée (1).

> Cerdda i Vethlem Judi
> Ac ymofyn o ddifri
> I ble ir aeth y tri brenin (2)
> A ddoeth o'r tir gorllewin.

Je ne vois guère à citer, en dehors de ce petit poème, jusqu'au dix-septième siècle, que les œuvres de Rhys Richard ; et encore appartient-il, par ses productions, plutôt à ce siècle qu'au précédent ; il est né, en effet, en 1569 et mort en 1644 (3).

Voici les systèmes que l'on remarque chez lui :

1° Un système analogue au type *cyhydedd hir* :

> Mae'r ffeirad, mae'r flermwr, mae'r hwsmon a'r crefftwr,
>   Mae'r bayli a'r barnwr a'r bonedd o'r bron
> Bob un am y cynta, yn digio'r gorucha
>   Heb wybod p'un waetha eu harferion.

2° Une strophe de quatre vers de onze syllabes, rimant deux à deux :

> Clywch adrodd gariad mab Duw at y byd,
> Pan ddaeth ef o'r orsedd i'n prynu mor ddrud,
> Er peri i chwi gofio am gariad mab Duw,
> A'i foli'n wastadol tra fyddoch chwi byw.

(1) *Gweithiau Iolo Goch*, p. 540.
(2) Lisez : *I bie'r aeth*.
(3) Gweirydd ap Rhys, *Hanes*, p. 333 et suiv.

3° Strophe de quatre vers de huit syllabes, rimant deux à deux :

>Er croeshoelio'r Iesu drosom,
>A rhoi taliad llawn amdanom,
>Eto ni bydd neb cadwedig,
>Ond a gretto ynddo'n unig.

4° Le système préféré de Richard est la strophe de quatre vers de sept syllabes : le premier et le troisième vers commencent par une syllabe accentuée ; le deuxième et le troisième, par une syllabe non accentuée :

>Ni wnaeth Duw un gene 'rioed,
>Mewn tir mewn coed, mewn dyfnder,
>Nes partoi ei ymborth tyn
>I'r geneu cyn ei ganer.

5° Un autre genre de strophe qu'il affectionne se compose aussi de quatre vers de sept syllabes, le troisième vers commençant par une syllabe accentuée :

>A dysc yn brudd gydnabod
>Nad oes o flaen y Drindod
>Iawn am bechod ond gwaed Crist
>A'i angau trist a'i 'fuddod.

C'est aussi le genre *unodl cyrch*.

6° La strophe a quatre vers ; le premier, le deuxième et le quatrième ont sept syllabes, tandis que le troisième en a huit ; la syllabe initiale de ce vers de huit syllabes n'est pas accentuée :

> A gwybydd fod Duw'n foddlon
> I'r iawn a wnaeth Christ drosom,
> Ac er ei fwyn yn barod iawn
> Roi perdwn llawn i'r ffyddlon.

CHAPITRE II.

DU DIX-SEPTIÈME SIÈCLE JUSQU'A NOS JOURS.

A. — *Poésie profane.*

Deux types principaux se signalent à l'attention : l'un mixte, qui forme un compromis entre les systèmes *enchaînés* et les systèmes *libres* : on y trouve une *cynghanedd* mitigée ; l'autre caractérisé par la rime finale ou interne.

§ 1er. — *Système mixte.*

Ce système apparaît de moins en moins, à mesure qu'on s'éloigne du dix-septième siècle.

DIX-SEPTIÈME SIÈCLE.

EDWARD MORUS (p. 17-20) (1).

Nid oes un deyrnas dan y ne',
Nid oes na gwlad na thrad na thre'
Mid oes na man, na llan na lle,

---

(1) Cf. Lewis Jones, *Caniadau Cymru*. Bangor, 1897, p. 17-20. Edward Morus mourut en 1689.

Na chyfle ond i chwilio;
Nid oes nag oes na blwyddyn faith,
Mis na dydd, na munud chwaith
Na bo nhwy oll yn deall gwaith — I gogio.

Y gwr gownog enwog iawn
Yn ei wisg a'i ddysg a'i ddawn,
A'i ymadroddion llon yn llawn,
A hynny am gyfiawn bledio;
Os chwi a roiff yr aur o'i flaen,
Fe chwery hwn *Legerdemain*,
Ma ganddo driciau Lloegr a Spaen — I gogio.

CAROL CIWPYD (*Caniadau*) (p. 21).

Fel 'r oeddwn nos Wener yn cymryd fy 'smwythder,
   O'm poen ac o'm blinder yn nyfnder y nos;
Ces freuddwyd trwm-hunog, fe gofia'r fron ddrylliog
   Hyn yma o beth ofnog bythefnos.

Clywn esgill yr hwylwynt a nerth y Deheuwynt,
   A swn megis corwynt yn curo 'mron gaeth,
A'r gwydyr yn siglo a goleu'r lloer arno
   A dychryn yn taro i'm naturiaeth.

Troi'ngolwg i 'styriaeth a chael gweledigaeth,
   Pwy oedd mewn ias afiaith yn sefyll ger llaw;
Bachgennyn anwastad, sef Ciwpyd, Duw'r Cariad,
   A'i saethiad ar ddaliad ei ddwylaw.

EDWARD SAMUEL (*Ibid.*, p. 29-32) (1).

Y teulu hynod haelion,
Cydganwn yn deg union

---

(1) C'est le genre *cywydd llosgyrniog*. Samuel naquit en 1674 et mourut en 1748.

Fawl gydlais fel gaeadlon
  Ar dirion hinon ha';
Ac eiliwn gyda'n gilydd
Yn llawen i'n pen Llywydd
Ganmoliaeth helaeth hylwydd
  Am ddedwydd dywydd da
Mae creaduriaid mudion
Bwystfilod a phlanhigion,
Yn rhoi gogoniant union
  Yn rhadlon yn eu rhyw;
A pham na chanwn ninnau
Yn beraidd hwyr a borau
I ganmol nerthol wyrthiau
  A datgan doniau Duw?

DIX-HUITIÈME SIÈCLE.

EDWARD RICHARD (1).

Y 'deryn pur a'r adain lâs
  Bydd imi'n was dibrydar,
O hrysur brysia at y ferch,
  Lle rhoes i'm serch yn gynnar;
Dos di' ati, dywed wrthi,
'Mod i'n wylo'r dwr yn heli
'Mod i'n irad am ei gwelad,
Ac o'i chariad yn ffaelu a cherddad;
O, Duw faddeuo i'r hardd ei llun
Am boeni dyn mor galad!

---

(1) *Caniadau*, p. 41. Edward Richard naquit en 1714 et mourut en 1777.

Du même (p. 43-51).

BUGEILGERDD (*Bucolique*).

Pwy ydyw'r dyn truan fel hyn wrtho'i hunan
    Rwy'n ganfod yn cwynfan, fel baban dan berth,
A'r dwr dros ei ddeurudd yn gostwng dan gystudd?
    Myneged i Ruffudd ei drafferth.

Du même.

BUGEILGERDD (p. 51-52).

Hywel.

Hoff iawn oedd gorffennu ty haf wrth Lyn Teifi
    A'i donnau'n ymdaenu yn loewddu at y lan,
Mae gweled ein gilydd yn llunio llawenydd,
    Cawn beunydd gân newydd gan Iwan.

Iwan.

Mae Hywel mor hwylus, mor wych, ac mor awchus
    Wr enwog o'r ynys, gardd felus, gerdd fwyn,
Min miwsig mwy moesol, ac araith ragorol,
    Mor siriol a gwennol y gwanwyn.

Hywel.

Yn fore myfyrio mwyn gân a min Gweno
    Yw golud bugeilio a rhodio'n wr rhydd,
Yn llwm ac yn llawen; mae'n amlach brig brwynen
    Na deilen erfynen ar fynydd.

Iwan.

Pa beth a dâl canu à diddan brydyddu,
    A'm defaid o'm deutu yn llamu wrth y llyn,
Ac eraill wrth garu; a'i swyno a chusanu,
    Yn denu'r fain aelddu, f'anwylddyn.

Hywel.

Dyn beunydd dan benyd wyf finnau'r un ffunud,
    Heb obaith am iechyd i'm clefyd a'm clwyf,
Ond annerch lliw'r hinon à phinnau drain duon,
    A danfon penillion pan allwyf.

Iwan.

Dibarch gan y merched a fydd dyn diniwed;
    Ni fynnant hwy glywed na gweled y gwr,
Gwarth ydyw, gwrthodant goegenod, cydganant
    A chwarddant am lwyddiant ymladdwr.

LEWIS MORUS (1).

    Gwych gan bobol onest lân
      Oleuni tân a channwyll;
    Gwych gan wylliaid fod y nos
      Mewn Teios yn y tywyll;
    Gwych gen innau glywed son
      Am grogi lladron Grigyll.

    Pentref yw didduw didda
      Lle'r eillia llawer ellyll,

(1) *Caniadau*, p. 56. Né en 1700, mort en 1765.

Mor-yspeilwyr, trinwyr trais,
  A'u mantais dan eu mentyll,
Cadwed Duw bob calon frau
  Rhag mynd i greigiau Grigyll.

Du même (p. 59).

Er a welais dan y ser
  O lawnder, glewder gwledydd,
O gwrw da a gwyr i'w drin,
  A gwin ar fin afonydd,
Goreu bir a goreu bwyd
  A rannwyd i Feirionnydd.

TWM O'R NANT (1) (p. 67).

Clywch dderchafiad geirwir gariad,
Pur bwyth bwriad popeth byw;
Dechreuol wreiddiol ryw, 'does unrhyw heb fy swydd;
Rwyf fi'n gynhyrfiad gwres cenhedliad;
Teimlad cariad, magiad mwyn,
A ddeil bob peth i'mddwyn
I'w ryw yn addfwyn rwydd.
Yn llwybr natur noeth,
Pwynt enwog eirias, tân o gariad,
A'm bwriad yma'n boeth;
Drwy bob creadur byw, hynod yw anian ddoeth;
Mae'r llewod mawr eu llid, a phob aflan fwystfil byd,
Yn cynniwair i'w cenawon yn gyson iawn i gyd,
A chariad piau'r mawl, allu hawl, felly o hyd,

(1) Né en 1739, mort en 1810.

Du même (p. 69).

Tosturus yw ystyried
  Wrth weled anferth wall,
A'r gofid byd sy'n gwasgu,
  'Mron llethu hwn a'r llall.
I ble troir, na bo bloedd trwst,
  Ac anian ffrwst, rhyw gwynion ffraeth,
A dynol blant yn dyn eu bloedd,
  Eu bod yn goedd a'u byd yn gaeth?
Prudd, prudd, gwae anfon swn gofidiau sydd,
  Yn gas o ran, gwir eisiau 'mroi
Am rym i ffoi dan rwymau ffydd.
  Ple, ple bydd dyn yn esmwyth dan y ne?
Cheir odid beth o rydid byd
  Heb gadwyn gofid gydag e'.

BARDD NANTGLYN (1) (p. 71).

A fedd synhwyrau diau dowch,
Ar undeb trowch i wrando,
Yn un fwriad gan fyfyrio,
Fel mae'n llethrog ddydd yn llithro;
Ni rusir mono i aros munud,
Gwalch ar hedfan, edn buan ydyw'n bywyd.

Du même (p. 73).

Ond diddan y dyddiau'n ol,
  A doniol oedd y dynion,
Gymerent fwyn ddifyrrwch clau
  Wrth sain y tannau tynion?

---

(1) Né en 1769, mort en 1835.

Fe ddaliai draw feddyliau drwg
  O'r golwg ac o'r galon.

Hoff yw clywed merched glân
  Yn lleisio cân ar dannau,
A hoff yw gwrando meibion gwych
  Yn datgan drychfeddyliau;
Pob un a diddan fryd yn dal
  I gynnal corddiganau.

Du même (p. 85).

Y gangen wen ei gwawr,
Tro di'n awr, tyrd yn nês,
Fwyna 'rioed, feinir wen, lawen lês;
Mynna'n wir, sicr son,
Lunio ton lân i ti;
Cei'n rhwydd oherwydd hawl
Gan o fawl gennyf fi.
Ordeiniodd Duw ei hunan
Gysylltu dau'n yr unman
Hyn yw tueddiad diddan
Yn gynnes iawn ac anian,
Doniol ran dynol ryw.
Gobeithio cawn ni'n pwrpas,
Cu foddion, waith cyfaddas,
I fynd trwy gariad gwiwras
Ryw bryd mewn glan briodas,
Yn ddigas addas yw.

DAFYDD IONAWR (1) (p. 88).

Iehofa hael,
  Dydi, o dâd,

(1) Né en 1751, mort en 1827.

Glywi'mhob gwlad
Gri gweddi'r gwael.
O, gwel fi'n isel yn awr,
Iôr hedd, o flaen d'orsedd di !
Tro, Iôn, d'olygon i lawr
O'r nef wen fawr arnaf fi ;
Ond Ti, ein Twr,
12 Dywysi'n glau dy weision glân drwy dan a dwr.
O d'wydd nid âf ;
Pa glau ddur glo,
Pa fryn, pa fro
Na welo Naf ?
Pe'mgodwn, pe hedwn hynt
Ar laswen aden y wawr
Neu olwynion gwylltion gwynt,
I'r tonnog fôr, murmurog, mawr !
Ym mynwes môr
Byddaf o hyd, hyfryd yw hyn, dan edyn Iôr.

DIX-NEUVIÈME SIÈCLE.

ROBERT AB GWILYM DDÛ (1) (p. 91).

8   O hyd yr oes pechadur wyf,
7   Dan glwyf, fy nwyf yn afiach,
Yn dwyn fy mriwiau dan fy mron,
Archollion pwy erchyllach ?
O waeledd nerth ni welodd naf
Tirionaf neb truanach ?

Anghofio'n dost fy nghyfiawn Dwr,
Gwir noddwr trugareddau,

(1) Né en 1767, mort en 1850. C'est le type *awdl gywydd*.

Heb ado drwg y byd a'i drais,
Taer redais ar ei rwydau,
Pob ynfyd naws yn draws a drodd,
Ymledodd dros fy mlodau.

ALUN (1) (p. 106).

F'anwyl ferch, delw'm serch, clyw annerch clwy 'enaid,
Troist yn ddu'r cariad cu, a chanu'n ochenaid?
A oedd un llaw drwy'r dref draw i nharaw'n annhirion?
A oedd ymhlêth, ar y peth, ddwrn yr eneth union?
Yn wir dy wg dagrau ddwg i'r golwg o'r galon,
Oni chaf hedd, af i'm bedd i orwedd yn wirion.

CAWRDAF (2) (p. 130).

(*Cwynfan y Dall*).

Yn fy ngalar am fy ngolwg
Mawr a gwynais ym Morgannwg,
Urddau natur heirdd o 'neutu,
A mi'n fulaidd ymbalfalu
12   Heb un gannwyll wedi'm geni — yn cyfateb
8   Duoer wyneb o drueni,
12   A du lennau dioleuni — heb gael canfod
8   Mannau hynod ddim ohoni.

EBEN FARDD (3) (p. 148).

Dan bren tewfrig yn y goedwig,
Neilldluedig, unig wyf

(1) Né en 1791, mort en 1851.
(2) Né en 1795, mort en 1848.
(3) Voir plus haut, p. 287; cf. *Gorchest y beirdd* et *hypynt hir*.

O glyw hudol dwrf daearol,
　　Maswedd ac anianol nwyf.
Dadwrdd pobloedd drwy'r dinasoedd
　　Uchel floedd, ni chlywaf fi ;
Ni raid achwyn rhag eu gwenwyn
　　Ym mol llwyn yn ymyl lli ?

Du même (p. 152).

Fy anwyl gariad, teimlad dwys,
　　Yr hon sy'n cynnwys cwyn,
Sef canu'n iach, f'anwylyd fach,
　　I'th lon gyfeillach fwyn.

GWERYDDON (1) (p. 166-167).

Mae'r gwynt yn uwch, mael luwch gerllaw,
　　O, mae hi'n oer !
Er gwaeled wyf, i'r gwely daw,
　　O mae hi'n oer !
Mae'n arw fod mewn oeraf fan
Rhyw unig wr mor hen a gwan,
Yn welw ei rudd, yn wael ei ran,
　　O, mae hi'n oer !
O, na chai hen greadur gwan,
Cyn llechu'n llwyr yn llwch y llan,
I'w einioes fer rhyw gynnes fan ;
　　O, mae hi'n oer !

TALHAIARN (2) (p. 177).

Gwyn fy myd pe gwelwn Gymru
A'i llu anwyl yn llawenu,

---

(1) L'auteur vit encore ; le poème a été écrit en 1849.
(2) Né en 1810, mort en 1869.

A phob llan a thref yn crefu
Mwy o gynnydd, mwy o ganu
 Cymru lân, gwlad y gân,
 Cymru lân, gwlad y gân!
Hyfrydwch bardd yw arddel
 Tonau mêl y tannau man.

GLASYNYS (1) (p. 217-219).

Glyn ir Wnion.

Mor dlws yw Glyn yr Wnion :
 Yr afon loew lan
Ddolenna drwy'r ddol lanwedd,
 A sua felus gân.
Ei glennydd teg sy'n gleinio
 Mewn gwisg o wyrdd a gwyn;
Y breilw mân a wenant
 Ar loewon llon y llyn.
Bargodir Glyn yr Wnion
 A derw'n goedfron gref,
Ac ar ei eithaf weithion
 Yn drofa saif y dref;
Mae'r glyn yn dlws odiaethol,
 Wrth draed y bryniau bân.
Mor anwyl glyn meirionnydd,
 Tawelaf, fwynaf fan!
Ei ddolydd ir Meillionnog,
 A'i feusydd llwythog llawn,
Ac ynddo gerddi gwyrddion
 Yn drwm o ffrwythau gawn.

(1) Né en 1828, mort en 1870.

§ 2. — *Rime.*

Au point de vue de la rime, on peut distinguer quatre types : 1° les vers riment deux à deux ou alternent; 2° la rime est finale et interne; 3° le premier vers de chaque distique est sans rime; le deuxième seul rime avec le deuxième du distique suivant; 4° les formes de la strophe et les rimes participent des types précédents et constituent un type plus varié.

Premier type : *Rime finale.*

Les vers riment deux à deux ou les rimes sont alternées (1). Les strophes sont plus ou moins variées.

PETER LEWIS (2) : *Cathl y gair Mwys.*

Hi aeth, f'anwylyd, yn Glan-gaea',
Ti wyddost wrth y rhew a'r eira;
Dywed imi'm ddigyfrinach,
Pam na wisgi lewis bellach (3) ?

EDWARD RHISIART : *Herodraeth ir ehedydd* (4).

'Rwy'n wylo dwr oddiwrth fy nghalon,
'Rwy'n dwyn yn deg yngolwg dynion;

---

(1) Mes exemples sont empruntés au recueil *Caniadau Cymru* (v. plus haut).
(2) *Caniadau*, p. 39; l'auteur vivait au dix-septième siècle.
(3) Les vers sont de huit syllabes. Cf. la strophe *cyhydedd ferr* pour le nombre des syllabes.
(4) *Caniadau*, p. 42; l'auteur naquit en 1714 et mourut en 1777.

'Rwy'n bwrw gwallt fy mhen gan hireth,
Am y ferch sy 'mhell ysyweth,
O wele 'nghyflwr am fy ngeneth (1) !

Tegid (2).

Voir plus haut la strophe de quatre vers de huit syllabes.

Alun (3).

Page 99, strophe de six vers de huit syllabes rimant deux à deux ; pages 100, 110, strophe de quatre vers de huit syllabes rimant également deux à deux ; page 107, strophe de huit vers de huit syllabes rimant deux à deux.

Du même.

A welaist, a 'dwaenaist ti Doli,
Sy a'i defaid ar ochr Eryri ?
   Ei llygad byw llon
   Wnaeth friw ar fy mron
Melusach na'r diliau yw Doli (4) !

Ieuan Glan Geirionydd (5).

7   'E ddiflannodd clog y gwlaw
4   F'anwylyd wiw !

---

(1) Les vers sont en général de neuf et de huit syllabes.
(2) *Caniadau*, p. 97. L'auteur naquit en 1793 et mourut en 1852.
(3) Né en 1798, mort en 1828.
(4) *Caniadau*, p. 104.
(5) *Ibid.*, p. 114. Né en 1795, mort en 1826.

7	Oedd yn toi'r Eryri draw,
4	F'anwylyd wiw?
7	Mae yr haul ar hyn o dro
7	Yn goreuro bryniau'n bro
7	I'r hafoty rhoddwn dro,
4	F'anwylyd wiw!

GWENFFRWD (1).

12	O gwnewch imi feddrod wrth ffrydlif y mynydd,
11	Na cherfiwch un linell i adrodd fy hynt,
12	Ac yno telored glas donnau'r afonydd
11	Eu cerddi yn gymhlith a chwiban y gwynt.

Du même.

8	I nodi'r man rhoir meini hardd
6	Lle hun rhai hoff mewn hedd
8	Ac englyn geir o fri gan fardd
6	Neu wers i gofio'r bedd;
8	Ond maen ni cheir er cof na chwyn,
8	I nodi bedd y morwr mwyn (2).

JOHN JONES, LLANGOLLEN (3).

8	Plygu mae y llysiau gwyrddion
4	Uwch ben ei bedd;
8	A'r rhosyn leda'i wridog ddwyfron
	Uwch ben ei bedd.

---

(1) *Caniadau*, p. 132. Né en 1810, mort en 1834.

(2) *Ibid.*, p. 133-134; p. 136, strophe également de huit vers de huit et six syllabes.

(3) *Caniadau*, p. 141. Dix-neuvième siècle.

Ocheneidiau tor ei chalon
Sugnwyd gan y trist awelon,
Glywai'm mrig yr yw hiraethlon
Uwch ben ei bedd.

CALEDFRYN (1).

Strophe de quatre vers de huit syllabes rimant deux à deux.

IOAN EMLYN (2).

Strophe de huit vers de huit et sept syllabes alternant ; rimes alternées.

TALHAIARN (3).

6	Cwyd, cwyd, ehedydd llon,
8	O'th ddedwydd nyth ar ael y fron,
5	I ganu yn y nen!
6	Mwyn, mwyn y tonau mêl
8	O'ch beraidd big a'th galon ddêl,
5	I synnu'r byd uwch ben.
7	Pawb a hoffant swyn dy gân,
8	Sy'n llifo'n ffrwd o fiwsig ffri ;
7	Nwyfus fawl dy galon lan
8	Ennyna dân fy awen i,
8	Anwylaf wyt o'r adar man,
6	Boed bendith Duw i ti.

(1) *Caniadau*, p. 158. Né en 1801, mort en 1869.
(2) *Ibid.*, p. 164. Né en 1818, mort en 1873.
(3) *Ibid.*, p. 174-175. Né en 1810, mort en 1869.

Du même (Caniadau, p. 176).

Poème en strophes de huit vers de huit et sept syllabes alternant et à rimes alternées.

GLAN ALUN (1).

8	Hyfrydol ydyw caffael drych
6	Ar feusydd gwyrddion teg
8	A gerddi ffrwythlawn Lloegr wych (2),
6	A'u haddurniadau chweg;
8	Hyfrytach fil i'm golwg i,
8	O Gymru, yw 'th wylltineb di.

Les deux derniers vers forment un refrain à chaque strophe.

IEUAN GWYNEDD (3).

Poème en strophes de huit vers de huit et sept syllabes alternant et à rimes alternées.

HIRAETHOG (4).

8	Wennol fwyn, li ddaethost eto
8	I'n dwyn ar go' fod haf ar wawrio,
8	Wedi bod yn hir ymdeithio.
6	Croeso, croeso i ti!

---

(1) *Caniadau*, p. 182. Né en 1811, mort en 1862.
(2) Il manque une syllabe ; il est probable que le poète compte *Lloegr* pour deux.
(3) *Caniadau*, p. 184. Né en 1820, mort en 1852.
(4) *Ibid.*, p. 192. Né en 1802, mort en 1883.

8	Nid oes unrhyw berchen aden
8	Fwy cariadus na'r wenolen,
8	Pawb o'th weled sydd yn llawen ;
7	Ebe'r Wennol : Twi, twi, twi.

Du même (*Caniadau*, p. 196).

Poème en strophes de huit vers de huit et sept syllabes alternant et à rimes alternées.

IORWERTH GLAN ALED (1).

7	Blentyn bychan, edrych di
4	Ar y lili ;
7	Gwylaidd blygu pen mae hi,
4	Dyner lili !
7	Gwelodd Iesu hon yn wen
7	Ger ei fron yn gwyro'i phen,
7	Ac fe ddysgodd wers o'r nen.
4	Drwy y lili.
7	Blentyn bychan, drwy dy oes
7	Dysga dithau wylaidd foes
4	Gan y lili.

IONORON GLAN DWYRYD (2).

8	Y mae'r ywen werdd yn tyfu
4	Uwch ben y bedd,
8	Lle mae'n ghariad bach yn cysgu
4	Yn llwch y bedd ;

(1) *Caniadau*, p. 200. Né en 1819, mort en 1867.
(2) *Ibid.*, p. 202. Mort en 1872.

8	Y mae'r rudd a wisgai rosyn
8	Dan y gwallt oedd fel aur gadwyn,
8	At y meirwon wedi disgyn
4	Yn llwch y bedd.

ROBYN DDU ERYRI (1).

Poème en strophes de quatre vers à rimes alternées, de huit et neuf syllabes.

Du même.

Poème en strophes de huit vers de douze et onze syllabes.

ROGER EDWARD (2).

8	« Afonig fechan, fywiog, fad,
4	Pa lé'r ai di? »
8	— « Af adref, adref at fy nhad,
4	Môr, môr i mi! »
8	— « Mae'r rhwystrau'n fawr, mae'r daith yn hir,
8	Mae'r ffordd drwy lawer diffaith dir,
8	Gwell iti oedi'r hynt yn wir,
4	O, aros di! »
8	— Na na, nid all nac anial maith
8	o Nac unrhyw fryn na bro ychwaith,
8	Fy rhwystro i gyrraedd pen fy nhaith :
4	Môr, môr i mi! »

(1) *Caniadau*, p. 204. Né en 1804, mort en 1892.
(2) *Ibid.*, p. 207. Né en 1811, mort en 1886.

Glan Padarn (1).

Poème en strophes de huit vers de sept syllabes à rimes alternées.

Glasynys (2).

Poème en strophes de six vers de huit syllabes rimant deux à deux ; dans la première strophe, quatre vers riment ensemble.

Islwyn (3).

6	A gaiff fy yspryd i
6	Yng ngharchar defnydd du
6	Fydryddu 'th hanfod cu,
4	O angel rhydd ?
6	A gaiff carcharor tlawd
6	Trwy rydlyd farrau cnawd
6	Dy weld a'th alw'n frawd
4	O wlad y dydd ?

Du même (Caniadau, p. 226).

Même système.

Du même (Caniadau, p. 230).

Poème en strophes de huit vers rimant deux à deux ;

(1) *Caniadau*, p. 210. Mort récemment.
(2) *Ibid.*, p. 216. Né en 1828, mort en 1870.
(3) *Ibid.*, p. 224. Né en 1832, mort en 1878.

dans la première strophe, quatre vers de suite ont la même rime; les vers sont de onze syllabes.

Du même (1).

5	Pan y myn y daw,
6	Fel yr enfys a'r gwlaw
11	Fel odlau yr eos ger y gwyrddaf lyn draw ;
11	Nid mwy annibynol y seraff y sydd
11	Yn disgyn ar donnau diweddaf y dydd
11	Pan fyddo'r gorllewin, rhwng huan a mor,
11	Fel i dragwyddolfyd yn ffurfio y ddor.

Vient ensuite une strophe de cinq vers débutant ainsi :

Pan y myn y daw
Fel y ser dros adfail y cwmwl draw.

Du même (2).

Poème en strophes de quatre vers, de huit et sept vers alternant et à rimes alternées.

MYNYDDOG (3).

8	Mae can yn llond ir awel fwyn
7	Sy'n ysgwyd gwynt y borau,
8	A holl gerddorion mân y llwyn
7	I gyd yn ffurfio'n gôrau ;

(1) *Caniadau*, p. 233.
(2) *Ibid.*, p. 234.
(3) *Ibid.*, p. 236. Né en 1833, mort en 1877.

8	Mae teg amrantau'r wawr ddydd dlos
7	Yn agor yn swn canu,
8	A chanu wed'yn gyda'r nos
7	Yn suo'r byd i gysgu.
4	'Does dim yn fud
4	Trwy'r nef na'r byd
8	Mae natur lân yn gan i gyd.

Du même (1).

11	Yr hwyrnos brudd sy'n ocheneidio'n wanllyd
10	Wrth roi ei phen i lawr mewn melus hun
11	Mae'r bryniau oll mewn dwyfol orchudd tanllyd
8	Ym moli Duw am wylio dyn;
7	Cyd-nofio mae'r cymylau
7	Ag aur hyd eu hymylau,
8	Yn seiniau cerddi hwyrol ha',
3	Tyner chwa
3	Ddwêd « nos da! »

OSSIANT GWENT (2).

2	O'r nyth,
8	A'i asgell dêg yn llawn o wlith
8	Dyrchafu i fyny megis rhith
4	O blith y brwyn
4	Mae'r hedydd mwyn,
8	I byncio ei foreuol lith.

O'r swyn!
Sy'n llifo o dy garol fwyn,
Aderyn bach!
Dy fiwsig iach,
A ysgafnha fy loes a'm cwyn.

(1) *Caniadau*, p. 238.
(2) *Ibid.*, p. 239. Né en 1834, mort en 1892.

Du même (p. 240).

Ar fore tawel yn yr ardd
　Yn ymyl chwarddol wlithyn
Canfyddid wrth ei fodd y bardd
Yn syllu ar ei wyneb hardd,
　Yn ddistaw ar ei ddeulin.

IOAN ARFON (1).

8	Hawddamor it', fy narlun hardd,
7	Mae'n llondid im' dy weled!
8	Dy swydd yw cynnrychioli bardd,
7	A hapus boed dy dynged!
8	Mae'th siriol wên a'th olwg syw
8	Yn gwneud it edrych fel yn fyw,
8	O! hynod mor naturiol yw
7	Fy narlun ar y pared!

HUW MYFYR (2).

6	Y Bala, Salem wen,
5	Gad im' dy alw,
6	Boed bendith ar dy ben,
5	Ti haeddi'r enw!
6	Os bu ryw lecyn mâd
6	O ddaear ein hoff wlad
6	Yn deml i Dduw a'r Tad,
5	Y Green yw hwnnw.

(1) *Caniadau*, p. 242. Né en 1828, mort en 1881.
(2) *Ibid.*, p. 243. Né en 1845, mort en 1891.

Ceiriog (1).

Même type. Poème en strophes de huit vers, quatre de huit et six syllabes alternant et à rimes alternées; puis trois vers de huit syllabes de même rime et un de six rimant avec le deuxième et le quatrième.

Du même (2).

8	Mae gennyf wen golomen ddof,
7	Erioed heb golli pluen,
8	Ac edrych arni leinw'm cof
7	A holl brydferthwch Olwen;
8	O, mae hi'n hardd, a hardd, fydd bâth
7	Aderyn diniweidrwydd.
8	Pan alwaf arni tan ei nyth,
7	Hi ddisgyn ar fy ysgwydd.
8	Ond hyn sy'n torri'm calon i,
8	Pan alwaf Olwen, ni ddaw hi.

Du même (3).

Poème en strophes de neuf vers de onze et neuf syllabes à rimes alternées.

Du même (4).

Poème en strophes de huit vers de douze et onze syllabes.

---

(1) *Caniadau*, p. 246. Né en 1832, mort en 1887.
(2) *Ibid.*, p. 252.
(3) *Ibid.*, p. 255.
(4) *Ibid.*, p. 261.

350   LA MÉTRIQUE GALLOISE.

Du même (1).

Poème en strophes de huit vers de sept syllabes à rimes alternées.

Du même (2).

6	Clywch, clywch foreuol glod !
8	O fwyned yw'r defnynnau'n dod
6	O Wynfa lân i lawr !
6	A'i mân ddefnynnau cân
8	Aneirif lu ryw dyrfa lân
6	Ddiangodd gyda'r wawr ?
7	Mud yw'r awel ar y waen,
7	Brig y grug yn esmwyth gryn :
7	Gwrando mae yr aber gain,
7	Yn y brwyn ymguddia'i hun,
8	Mor nefol swynol ydyw'r sain
6	Sy'n dod i ddeffro dyn !

Du même (3).

Poème en strophes de six vers, rimant deux à deux, de sept syllabes.

Deuxième type : *A rime interne.*

Les systèmes les plus exagérés de ce type à rime

---

(1) *Caniadau*, p. 268.
(2) *Ibid.*, p. 269.
(3) *Ibid.*, p. 272.

interne, parfois remarquables par une certaine allitération, se trouvent chez Huw Morus (1).

9	Ieuenctid nwyfus, anrhydeddus,
14	Cydystyriwch gwyn dosturus yn un fwriadus fryd,
8	Na rowch hyder ar ddisgleirder,
14	Tegwch tyner, dysg na doethder, nac uchder balchder byd;
8	Nid ydyw golud, parch neu glod
7	Ond adail darfodedig;
8	Nid ydyw hardd hawddgarwch gwedd.
7	Wrth borth y bedd ond benthig;
12	Fel llysie ar lâs fore mewn gloew flode glân,
	Cyn darfod y diwrnod dan gawod gwywo wnân.

Edward Morus (2).

8	I ba beth y gwnaed y byd
8	Ac y cynhaliwyd hwn o hyd,
8	Er dechrerad hyn o bryd?
8	Ni bum i ond ennyd ynddo,
8	Nid wyf i ond gwirion, Duw'n fy rhan,
8	Rwy'n gweled hyn er synwyr wan,
8	Mai amla arfer ym mhob man
3	Yw cogio (3).

Gruffudd Phylip (4).

7	Er pan ydwyf yn y byd,
7	O'm dechreu hyd yrwan,

(1) *Caniadau*, p. 13.
(2) *Caniadau*, p. 17. Mort en 1689.
(3) Si on réunit *yw cogio*, on a un vers de onze syllabes.
(4) *Caniadau*, p. 34. Florissait dans la première moitié du dix-septième siecle.

7	Mwya' niwed imi wnaeth
7	Fy meddwl caeth fy hunan (1).

Elis Wyn (2).

Même système; mais les vers sont de sept syllabes et ont des rimes alternées.

7	Gwyr yr aur, ond gwych y fâi
7	Gael fyth fwynhau'ch meddianneu;
7	Mae'l y gwnewch 'i rhygoch rodd
7	A fyngo fodd i'r angeu?

Wili Hopcyn (3).

7	Mi sydd fachgen ifanc ffoll,
7	Yn byw yn ol fy ffansi,
8	Myfi'n bugeilio'r gwenith gwyn,
7	Ac arall yn (4) ei fedi.
7	Pam na ddeui ar fy ol
7	Ryw ddydd ar ol ei gilydd,
8	Gwaith rwy'n dy weld, y feinir fach,
7	Yn lanach, lanach, beunydd.

Dafydd Ddu Eryri (5).

8	Pwy a'm hymddygodd yn ddilys
7	O dan ei gwregys mwynlan?

(1) C'est le genre *awdl gywydd*.
(2) *Caniadau*, p. 36. Né en 1671, mort en 1734.
(3) *Ibid.*, p. 37. Né en 1701.
(4) La rime ne vaut rien, mais elle est intentionnelle, comme le montrent les autres strophes.
(5) *Caniadau*, p. 82. Né en 1760, mort en 1822.

8	Pwy roes im' faeth a lloniaeth llon
7	O laeth ei bron ber anian?
8	A phwy a'm cadwai rhag cael canu?
7	Fy anwyl fam fy hunan.

Daniel Ddu o Geredigion (1).

7	Lysieuyn glwys a dengar,
7	Sy'n harddu wyneb daear,
8	Rhyw ddwys hyfrydwch mawr a'm medd
7	Wrth weld dy agwedd hygar.

C'est le système de l'*englyn unodl cyrch*.

Alun (2).

8	Pan guddio nos ein daear gu
7	O dan ei du adenydd,
8	Y clywir dy delori mwyn,
7	A chôr y llwyn yn llonydd;
8	Ac os bydd pigyn dan dy fron
7	Yn peri i'th galon guro,
8	Ni wnai nes torro'r wawrddydd hael,
7	Ond canu a gadael iddo.

Ieuan Glan Geirionnydd (3).

7	Perffaith yw dy waith, Duw Ior,
7	Mae tir a mor yn dystion!

(1) *Caniadau*, p. 92. Né en 1792, mort en 1846. Même système, p. 94.
(2) *Ibid.*, p. 101. Né en 1797, mort en 1840.
(3) *Ibid.*, p. 116. Né en 1795, mort en 1855.

7	Da a didwyll gwnaed hwy oll,
7	Heb goll na dim diffygion;
7	Ond o'r cyfan goreu gwnaed
8	Goreuwlad wirfad Arfon.

Du même (1).

Derbyn di, wych ei bri,
Hyn o annerch gennyf fi.
Mae fel sêl fy mod, gwêl,
Yn dy garu yn ddigêl.
Dengys it' fy mod yn brudd
O dy gariad nos a dydd;
Dwys ochneidion a gwasgfeuon,
Trwm yw sôn, imi sydd.
Er bod is y rhod
Rai a'u clod fel tydi,
Eto ti yw'r unig ferch
Ai a'm serch rymus i;
Ac am hynny, deg ei llun,
Dyro'n awr i druan un
Air o gysur, gwêl fy llafur,
Llaesa'm car, fwynbur fun.

Du même (2).

A mi un diwrnod teg o haf
Yn rhodio ar fy nhro
Graeanaidd lân Geirionnydd lwys,
Fy mabwysiadol fro,
Lle treuliais lawer ddifyr awr
Yn nhymawr mebyd pan

---

(1) *Caniadau*, p. 121.
(2) *Ibid.*, p. 125.

Yn tynnu'i bysg o'r tonnau byw
A'i laswiw ddwfr i'r lan ;
Pan oedd pob meddwl tan fy mron
Mor ysgafn bron a'r gwawn,
Yn dilyn gwib mabolaidd fryd
O foreu hyd brydnawn

CAWRDAF (1).

13 Ymadael! O siomedig, ddrylliedig, eiddig air !
13 Pa fodd dioddefaf banner y poethder sy'n y pair ?
13 Ymadael ! o'r munudyn ! â'r unig un erioed
13 A gerais mor ragorol drwy ganol ieuanc oed.

JOHN JONES, LLANSANTFFRAID (2).

8 Er cael pleserau'ngwlad y Sais,
7 A gweld ei ddyfais wiwber,
Mae gwlad yr Awen, geinwen gell,
Er hynny'n well o'r banner.
Ei hawel iach a'i melus ddwr,
A chyflwr ei thrigolion,
Wrth gofio'i beirdd rhyw hiraeth draidd
Drwy giliau'r wanaidd galon.

Refrain : Braidd na ddywedwn yn ddiwâd
Mai nefol wlad yw Cymru.
O na bai nbraed yn sengu hon
Ar fimen ceinior Conwy !

Du même.

Même système, page 139.

(1) *Caniadau*, p. 128. Né en 1795, mort en 1848.
(2) *Ibid.*, p. 137. Mort dans la première moitié du dix-neuvième siècle (?).

Eben Fardd (1).

Afaon bach mor fwyn y bu
 Dy wên a'th garu gynt;
Ond diffodd wnaeth fel cannwyll frwyn
 Y gwanwyn, yn y gwynt.
Ti anghofiasit fam a thad
 I'm cael yn gariad gynt;
Ond chwythwyd pob adduned dda
 Fel manus gyda'r gwynt.

Du même (2).

7	Ai yma y mae'n gorwedd,
6	Mewn gwaeledd y rhai gwych,
7	A welwyd gynt mewn mawredd?
6	O ryfedd! yma'r ych!
7	Er cael ychydig hawddfyd
6	Fe ddarfu'r bywyd byr,
7	Difwynwyd edef einioes,
6	Mewn duloes hon a dyr.

Du même (3).

8	Ffarwel, fy ngeneth lawen bêr
7	Ymado ar fyrder fydd;
8	Hiraethus serch, wrth d'adael di,
6	Yn soddi f'yspryd sydd.
8	Ymhell o'm bro dy gofio gaf;
6	Pan foriaf, poen a fydd

(1) *Caniadau*, p. 147. Né en 1802, mort en 1863.
(2) *Ibid.*, p. 154.
(3) *Ibid.*, p. 157.

8	Na chawn-yn llon gofleidio'th fron
6	Yn dirion nos a dydd.

CALEDFRYN (1).

7	Hyfryd ydyw'r delyn fad,
7	A lleisiau llad lliosain;
8	Difyrrwch pur i natur dyn
	Yw dilyn ei chyweirsain
8	Dyma i fyw, diamau, faeth
7	Beroriaeth bur arwyrain

Du même (2).

8	Nid oes dim ia ar war y llyn,
7	Na rhew ar fryn na mynydd;
	Blodeuog yw briallu'r fron,
	A gwyrddion ydyw'r coedydd;
	Datodwyd clo y nant a'r ia,
	Fe dreigla yr afonydd.

TALHAIARN (3).

O, dyro i mi, aderyn mwyn,
  Dy gân o'r llwyn i'm llonni;
Diniwed yw dy galon lân,
  Dy anian yw daioni.
Gorlawen yw dy swynol awen,
  Wrth byncio'n bêr ar frig y gangen;
Yn goglais anian yn y goedwig,
A minnau'n dotio ar dy fiwsig,

(1) *Caniadau*, p. 160. Né en 1801, mort en 1869.
(2) *Ibid.*, p. 162.
(3) *Ibid.*, p. 170. Né en 1810, mort en 1843.

Wrth wrando mewn pér-lewyg draw
Gwir alaw dy garolig.

Du même (1).

7	Tros y garreg syllu wnaf
7	Hwyr a bore hirddydd haf,
4	Am f'anwylyd
4	Hardd a hyfryd,
7	Yn ei lanbryd gwynfyd gaf.
7	Aled ddenaf ataf fi,
7	Fel y dena'r lloer y lli.
7	Deued Aled fwyn i'r ardd :
7	Rhosys wridant, anian chwardd
4	Deued, deued,
4	O! prysured!
7	I fy mynwes doed fy mardd!

Du même (2).

Teg yw dy lun, fy anwyl fun,
Swynol wyt i ennyn gwyn
    A serch fy nghalon i f●
Mae tynfaen yn dy siriol bryd
I'm denu atat ti o hyd ;
Er gwaethaf gwg a gwawd y byd
    Fy nghariad ydwyt ti.
    O, fy ngeneth wiw,
Pe bawn yn rhosyn teg ei liw,
Cawn nythu yn dy fron, heb friw
    I'th galon dirion di ;

---

(1) *Caniadau*, p. 172.
(2) *Ibid.*, p. 173.

Ac yno'n llawn o hoen a hedd,
Addolwn wawr dy ddengar wedd,
A mil melusach fyddai'r wledd
　Na gwin a medd i mi.

Samuel Roberts (1).

Daeth yma i'r byd i weld ein gwae,
　Lle mae gorthrymder garw;
Ond trodd ei egwein lygaid draw;
　Gan godi'i law a marw.

Glan Alun (2).

Ganwyd i'r byd, llawenydd fu!
　Bu farw, dyna alar!
Rhyw hanes byr, ond cymysg yw,
　Fel holl hanesion daear
Daeth yma megis i dynhau
　Y rhwymau priodasol;
Fe aeth, i ddangos pa mor frau
　Mae hwythau ill dau yn farwol
Fe ddaeth i greu a llonni tad
　Ac yna'i amddifadu!
Fe ddaeth i greu teimladau mam,
　Paham, un bach, a'i siomi?

Ieuan Gwynedd (3).

Ti wyliaist wrth fy ngwely
　Pan ydoedd haul yr haf

---

(1) *Caniadau*, p. 178. Né en 1800, mort en 1885.
(2) *Ibid.*, p. 180. Né en 1811, mort en 1866.
(3) *Ibid.*, p. 186. Né en 1820, mort en 1876.

A'i danbaid wres bob diwrnod
Yn gwywo'th briod claf;
Ti wyliaist wrth fy ngwely
Nosweithiau gaeaf oer,
Pan syrthiai ar y llenni
Oleuni llwyd y lloer.

NICANDER (1).

7	Fy naf yw Duw'r tangnefedd
7	Yr Ion anfeidrol rinwedd
8	Prif berl ei rad a'i gariad gwiw
7	A'i goron yw Trugaredd

Hi biau hau y bywyd
Ym maban bru a mebyd;
Hi yw ei nerth; pan byddo'n wan,
A'i achles pan yn nychlyd.

GLASYNYS (2).

7	Mae genau fy anwylyd
6	Yn hyfryd ac yn hardd :

Cusanu'r foch wen wridog goch
Yw hoffder pena'r bardd.

Du même (Caniadau, p. 215).

Poème en strophes de six vers de sept syllabes. Même système.

(1) *Caniadau*, p. 188. Né en 1809, mort en 1874.
(2) *Ibid.*, p. 213. Né en 1828, mort en 1870.

APPENDICE.

Du même (1).

Y 'deryn pur, yn llatai dôs
　At feinir dlos gariadus;
Sibryda yn ei chlust fy nghwyn,
　Hyfrydol swyn 'r afradus;
Mae fy nghalon yn ysgyrion,
Mae fy ngruddiau'n welw lwydion;
Och! na chawn i heno'n goflaid
Wasgu meinwen gymen ganaid.
O! Gwener anwyl, gwella 'nghlwy,
　Myfanwy bia f'enaid!

Du même (2).

4	Mae swyn mewn serch
4	Mwyn, mwyn yw merch,
6	O draserch dyrysaf;
4	Lliw blodeu'r ardd
4	Mor bêr a'r nardd
6	Mor fwyn y chwardd arnaf!
8	O! Myfanwy, y mae f'enaid
8	Yn dy garu, 'r fun deg euraid;
8	Ar fy nwyrudd llwyd a gwelw,
8	Gwel, fe gerfiodd serch ei ddelw!
8	Mae fy nghariad yn weladwy,
8	Mae fy enaid am Myfanwy.

ISLWYN (3).

8	Daeth yn ei dro y Gwanwyn llon
7	Y flwyddyn hon fel arfer,

(1) *Caniadau*, p. 219-220.
(2) *Ibid.*, p. 221.
(3) *Ibid.*, p. 228. Voir plus haut, premier type.

8	Gan ddwyn i'r hen lesbad o'i boen,
7	I'r ieuanc hoen a llonder,
8	I mi, fab llên ni ddygodd ddim.
7	Ond cystudd llym a gwywder.

Du même (1).

8	Pa le y dengys anian lon
6	Ei swynion o bob rhyw
	A'i miliwn harddwch mal yn hon?
	Byd mewn mân-ddarlun yw.
	Gwg natur ar ei gwyneb gawn
	A'i gwên hawddgaraf yno'n llawn.

MYNYDDOG (2).

7	Cartre'r bardd caredig mwyn
7	Sydd dan y llwyn celynen;
7	Pwy a welodd lecyn bach
7	Siriolach is yr heulwen?
7	Dymunoldeb pur a'i todd,
7	Mae'n lle wrth fodd yr awen.

CEIRIOG (3).

8	Mewn gweithred, mewn gwisg ac mewn gwedd,
8	Un rhyfedd yw bardd ym mhob oes,
8	Un trwstan o'i febyd i'w fedd,
8	A siwr o wneud popeth yn groes;
8	Os disgyn ei lygad ar ferch
8	Prydyddu wneiff ef iddi hi
	Yn lle mynd a siarad ei serch:

(1) *Caniadau*, p. 229.
(2) *Ibid.*, p. 235. Voir premier type.
(3) *Ibid.*, p. 249.

14   Rhyw garu go wirion yw danfon pennillion i ti,
8   Yw cuddio pennillion i ti.

Du même (1).

Dadseinio'r oedd y brigog lwyn
   Gan gerdd pob mwyn aderyn ;
A minnau'n un a'r adar mân
   Ddatgenais gân i'r gwanwyn.

Troisième type : *Le premier vers de chaque distique est sans rime ; le deuxième vers rime avec le deuxième du distique suivant.*

Ce type, très commun, comme nous le verrons dans les hymnes, n'apparaît qu'assez tard dans la poésie profane. Je le relève dans le recueil *Caniadau*, pour la première fois, dans les œuvres de Ieuan Glan Geirionnydd, né en 1793, mort en 1855. Les quatre premiers vers d'une de ses strophes, qui est de douze vers, sont de ce type.

A mi un diwrnod teg o haf (2)
   Yn rhedio ar fy nhro
Graeanaidd lân Geirionnydd lwys,
   Fy mabwysiadol fro,
Lle treuliais lawer ddifyr awr
   Yn nhymawr mebyd pan
Yn tynnu'i bysg o'r tonnau byw
   A'i laswiw ddwfr i'r lan ;

(1) *Caniadau*, p. 270.
(2) *Ibid.*, p. 125.

Pan oedd pob meddwl tan fy mron
　Mor ysgafn bron a'r gwawn,
Yn dilyn gwib mabolaidd fryd
　O foreu hyd brydnawn

John Jones, Llangollen (1).

Megais fachgen bach ac anwyl
　Ar fy mron mewn trafferth mawr
Deio, ti yw'r bachgen hwnnw,
　Nad wn ble yr wyt yn awr.
Maith yw'r amser er y'th welais,
　'Machgen anwyl, wyt ti'n iach?
Os na elli ddyfod drosodd,
　Anfon lythyr, Deio bach!

David Charles (2).

« Hen wr, hen wr, mae'th wallt yn wyn,
　Ac oer yw'r awel hon;
Paham y crwydri wlad mor bell
　Oddiwrth d'anneddle lon? »

Ieuan Gwynedd (3).

Beth yw Siomiant? Tywyll ddunos
　Yn ymdaenu ganol dydd,
Nes i flodau gobaith wywo,
　Syrthio megis deilach rhydd.

---

(1) *Caniadau*, p. 143.
(2) *Ibid.*, p. 145. Né en 1803, mort en 1880.
(3) *Ibid.*, p. 184. Mort en 1876.

Beth yw Siomiant? Pryf gwenwynig
    Yn anrheithio gwraidd y pren,
Nes ymdaenu cryndod drwyddo,
    Er dan iraidd wlith y nen.

EMRYS (1).

Mae'r cryd yn wag, ond pwy a'i gwêl
    Mor werthfawr a myfi?
Bob dydd 'rwy'n sefyll uwch ei ben
    A'm dagrau brwd yn lli';
Os gofyn neb paham yr wyf
    Mor llawn o deimlad byw,
Fe wyr pob mam pan glyw fi'n dweyd :
    « Cryd gwâg fy mhlentyn yw ! »

GLASYNYS (2).

Awn allan, fwyn forwynion !
Fe ddaeth Gwyl Ifan ddoeth,
Boreuddydd y Bedyddiwr gwyn
Sy'n euro'r bryniau noeth
Awn allan gyda'n gilydd
Y droed y mynydd mawr
I rwymo'r llwdwn gwyn ei wlân,
A blodau teg eu gwawr.
Cyn yfo'r haul y mân-wlith
O gwpan-flodau'r waen,
A chyn i'r tês a'i wridog wres
Ymwibio'n ol a blaen,
Awn allan hefo'n gilydd
I droed y mynydd mawr

---

(1) *Caniadau*, p. 191. Né en 1813, mort en 1873.
(2) *Ibid.*, p. 212.

I blcthu grug yn gorlan glws
Cyn iddi dorri'r wawr.

Du même (1).

Mae gwenau fy anwylyd
   Yn byfryd ac yn hardd ;
Cusanu'r fôch wen wridog goch
   Yw hoffder pena'r bardd.

CEIRIOG (2).

Nant y mynydd, groew, loew,
   Yn ymdroelli tua'r pant,
Rhwng y brwyn yn sisial ganu :
   O na bawn i fel y nant ?

Du même (3).

Wyt ti'n cofio'r lloer yn codi
   Dros hen dderw mawr y llwyn,
Pan ddywedaist yr aberthet
   Nef a daear er fy mwyn ?
Wyt ti'n cofio'r dagrau gollaist
   Wrth y ffynnon fechan draw ?
Wyt ti'n cofio'r hen wresawgrwydd,
   Wyt ti'n cofio gwasgu'm llaw ?

Page 259, du même poète : même système.
Page 263, également : les vers sont de six syllabes.

---

(1) *Caniadau*, p. 213.
(2) *Ibid.*, p. 254.
(3) *Ibid.*, p. 258.

Du même (1).

Wrth feddwl am y gangen gyll
　　Ddanfonodd Menna imi :
Draw'n y pellder clywwn swn
　　Hen glychau Aberdyfi :
« Menna eto fydd dy fun,
» Gâd y pruddglwyf iddo'i hun,
» Cwyd dy galon, bydd yn ddyn ! »
　　Meddai clychau Aberdyfi
« Un-dau-tri-pedwar-pump-chwech
» Cwyd dy galon, bydd yn ddyn ! »
　　Meddai clychau Aberdyfi.

Quatrième type : *A formes strophiques et à rimes variées.*

Voir APPENDICE, chapitre II, paragraphe 1er, et les exemples des deuxième et troisième types, *passim;* voir plus bas, B. — *Hymnologie*, quatrième type.

B. — *Hymnologie.*

Je prends mes exemples dans le recueil *Hymnau er gwasanaeth yr Eglwys yn Nghymru, wedi eu dethol a'u trefnu gan y Parch. Daniel Evans.* Llundain, 1883.

Premier type : *Les vers riment deux à deux ou les rimes sont alternées.*

N° 17 (huit syllabes) :

　　Cyd-foled y nefolion fry
　　A'r holl dduwiolion ar y llawr,

(1) *Caniadau*, p. 266.

Ein ceidwad cryf, a'n cyfaill cu,
Ein priod mwyn a'n prynwr mawr.

N° 18 (huit syllabes) :

Nid i gondemnio dynolryw
Yr ymddangosodd gwir fab Duw ;
Un arf ni welwyd yn ei law,
Na thanllyd gledd i beri braw.

N° 20 : Strophe de quatre vers de huit syllabes rimant deux à deux.

N° 24 : Strophe de six vers de dix syllabes rimant deux à deux.

N° 31 : Strophe de quatre vers à rimes alternées.

N° 32 : Strophe de quatre vers de sept syllabes rimant deux à deux.

N° 33 : Strophe de quatre vers de huit syllabes rimant deux à deux :

N° 34 : *Id.*

N° 35 : Strophe de six vers de huit syllabes à rimes alternées ; les deux derniers vers sont de rime différente :

Claf wyf a llesg, bron llwfwrhau,
Dy absenoldeb sy faith iawn ;
Dy fod di cyhyd yn pellhau
Sy'n gwneyd îm' ruddfan fore a nawn.
Rho wel'd dy wedd, fy Ior ar frys,
Neu cymer fi i'th nefol lys,

N° 39 : Strophe de quatre vers de huit et six syllabes alternant.

N° 43 : Strophe de huit vers de huit et six syllabes alternant.

APPENDICE. 369

N° 46 : Strophe de quatre vers de huit syllabes rimant deux à deux.

N° 47 : Strophe de quatre vers de huit et sept syllabes rimant deux à deux.

N° 61 : Strophe de quatre vers de huit et six syllabes à rimes alternées.

N° 66 : Strophe de quatre vers de dix syllabes rimant doux à deux.

N° 68 : Strophe de quatre vers de huit et six syllabes à rimes alternées.

N° 70 : Strophe de quatre vers de huit syllabes rimant deux à deux.

N° 71 : *Id.*

N° 76 : Strophe de quatre vers de huit syllabes rimant deux à deux.

N° 77 : *Id.*

N° 83 : Strophe de huit vers de sept et six syllabes alternant et à rimes alternées.

N° 86 : Strophe de quatre vers de six syllabes à rimes alternées.

N° 88 : Strophe de six vers de huit syllabes. Les deux premiers vers sont de même rime ; le quatrième et le cinquième, le troisième et le sixième riment ensemble :

> Nis gall angylion nef y **nef**
> Fynegi maint ei gariad **ef**
> Mae'r angeu'r groes yn drech na'u **dawn** ;
> Bydd canu uwch am Galfari,
> Na chlywodd yr angylion fry
> Pan ddelo Salem bur yn **llawn**.

N° 97 : Strophe de quatre vers de huit syllabes rimant deux à deux.

N° 99 : Strophe de huit vers de huit syllabes à rimes alternées.

N° 100 : Strophe de six vers de sept syllabes rimant deux à deux.

N° 136 : Strophe de sept vers : d'abord deux vers de même rime de six syllabes, puis un vers de quatre syllabes rimant avec le septième également de quatre syllabes ; puis trois vers de six syllabes rimant entre eux :

> O tyred arglwydd ma**wr**
> Dyhidla o'r nef i la**wr**
>   Gawodydd p**ur**;
> Fel byddo i'r egin gra**wn**,
> Foreuddyd a phrydna**wn**,
> I darddu'n beraidd ia**wn**
>   O'r anial d**ir**.

Deuxième type : *A rime interne (le deuxième vers rime avec le quatrième, etc.).*

N° 1 : Strophe de huit vers de sept et six syllabes alternant :

> Dysgwyliais wrth yr argl**wydd**
>   Yn ebr**wydd** daeth o'r nef ;
> O'r pydew gwnaeth fy ngh**odi**
>   Yn llwyr fe glybu'm ll**ef** ;
> Fy nhraed ar graig gosod**odd**
>   Yn mlaen fe'm hwyl**iodd** i
> Rhoes yn fy ngenau he**fyd**
>   Gân hy**fryd** i'n Duw ni.

N° 5 : Strophe de huit et sept syllabes :

> Dduw mawr ! pa beth a welaf **draw**?
>   Diwedd a **braw** yr hollfyd ;

APPENDICE.

> Mi wela'r Barnwr yn nesau
> > Ar gloer gymylau tanllyd
> Yr udgorn mawr yn seinio sydd
> A'r beddau'n rhoddi'r meirw'n rhydd
> > I wae neu ddydd o wynfyd.

Nº 21 : Strophe de quatre vers de huit et six syllabes : en plus de la rime interne, le deuxième et le quatrième vers riment.

Nº 23 : Strophe de huit vers de six syllabes.

Nº 26 : Strophe de quatre vers de huit et sept syllabes.

Nº 27 : Strophe de huit vers de huit et sept syllabes.

Nº 28 : Strophe de quatre vers de huit et sept syllabes.

Nº 29 : Strophe de quatre vers de huit et sept syllabes ; on remarque ici une rime interne au milieu d'un mot :

> Clodforwn ein Cynhaliwr fyth
> Am ei fendithion helaeth.

Nº 53 : Strophe de quatre vers de huit et sept syllabes.

Nºˢ 54, 55, 56 : *Id.*

Nº 57 : Strophe de quatre vers de six et sept, huit et sept syllabes.

Nº 60 : Strophe de quatre vers de huit et six syllabes.

Nºˢ 69, 73, 75 : *Id.*

Nº 92 : Strophe de huit vers de huit et sept syllabes.

Nº 98 : Strophe de huit vers de huit syllabes.

Troisième type : *Le premier vers de chaque distique est sans rime ; le deuxième seul rime avec le deuxième du suivant.*

Nº 2 : Strophe de huit vers de sept et six syllabes. :

> O ! cân am fodd i gadw
> Mae'r ceidwad gwedi 'i gael

Am feddyg anffaeledig
  I bechaduriaid gwael ;
Am drefn i faddeu beiau
  A'r gyfraith wrth ei bodd ;
Am le i guddio bywyd
  Byth yn yr Iawn a rôdd.

N° 3 : Strophe de huit vers de huit et sept syllabes.
N° 4 : *Id.*
N°s 6, 7 : Strophes de huit vers de sept et six syllabes.
N°s 10, 11, 12 : Strophes de quatre vers de huit et six syllabes.
N° 22 : Strophes de six vers de huit et sept syllabes ; le quatrième a quatre syllabes et le cinquième en a sept :

Wele ganwyd y Messiah
Dyma'r hyfryd fore ddydd ;
Awn i Fethlem gyda'r doethion,
Gwelwn ef â golwg ffydd ;
  Cyd-addolwn
Wele Dduw yn natur dyn.

N° 25 : Strophe de huit vers de sept et six syllabes :

Angylion doent yn gyson
  Rifedi gwlith y wawr ;
Rhoent eu coronau euraidd
  O flaen y fainc i lawr ;
Chwareuent eu telynau
  Yn nghyd a'r Saint yn un :
Byth, byth ni chanant ddigon
  Am Dduwdod yn y dyn.

N° 30 : Strophe de quatre vers de huit et sept syllabes.

N° 36 : Strophe de huit vers de huit et sept syllabes.

N° 37 : *Id.*

N° 40 : Strophe de quatre vers de huit et six syllabes.

N°s 41, 42, 48 : Strophes de huit vers de huit et sept syllabes.

N° 51 : Strophes de six vers : quatre vers de huit et sept syllabes ; puis un vers de quatre syllabes et un dernier de sept sans rime :

> Dros y bryniau tywyll, niwlog,
>   Yn dawel, f'enaid, edrych draw ;
> 'R addewidion sydd i esgor
>   Ar ryw ddyddiau braf gerllaw :
>   Nefol lubil,
> Gad im' wel'd y bore wawr.

N° 52 : *Id.*

N° 58 : Strophe de huit vers de sept et six syllabes.

N°s 64, 65, 67 : Strophes de huit vers de huit et sept syllabes.

N° 72 : Strophe de quatre vers de huit et six syllabes.

N° 84 : Strophe de huit vers de huit et six syllabes.

N° 85 : Strophe de huit vers de sept et six syllabes.

N° 87 : Strophe de quatre vers de six syllabes.

N°s 90, 91, 95, 96 : Strophes de huit vers de huit et sept syllabes.

Quatrième type : *Type mixte ou à formes strophiques et rimes variées.*

N° 9 : Deux syllabes.

> Fe ddaw
> Ar y cymylau, maes o law,

I rai, er dychryn mawr a braw
Yn mhell uwchlaw dychymyg dyn :
Ac yna barna'r ddaear faith
Yn ol y gwaith a wnaeth pob un.

(Le premier vers a deux syllabes et les autres huit.)

N° 13 : Huit syllabes :

   Cyn it' ddyfod gynt i drigo
7   Gyda dynion, arglwydd glân,
8   Ti ddanfonaist dy Genhadwr
7   I bar'toi dy ffordd o'th flaen (1)
4   Dyro heddyw
7   I'th genhadon gyfryw ras.

N°⁸ 14, 15, 16 : *Id.*
N° 19 :

   Trwy y cysgodau cudd
    'Roedd rhai yn canfod
   O bell, â golwg ffydd,
    Oen Duw yn dyfod;
   Y sylwedd mawr ei ddawn,
    I dalu perffaith Iawn,
   A rhoi gollyngdod llawn
    Trwy waed y cymmod.

N° 35 : Strophes de six vers à rimes alternées pour les quatre premiers ; les deux derniers vers riment entre eux.

N°⁸ 44, 45 : Mêmes types.

(1) *Blaen* avec accent sur *a* rime avec *glân.*

N° 49 :

> Wyneb siriol fy anwylyd
> Yw fy mywyd yn y byd ;
> Ffarwel bellach bob eilunod
> Iesu 'mhriod aeth â 'mryd.
> Brawd mewn myrdd o gyfyngderau,
> Ffrind mewn môr o ofid yw ;
> Ni chais f'enaid archolledig
> Neb yn feddyg ond fy Nuw.

(Le cinquième vers n'a pas de rime.)

N° 50 :

> Peraidd ganodd ser y bore
> Pan y ganwyd brenhin nef ;
> Doethion a bugeiliaid hwythau
> Ddaethant i'w addoli ef ;
> Gwerthfawr drysor
> Yn y preseb, Iesu, gaed.

(Les deux derniers vers sont sans rime.)

N° 59 : Strophe de huit vers : dans les quatre premiers, le deuxième vers seul rime avec le quatrième ; dans les quatre derniers, les rimes sont alternées.

N° 62 : Strophe de six vers : les quatre premiers sont de six syllabes et le deuxième et le quatrième vers seuls riment ; les deux derniers, de huit syllabes, riment entre eux.

N° 63 : Même type.

N° 80 :

8   Ai Iesu mawr, ffrind dynolryw,
8   A welaf fry, a'i guawd yn friw,

6	A'i waed yn lliwio'r lle,
8	Fel gwr dibris yn rhwym ar bren,
8	A'i waed yn dorchau ar ei ben?
6	Ie, f'enaid, dyma fe!

Nᵒˢ 81, 82 : Même type.

Nᵒ 93 : Strophe de six vers : les quatre premiers sont de huit et sept syllabes; le deuxième et le quatrième vers riment seuls; les deux derniers vers sont de six et sept syllabes et riment entre eux.

Nᵒ 94 : *Id.*

Nᵒ 101 :

Pa le
Y gwnaf fy noddfa dan y ne'
Ond yn ei glwyfau dyfnion e'?
Y bicell gref aeth tan ei fron
Agorodd ffynnon i'm glanhau;
'Rwy'n llawenhau fod lle yn hon.

Nᵒ 110 :

6	Cyfododd Brenhin hedd,
6	Iachawdwr dynolryw,
6	Mewn gogoneddus wedd,
6	O'r tywyll fedd yn fyw;
8	Ein bywiol Ben esgynodd fry
8	Goruwch pob llu tu draw i'r llen

Nᵒ 114 : Même type : les premiers vers sont de huit et sept syllabes.

CHAPITRE III.

LES PENNILLION.

Le *pennill*, qu'on pourrait traduire par *bout-rimé* et *épigramme*, est un genre populaire bien gallois. Chaque strophe forme un tout indépendant. Le *pennill* est chanté et accompagné de la harpe. Dans le Nord, c'est le chanteur qui accompagne et la harpe qui fait le chant. Les types musicaux sont assez variés, et cependant il n'est pas rare de trouver des chanteurs capables d'improviser sur l'une quelconque des mesures musicales indiquées par le harpiste. Les *pennillion* circulent, la plupart du temps, sans nom d'auteur. Je les étudie dans le recueil gallois *Cymru fu* (1) : *Cant o hen bennillion cymreig*, p. 360-370 ; 481-493 (Cent vieux *pennill* gallois).

A. — Rime.

Premier type : *Les vers riment deux à deux ou les strophes ont la même rime finale.*

Les vers riment le plus souvent deux à deux. Il y a

---

(1) *Cymru fu. Yn cynwys hanesion, traddodiadau, yn nghyd a chwedlau a dammegion cymreig*. Wrexham, Hughes and son. Sans date.

cependant des strophes de quatre vers à même rime finale :

8	Pan fo seren yn rhagori,
8	Fe fydd pawb a'i olwg arni :
8	Pan ddaw unwaith gwmwl drosti,
8	Ni fydd mwy o son amdani.

(Sur cent *pennill*, il y en a six environ de ce type.)

Deuxième type : *A rime interne*.

Sur cent *pennill*, il y en a vingt environ de ce type :

Yn Hafod Elwy'r gog ni chân,
   Ond llais y frân sydd amla ;
Pan fo hi decaf ym mhob tir
   Mae hi yno yn wir yn eira.
Dwy wefus, Bessi bêr
   Sydd iraidd dyner aeron ;
Ac mor felfedaidd geinwedd, gu
   Fal gweunydd blu dy ddwyfron ;
On'd yw ryfedd, teg dy liw,
   Mor galed yw dy galon.

Le type *englyn unodl cyrch* n'est pas inconnu :

7	Ond ydyw yn rhyfeddod
7	Bod danedd merch yn darfod ;
7	Ond, tra yn eu geneu chwyth,
7	Ni dderfydd byth ei thafod.

Le troisième type (premier vers sans rime) ne se trouve pas.

B. — *Strophe*.

1° Strophe de vers de sept syllabes :

Page 364 : Une strophe.
Page 367 : Une strophe.
Page 368 : Huit vers de sept syllabes.
Page 491 : Six vers de sept syllabes.

2° Strophes de quatre vers de huit syllabes :

Page 360 : Strophes 1, 2, 4.
Page 361 : Toutes les strophes (1).
Page 362 : La plupart des strophes.
Page 363 : *Id.* généralement.
Page 364 : *Id.*
Page 365 : *Id.*
Page 366 : Troisième strophe.
Page 367 : Strophes généralement de huit syllabes.
Page 368 : La deuxième strophe a six vers de huit syllabes.
Page 369 : Sixième strophe.
Page 370 : Troisième, quatrième, cinquième strophes.
Page 490 : Première, troisième, quatrième, cinquième, sixième, septième, huitième, neuvième strophes.
Page 491 : Deuxième strophe.

3° Strophes de quatre vers de neuf syllabes :

Page 365 : Une strophe.

---

(1) Un ou deux vers paraissent avoir neuf syllabes ; mais ce sont des fautes dues à l'orthographe.

Page 366 : Une strophe.
Page 369 : Une strophe.
Page 493 : Une strophe.

4° Strophes de vers de onze syllabes :

Page 481 : Deuxième strophe.

Page 491 : Quatrième, cinquième et septième strophes (celle-ci de six vers).

Un *pennill* (p. 492) se compose de vers de treize et quatorze syllabes.

5° Strophes composées de vers de longueurs inégales. Avec la strophe de vers de huit syllabes, c'est le cas le plus fréquent.

On trouve des strophes composées de vers :

De huit et neuf syllabes ;
De huit et sept syllabes ;
De huit, neuf et dix (onze) syllabes ;
De sept, neuf, huit, neuf syllabes ;
De dix, huit, neuf, huit syllabes ;
De dix, neuf, huit, neuf syllabes ;
De dix et neuf syllabes alternant ;
De huit, douze, neuf, douze syllabes ;
De huit et onze syllabes ;
De huit, neuf, huit, onze syllabes ;
De huit, sept, huit et douze syllabes.

Le vers, dans les *mesures libres*, a gagné incontestablement en souplesse et en variété. Si la poésie galloise n'a produit aucun homme de génie, elle est représentée, en revanche, par un nombre considérable d'hommes de talent. Un trait commun les distingue : ce sont, à peu près tous, même les plus médiocres, de très habiles versificateurs. Au point de vue de la *musique* du vers, la poésie galloise est incomparable.

ERRATA

Page 25, ligne 7, *au lieu de* ; *lire* : ,

P. 25, note, l. 9 : une partie (au moins) du Trégorrois prononce *c'hoàs* et non *c'hóas*.

P. 47, l. 24, *au lieu de* rhagoddlig, *lire* : rhagodlig.

P. 137, l. dernière, *au lieu de* Taliessin, *lire* : Taliesin.

P. 138, l. 1, *au lieu de* drovsgl, *lire* : drosgl.

P. 177, l. 2-3, *au lieu de* la la spirante, *lire* : la spirante.

P. 230, note 3, *au lieu de* cywirr, *lire* : cywir.

P. 234, l. 9, *au lieu de* cyfnewidog, *lire* : cyfnewidiog.

TABLE DES MATIÈRES

CONTENUS DANS LE TOME PREMIER

Préface. ix
Principales sources et abréviations. 1

LIVRE PREMIER.

LA MÉTRIQUE GALLOISE DES XVe-XVIe SIÈCLES D'APRÈS LES GRAMMAIRIENS.

CHAPITRE PREMIER. — Les métriciens gallois ; leurs sources.. 5
   § 1er. — Les métriciens 5
   § 2. — Leurs sources.. 7

CHAPITRE II. — Leur doctrine en ce qui concerne les voyelles et les consonnes. 21
   § 1er. — Voyelles. 21
   § 2. — Diphtongues.. 24
   § 3. — Consonnes.. 26
   § 4. — Syllabes.. 30
        Tableau des syllabes à voyelles. 32
        Tableau des syllabes à diphtongues. 34
   § 5. — Accent.. 38

CHAPITRE III. — La cynghanedd.. 40
   § 1er. — La nature et les espèces de *cynghanedd*. . . . 40

§ 2. — La *cynghanedd* vocalique.................... 43
§ 3. — La *cynghanedd* par allitération............. 47
    A. — *Cynghanedd groes*........................... 47
    B. — *Cynghanedd draws*........................... 48
§ 4. — Coupe du vers................................ 55

CHAPITRE IV. — LE VERS; LE SYSTÈME OU STROPHE..... 57
§ 1er. — *Cyhydedd* (longueur du vers)............. 57
§ 2. — Le vers et le *pennill*..................... 60
§ 3. — Les diverses espèces de strophes ou systèmes.. 62
§ 4. — *Cywydd*.................................... 63
    A. — *Cywydd deuair fyrrion*..................... 64
    B. — *Cywydd deuair hirion*...................... 65
    C. — *Cywydd llosgyrniog*........................ 66
    D. — *Cywydd odliaidd* ou *awdl gywydd*.......... 68
§ 5. — L'*englyn* ou *ynglyn*..................... 71
    A. — *Englyn unodl union unsain*................. 72
    B. — *Englyn unodl crwcca*....................... 75
    C. — *Englyn unodl cyrch*........................ 76
    D. — *Englyn prost cyfnewidiog*.................. 79
    E. — *Englyn prost cadwynog*..................... 81
§ 6. — L'*englyn* hors d'usage (*englyn diarferedig*).. 83
    A. — Le triplet (*tribann*)...................... 83
    B. — Le triplet à *gair toddaid*................. 83
    C. — L'*englyn* de quatre vers avec *gair toddaid* ou vers initial............................... 84
    D. — *Englyn milwr*.............................. 85
    E. — *Englyn cildwrn*............................ 85
    F. — *Englyn garrhir*............................ 86
    G. — *Pendrwmm*.................................. 87
    H. — *Trybedd y meneich*......................... 87
§ 6. — *Awdl* ou *owdl*............................ 88
    A. — *Toddaid*................................... 89
    B. — *Gwawdodyn byrr*............................ 90
    C. — *Gwawdodyn hir*............................. 91
    D. — *Hupunt byrr*............................... 93
    E. — *Hupunt hir*................................ 94
    F. — *Cyhydedd ferr* ou *cyhydedd wythbann*...... 95
    G. — *Cyhydedd hir* ou *cyhydedd wendrosgl*...... 97

TABLE DES MATIÈRES.

H. — *Cyhydedd nawbann*..	99
I. — *Byrr a thoddaid*...	100
J. — *Hir a thoddaid*...	102
K. — *Cyrch a chwtta*...	104
L. — *Clogyrnach*...	106
M. — *Gorchest y beirdd*...	108
N. — *Cadwynfyrr*...	110
O. — *Tawddgyrch cadwynog*...	112
§ 7. — Strophes ou systèmes associés dans le même poème...	115

CHAPITRE V. — RÉSUMÉ ET CLASSIFICATION DES SYSTÈMES. 117
  § 1. — Classification d'après le nombre des syllabes . . . 117
  § 2. — Classification d'après la nature du vers. 119
  § 3. — Exemples de vingt-quatre *mesur* divisées en trois groupes caractéristiques.. 122

CHAPITRE VI. — LE SYSTÈME DE MÉTRIQUE DIT DE MORGANWG OU DE GLAMORGAN.. 131
  § 1. — Les sources. 131
  § 2. — La *cynghanedd*. 135
  § 3. — Les vingt-quatre strophes ou systèmes.. 136

I. — *Gorchan y gyhydedd ferr*.	137
II. — *Gorchan y gyhydedd gaeth*..	137
III. — *Gorchan y gyhydedd drosgl*..	138
IV. — *Gorchan y gyhydedd lefn*.	138
V. — *Gorchan y gyhydedd wastad*...	139
VI. — *Gorchan y gyhydedd draws*...	139
VII. — *Gorchan y gyhydedd wenn*...	140
VIII. — *Gorchan y gyhydedd laes*...	140
IX. — *Gorchan y gyhydedd hir*..	141
X. — *Gorchan y gyhydedd gyrch*..	141
XI. — *Toddaid* .	142
XII. — *Triban milwr*..	142
XIII. — *Triban cyrch* ou *triban Morganwg*.	143
XIV. — *Cywydd*.	144
XV. — *Traethodyn* ou *traethodl*.	144
XVI. — *Proest cyfnewidiog*..	144
XVII. — *Proest cadwynodl*..	145

XVIII. — *Clogyrnach*.................................. 146
XIX. — *Huppynt* ou *lostodyn* ou *colofn fraith* ou *awdl losgyrniog*............................. 146
XX. — *Llamgyrch* ou *awdl ddwybig* ou *Fforchawdl*. 147
XXI. — *Cadwyngyrch*.................................. 148
XXII. — *Englyn*...................................... 149
XXIII. — *Cyngog*.................................... 152
XXIV. — *Dyrif* ou *carol*............................ 153
§ 4. — Résumé et classification méthodique............ 153

LIVRE II.

LA MÉTRIQUE DES XVᵉ-XVIᵉ SIÈCLES CHEZ LES AUTEURS.

CHAPITRE PREMIER. — LES STROPHES OU SYSTÈMES... 157
   § 1ᵉʳ. — Les strophes décrites par les grammairiens... 157
   § 2. — Systèmes modifiés chez les poètes............. 163
   § 3. — Systèmes combinés dans la même strophe....... 167

CHAPITRE II. — LA CYNGHANEDD...................... 170
   § 1ᵉʳ. — Remarques générales........................ 170
   § 2. — La rime..................................... 171
   § 3. — L'allitération.............................. 176

CHAPITRE III. — EXEMPLES DE CYNGHANEDD ET DES DIFFÉRENTS SYSTÈMES CHEZ LES AUTEURS DU QUINZIÈME ET DU SEIZIÈME SIÈCLE........................ 181
   I. — *Cywydd deuair hirion*........................ 182
   II. — *Englyn prost cyfnewidiog*................... 198
   III. — *Prost cadwynog*............................ 201
   IV. — *Cyhydedd hir*............................... 202
   V. — *Cyhydedd nawbann*............................ 203
   VI. — *Hupunt byrr*................................ 204
   VII. — *Hupunt hir*................................ 205
   VIII. — *Clogyrnach*............................... 209
   IX. — *Tawddgyrch cadwynog*........................ 211
   X. — *Cyhydedd hir*................................ 214
   XI. — *Englyn unodl union*......................... 219
   XII. — *Toddaid*................................... 223

XIII. — *Gwawdodyn byrr*. 225
XIV. — *Gwawdodyn hir*. 227
XV. — *Byrr a thoddaid*. 228
XVI. — *Hir a thoddaid*. 229
XVII. — *Englyn unodl cyrch*. 230
XVIII. — *Awdl gywydd* ou *cywydd odliaidd*. 231

CHAPITRE IV. — LES DIVERS SYSTÈMES DANS LE MÊME
POÈME. 232
  § 1er. — La variété des strophes dans les poèmes chez
  les auteurs. 232
  § 2. — Exemples. 237

CHAPITRE V. — SCANSION. 247
  § 1er. — Contraction et élision ou synizèse. . . . 247
  § 2. — Particule verbale *a*. 256
  § 3. — Syncopes dans l'intérieur du mot. 257
  § 4. — Mots terminés par *w* ou *y* précédés de consonnes. 258
  § 5. — *Gwn-, gwl-, gwr-*. 260
  § 6. — Mots en hiatus par suite de la chute d'une con-
  sonne brittonique (ou en composition). 261
    1° Les voyelles restent séparées. 261
    2° Les voyelles forment diphtongues. 264

LIVRE III.

LA MÉTRIQUE GALLOISE DEPUIS LE XVIᵉ SIÈCLE JUSQU'A NOS JOURS.

CHAPITRE PREMIER. — LE DIX-SEPTIÈME SIÈCLE. 267
  § 1. — Remarques générales au point de vue du bardisme. 267
  § 2. — Exemples. 269
  § 3. — Système mixte. 275

CHAPITRE II. — LE DIX-HUITIÈME SIÈCLE. 279
  § 1er. — Remarques générales. 279
  § 2. — Exemples. 282

CHAPITRE III. — LE DIX-NEUVIÈME SIÈCLE. 287
  § 1er. — Les systèmes réguliers. 287

§ 2. — Systèmes modifiés.................... 289
§ 3. — Systèmes combinés et strophes........... 294
§ 4. — Les systèmes dans le même poème.......... 296
§ 5. — Exemples de poèmes avec *cynghanedd* indiquée. 298

APPENDICE.

LES SYSTÈMES DITS *libres* (MESURAU RHYDDION)........ 321

CHAPITRE PREMIER. — DE LA FIN DU QUATORZIÈME AU DIX-SEPTIÈME SIÈCLE.................... 322

CHAPITRE II. — DU DIX-SEPTIÈME SIÈCLE JUSQU'A NOS JOURS. 326
  A. — Poésie profane.................... 326
    § 1er. — Système mixte................ 326
    § 2. — Rime...................... 338
  B. — Hymnologie..................... 367

CHAPITRE III. — LES PENNILLION................ 377
  A. — Rime......................... 377
  B. — Strophe....................... 379

ERRATA............................ 382

TOULOUSE. — IMP. A. CHAUVIN ET FILS, RUE DES SALENQUES, 28.

www.ingramcontent.com/pod-product-compliance
Lightning Source LLC
Chambersburg PA
CBHW071912230426
43671CB00010B/1571